btb
Aus Freude am Lesen

btb

Buch

Als leidenschaftlicher Romanverschlinger und Vollblutliterat ist Rolf Vollmann spätestens seit »Die wunderbaren Falschmünzer. Ein Romanverführer 1800–1930« bekannt. Auch in seinem neuen Buch »Der Roman-Navigator« streift der renommierte Kritiker durch das Zeitalter des Romans einzig vom Standpunkt des leidenschaftlichen Lesers aus, denn, wie er einleitend bemerkt, »die Lust, die Lust ist auch beim Lesen das Entscheidende«. So hat Vollmann 200 Lieblingsromane ausgesucht, die er in umgekehrter Chronologie, angefangen bei Grass' »Blechtrommel« (1959) bis zu Laurence Sternes »Tristram Shandy« (1759), vorstellt. Jedem Jahr ordnet er ein nach persönlicher Vorliebe gewähltes Romanwerk zu. Dabei geht es ihm weniger um Inhaltsangaben, nicht um wissenschaftlich fundierte Kritik, sondern vielmehr um das Mitteilen der eigenen Begeisterung, die in ihm auf seiner imaginären Reise durch fremde Zeiten und Welten, Schicksale und Identitäten wächst. So pflückt er aus jedem Roman ein Detail, mit dem er den Leser zu verführen trachtet: eine Gestalt, eine Stilfigur, einen Satz oder auch eine biografische Anekdote. Neben berühmten und vielgelesenen Romane wie etwa Flauberts »Madame Bovary« oder Kellers »Der grüne Heinrich« finden sich auch weniger bekannte Werke wie der »Roman eines Kindes« von Pierre Loti oder »Letzte Briefe des Jacopo Cortis« von Ugo Foscola – Vollmann trifft seine Auswahl unabhängig von Bestsellerlisten. Und natürlich finden nicht alle Romane gleichermaßen seine Zustimmung. Aber in sämtlichen Anlaufstellen des Roman-Navigators erweist sich Vollmann einmal mehr als ein Meister der gedanklichen Arabeske. Seine Sammlung, optisch bereichert durch wunderschöne, seltene Autographen, ist in jeder Hinsicht eine literarische Kostbarkeit.

Autor

Rolf Vollmann, geboren 1934 in Pommern, lebt und arbeitet als Autor, Kritiker und freier Gelehrter in Tübingen.

Bei btb bereits erschienen

Die wunderbaren Falschmünzer. Ein Roman-Verführer 1800 bis 1930 (72297)

Rolf Vollmann

Der Roman-Navigator

Zweihundert Lieblingsromane von der »Blechtrommel« bis »Tristram Shandy«

btb

VORWORT

Die Lust, die Lust ist auch beim Lesen das Entscheidende. In diesem ganzen Zeitalter des Romans, worin wir uns jetzt bewegen wollen, soll für uns nur ein einziger Standpunkt gelten, nämlich der des leidenschaftlichen Lesers, und ich will Romane definieren als jene erzählenden Bücher, die ich ohne alle Vorbehalte denen empfehle, die ich liebe, und von denen ich glaube, daß auch sie sie weiterempfehlen werden in diesem wunderbaren Club der Romanliebhaber, den wir hier gründen. Lust ist natürlich ein ziemlich weiter Begriff, andererseits ist kein Ausdruck klarer als der der Lust; manchmal natürlich muß man schon ein bißchen geübt sein, wenn man die Lust haben will, von der man Leute reden hört, denen man gern glaubt und deren Lust man teilen möchte – aber das ist bei aller Lust so, und keiner wird doch das schöne Training zur Lust verwechseln wollen mit der Mühe, die es uns kostet, eine sogenannte Wichtigkeit von Romanen auszuloten, etwa von Novalis, von Freytag oder Otto Ludwig oder Gott weiß von wem, von Maturin zum Beispiel, den Balzacs schöne Modeste Mignon, Titelheldin eines ganz bezaubernden Romans, in ihrer Jugend noch verschlungen habe, sagt er (vieles geht eben unter).

Ein im Grunde ebenso sonderbarer wie uralter Bestandteil der Lust am Romanelesen ist, daß Romane uns so schön von uns wegführen, ehe wir uns dann vielleicht in ihnen doch wiedererkennen – wir, wir Erwachsenen, lesen Romane auch deshalb so gern, weil sie von lauter Leben handeln, die nicht die unsern sind, von Leben in andern Welten, in andern Zeiten, unter andern Umständen: Auch das erklärt dann die untergründig gleichmäßige Lust an allen guten Romanen seit zweihundert Jahren. Kaum einer, wenn ich Neuere nehmen darf, könnte verschiedener von uns sein als Grazia Deleddas *Marianna Sirca* als Pérez de Ayalas *Juan*: Und doch, bei aller Ferne, bannen sie uns, als hätten wir nur durch einen Zufall unser Leben gelebt und nicht das ihre.

Jede Zeit schreibt sich ihre eigenen Romane. Als Flaubert seine berühmte *Education sentimentale* veröffentlichte, schrieb seine Freundin George Sand in ihrer Rezension: »Der Roman ist eine neue Errungenschaft des Geistes, und darum muß er eine freie Errungenschaft bleiben. Er würde seine *raison d'être* an dem Tag verlieren, an dem er den Strömungen der Epoche nicht folgte, die darzustellen oder anzudeuten er bestimmt ist. Er muß sich in Form und Farbe unentwegt wandeln … Der Roman ist *das* neutrale und unabhängige Terrain.« Die Sand, eine bedeutende Frau, und als Romanschreiberin eine der beachtlichen Erscheinungen des Jahrhunderts, legt in solchen klugen Sätzen nahe, die bürgerliche Epoche, wie man sie gern nennt, ab 1759 für uns hier, *das Zeitalter des Romans* zu nennen: ein Zeitalter, das noch andauert, ganz ohne Zweifel! Jedenfalls für den Leser.

Jede Zeit schreibt sich zwar ihre eigenen Romane: Aber gerade dann liest sie noch einmal neu, was andere Zeiten geschrieben haben, und es entstehen lauter Gleichzeitigkeiten. Diese Gleichzeitigkeiten dessen, was eigentlich unter gar keinen Begriff zu bringen ist, charakterisiert so sehr das Universum der Romane, daß nicht nur Theorien komisch wirken, sondern daß sogar etwas vermeintlich so Schlichtes wie eine Geschichte des Romans beim wahren Romaneleser Kopfschütteln hervorruft. Für ihn bringt erst das Lesen, das rein die Werke will und keine Ordnungen, einen Blick für die ungeheure Farbigkeit und Vielfalt des Erzählten.

Deshalb hebt sich eine Geschichte des Romans für den leidenschaftlichen Leser fortwährend selber auf. Wenn man sie rückwärts schriebe, dann wäre Sterners *Tristram Shandy* ein so wunderbarer Höhepunkt der Entwicklung, wie er damals ihr beispielhafter Anfang war. Und oft wird erst das zurückblickende Auge ganz fremde Bilder und Figuren glänzend aus jener dunklen Nacht holen, für die keiner was kann, die sich für ihn über Gegenden gelegt hat, aus denen er selber nicht mehr kommt.

Der Roman-Navigator

1959

Die Blechtrommel

von Günter Grass
(geb. 1927)

Deutsche Romanleser sind im Grund die prädestiniertesten Anhänger einer Idee von Weltliteratur, denn die Stärken ihrer Autoren lagen fast immer schon auf andern Feldern. Ausnahmejahre aber auch hier, wir fangen mit einem an: Günter Grass (geboren 1927) bringt die *Blechtrommel* heraus (wissen Sie noch, wie die nackte Maria zu Oskar sagt: »Du best mir so ain Schlingelchen! Jehst da ran und waißt nich, was is, und nachher weinste?«); Uwe Johnson (geboren 1934) die *Mutmaßungen über Jakob* (lesen Sie das noch einmal bis hin ans Ende: »Siehst du sagte Gesine ach bleib doch hier Jakob ... Und sie sah nicht aus wie eine die geweint hat; das wollen wir doch mal sagen.«); und Arno Schmidt (Welten älter, 1914 geboren), er hatte fünf Jahre davor schon das *Steinerne Herz* veröffentlich, einen »historischen Roman« über das geteilte Deutschland, sitzt jetzt (nach der Lektüre der Bücher der beiden jungen Kollegen?), schreibend an *Kaff auch Mare Crisium*, und fast, als da einer die in Decken Gehüllte geküßt hat, weint sie »und über Ihrer Schulter schon die Karawane der Schterne: der trilljohnenfache Frevel des

Alls … Kommsde glei mitt zu mier? – / (Nichtsniemandnirgendsnie: nichtsniemandnirgendsnie). –«

Wenn es Unsterblichkeit gibt für deutsche Romanciers; die *Blechtrommel* reicht dafür. Johnson wird, wieder mit Gesine (die nicht jeder ohne weiteres wird lieben können), die *Jahrestage* schreiben, ein wahres Wunderwerk, gelassen hinausgreifend über bloß deutsche Standpunkte. Und Arno Schmidt (in Bargfeld, als hätte er den Ort gesucht und gefunden, wo die Welt am geschrumpftesten ist) verbiestert sich darein wie damals Joyce in die Sprache, als er *Finnegans Wake* entwarf, und schreibt *Zettels Traum*, dieses Spätstück großer Unlesbarkeit, und die *Schule der Atheisten* und den *Abend mit Goldrand*, ein wiedergekehrter Jean Paul. Ja, und Martin Walser, unser Trollope, schreibt, als Schmidt am *Kaff* sitzt, seine *Halbzeit* – Anselm Kristlein, das ist auch ein Name, der seitdem zu unsrer Welt gehört. Nichtsniemandnirgendsnie; aber bei Grass am Ende sagt sein Verwachsener: »Wenn Jesus einen Buckel gehabt hätte, hätten sie ihn schwerlich ans Kreuz genagelt« – große Jahre damals.

1958

Balthasar

Orig. *Balthazar*

von Lawrence Durrell
(1912–1990)

Dieses Buch ist der zweite Teil jenes sogenannten Alexandriaquartetts, das Durrell, Jahrgang 1912, im Jahr davor mit *Justine* begonnen hatte und 1960 mit *Clea* beendete. Eines Tages, nachdem der Erzähler den ersten Band einem der Freunde aus jenem ersten Band geschickt hatte, erscheint dieser Freund bei ihm mit einem Bündel Aufzeichnungen, dem ergänzenden, alles korrigierenden zweiten Band sozusagen, einer der Kehrseiten der erzählten Geschichte. Er sieht beim Erzähler ein Porträt der schönen Justine, von Clea gemalt: »Das Porträt, sagte er, das von einem Kuß unterbrochen wurde. Wie gut, es wiederzusehn – wie gut. Er lächelte. Es ist, als hörte man eine geliebte und vertraute Melodie, die einen auf ein immer erreichbares, nie versagendes Gefühl zuführt… Das Frühlingsmeer war verlockend warm nach der Sonne dieses Tages…« – und da ist es dann, doppelt: einmal dieses wunderbare Gefühl, alle diese so schön Erfundenen wiederzusehn, sei's weil der Roman zum Glück noch einmal weitergeht, sei's weil man ihn wiederliest, wie jetzt ich, nach soviel Jahren, und dann dies warme Frühlingsmeer, diese Atmosphäre, die keiner so zu Wort und Figur gebracht hat wie Durrell. Das Mittelmeer, heißt es eine Seite davor, »das Mittelmeer ist ein lächerlich kleines Gewässer; die Dauer und Erhabenheit seiner Geschichte läßt es uns größer träumen, als es ist« – was steht eigentlich in Romanen, die Wahrheit oder diese Träume? Der Erzähler weiß es auch nicht; er will, im nachhinein, allein auf einer kleinen Insel, wissen, wie damals in Alexandria er und seine Freunde nun eigentlich wirklich verstrickt waren in ihren Liebes- und Freundschaftsbeziehungen. Aber immer wieder verschiebt sich das Bild, jede erzählbare Idee erweist sich, wenn nicht als Fälschung, so doch als etwas wie bloß Fläche, was doch plastisch sein sollte; aber je reicher an Dimensionen es dann wird, nach umso noch größerer Plastizität und Uneindeutigkeit verlangt es, um wahr zu sein, oder ein wirklicher Traum. Durrell, ein enger Freund Henry Millers, starb erst neulich, 1990, in dem kleinen Ort Sommières, bei Nîmes; ich war dort, das Haus steht leer, im Garten ein verrostetes Auto. Eine allzu befahrene Straße davor, ein Fußballstadion daneben, hinter dem Garten nichts, ich hätte es dennoch kaufen mögen, wahrscheinlich, weil seine Geschichte es mich schöner hat träumen lassen, als es ist.

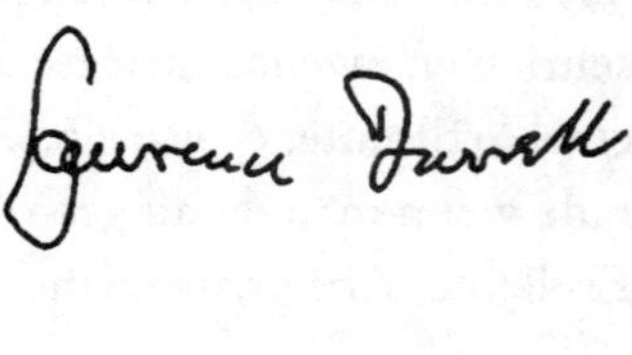

1957

Die grässliche Bescherung in der Via Merulana

Orig. *Quer pasticciaccio brutto de via Merulana*
(in der Übersetzung von Toni Kienlechner)

von Carlo Emilio Gadda
(1893–1973)

Gadda wurde 1893 in Mailand geboren, er starb neunundsiebzigjährig in Rom. Er war Ingenieur, einmal war er Angestellter beim Vatikan, auch dort gibt es ja technische Probleme. 1935 schreibt er einmal einem Freund: »ich bin 41 Jahre alt, habe keine Anstellung, keine Wohnung, keine Familie, weder Kultur noch Belesenheit...«, drei Jahre später: »ich arbeite unablässig an meiner Erzählung (das ist *Die Erkenntnis des Schmerzes*), aber vielleicht bin ich alt geworden, und das Schreiben kostet mich Zeit und Anstrengungen...«. Sein ganzes Leben lang schrieb er, zweimal kriegte er einen Preis, jetzt 1957 sogar eine Art Rente, er war 65, ein bißchen spät vielleicht, gerade wenn man daran gewöhnt ist, wenig Geld zu haben. Er liebte Kriminalromane, er hatte, wenigstens in den dreißiger Jahren, die Idee, daß der Roman ein auch unterhaltendes Genre sei, und daß zu viele Schreiber das Publikum – vielleicht auf einem grandiosen Niveau – zu sehr langweilten. Wunderbar, wie er einmal, am Anfang seiner *Erkenntnis des Schmerzes*, Ende der dreißiger Jahre wohl (man weiß das nie bei diesen Leuten, die immerzu an allem weiterschreiben), als einen sehr Schreibheiligen Jean Paul nennt, den Provinzdeutschesten gewissermaßen, diesen großen Romanunterhalter aus dem Geist der Sprache und des Mutwillens und des Klamauks. Die Sprache treibt Gadda so weit, daß sie, außer bei Toni Kienlechner, noch weniger deutsch werden kann, als bei Jean Paul italienisch, und der verwirrende, aber, wie es anfangs scheint, doch aufklärbare Mordfall in der Via Merulana führt mehr und mehr in ein wüstes Durcheinander, durch das kein Licht mehr hilft, in das auch keines mehr dringt, und worin auch gar keins mehr ist außer jenem diffusen Flackern, das einzig noch für eine Sprache verständlich ist, die sich ganz dicht ans erst Gefühlte, Empfundene, erst eben Geschehene hält, ehe die Logik des Gewordenen und die Syntax des Gewohnten es erklären und vergewaltigen. Nichts, wenn man das Wirkliche will, das man selber ist, ist leichter und amüsanter zu lesen als etwa Jean Paul oder die Woolf oder eben Carlo Emilio Gadda, probieren Sie's aus mit dieser wunderbaren leichten *Gräßlichen Bescherung!*

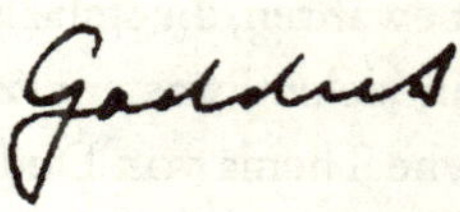

1956

Die Dämonen, nach der Chronik des Sektionsrates Geyrenhoff

von Heimito von Doderer
(1896–1966)

Wenn man sich an das hielt, was eine wunderliche und fast die Klügsten auch in ihren Bann ziehende Kulturrevolution (wenn man so will) einige Jahre später wollte, dann las man Doderer nicht, er war nicht koscher, man berührte ihn besser nicht, diesen verklemmten halben Sadisten und politisch ekligen Mitmacher. Bestenfalls Musil durfte sein, Roth war *en vogue*. Viel später, unlängst erst, merkte man, daß man sich um eine der besten Lektüren jener Jahre gebracht hatte ohne Doderers *Dämonen*; und wer sie damals doch las, geriet zwar ein bißchen ins intellektuelle Abseits, aber in eine doch erfreulich schräge Position zu dem, was an der Zeit schien, für ein Weilchen. Das Romanelesen kann vor Ideologien bewahren, die sich als die einzige Aktualität ausgeben: und in vielem, was er erzählt, war genau das auch das heimliche Thema von Doderers Buch; als es fertig war, schreibt er in sein Tagebuch: »Alles zerfällt in Sorglosigkeit. Ich wußte, daß dieses Werk mein Leben ändern würde. Wozu auch wäre es sonst getan.«

Der Roman schildert, in ungeheurer Breite, er hat 1350 Seiten, das Wien der Mitte der zwanziger Jahre, Höhepunkte sind der Justizpalastbrand und ein Volksaufstand. Wirklich im Mittelpunkt aber stehn, in jener atmosphärischen Dichtheit, die seit seinen ersten Versuchen charakteristisch ist für Doderers Schreiben (man lese nur die *Bresche*), einzelne Leute, kleine Gruppen von Menschen, deren Interessen wieder dermaßen individuell sind, daß man Hunderte beschreiben mußte, wollte man einigermaßen treffend ein allgemeines Bewußtsein konstruieren – von Balzac über Gutzkow und Pérez Galdós und viele andre bis zu Powys und eben Doderer ist dies ja der heimliche Grund aller ausschweifenden Romanschreiberei: Je weniger Zeit die Verhältnisse und ihre Ideologen einräumen wollen für das Romanelesen, desto notwendiger fürs Begreifen dieser Verhältnisse (und setzen wir ruhig auch hinzu: zur Abkehr von ihnen fürs erste) sind umfangreiche und viele Romane mit nur ganz langsam sich entwirrend vielen Personen und ihren Beziehungen. Wer vom Roman die schnelle Übersichtlichkeit verlangt, die er im Leben gern hätte, gerät ganz leicht unter die Ideologen, vor denen ihn das Leben bewahren könnte, wenn er es aus den Romanen kennte. Nun ja; Doderers *Dämonen* also!

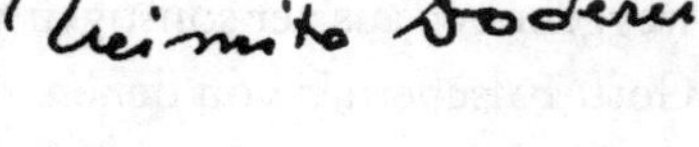

1955

Lolita

Orig. *Lolita*

von Vladimir Nabokov
(1899–1977)

Das Buch entwickelte sich nur langsam«, schreibt Nabokov in einem Nachwort, »ich unterbrach die Arbeit oft und befaßte mich mit andern Dingen. Etwa vierzig Jahre hatte es mich gekostet, Rußland und Westeuropa zu erfinden, und nun stand ich vor der Aufgabe, Amerika zu erfinden.« Nabokov war fünfzig, als er ein altes Thema noch einmal aufgriff: »Das Nymphchen«, schreibt er, »war noch immer so ziemlich das gleiche Girl, und die Grundidee, den Mann ihre Mutter heiraten zu lassen, blieb ebenfalls erhalten; doch im übrigen bekam das Buch ein ganz neues Gesicht, und heimlich waren ihm die Krallen und Schwingen eines Romans gewachsen.« Krallen und Schwingen, das ist der Adler, der auf alten Bildern Ganymed entführt, auf manchen Bildern weint er, auf andern lehnt er sich entspannt an den Vogelflügel Jupiters, erhöht über die andern Sterblichen: der Leser also, hinweggehoben aus der sonstigen Welt von dem schreibenden Gott. Falscher als von denen, die es nicht lasen, ist selten ein Buch verstanden worden – als wäre die Liebe so viel ruchloser darin, als sie doch eigentlich immer ist, wenn man mehr als den Namen von ihr will. »In dem flüchtigen, sonnendurchschossenen Moment, als mein Blick über das knieende Kind glitt … gelang es dem Vakuum meiner Seele, jede Einzelheit dieser strahlenden Schönheit in sich aufzusaugen und an den Zügen meiner toten Braut zu messen« – so der Liebende hier; George Eliot, in ihrem ersten Roman, ungefähr hundert Jahre vorher, sagt einmal, »Schönheit hat einen Ausdruck jenseits und weit hinaus über die Seele der einen Frau, die sie umkleidet«, es sei keine Schwäche, von dem »süßen kindlichen Schmollen ihrer Lippen« bewegt zu werden, und »die nobelste Natur sieht am meisten von diesem unpersönlichen Ausdruck in der Schönheit«. Sie sagt auch, diese nobelste Natur sei deshalb oft am blindesten für den Charakter der Seele der »einen Frau, welche die Schönheit umkleidet«, aber, nicht wahr, was heißt blind, was heißt Charakter?

Nabokov schreibt hier den vollendetsten Roman der großen Liebe, der wahren Liebe, möchte man sagen. »Ich denke an Auerochsen und an Engel«, sagt der Liebende am Schluß, an das Geheimnis zeitbeständiger Pigmente, an prophetische Sonette« (Humbert Humbert ist Literaturwissenschaftler, also: Leser), »an die Zuflucht der Kunst. Und dies ist die einzige Unsterblichkeit, an der du und ich gemeinsam teilhaben dürfen, meine Lolita.«

Vladimir Nabokov

SIEHE BILDTAFEL 1

1954

Bonjour Tristesse

Orig. *Bonjour tristesse*

von Françoise Sagan
eig. Françoise Quoirez
(geb. 1935)

In diesem eleganten kleinen Buch erzählt ein junges Mädchen ihr erstes erotisches Abenteuer, sie erzählt, wie ihr Vater, der das Leben leichtnimmt und genießt, beinahe all seinen und damit auch ihren Lebensstil aufgibt, als er drauf und dran ist, eine Frau zu heiraten, die, einmal Ehefrau und Stiefmutter, zweifellos Schluß machen wird mit der Unernsthaftigkeit des bisherigen Daseins von Vater und Tochter; und sie erzählt dann, wie sie, um die Heirat zu verhindern, eine kleine erotische Intrige spinnt. Sie hat auch den gewünschten Efolg, nur stirbt die andre Frau dabei: Das trifft die Erzählerin, so ganz die alte leichtsinnige genußbedachte Tochter bleibt sie nicht, und der Vater wird auch nicht der alte bleiben. Die Folie, auf der das Leben spielt, wird vielleicht ein bißchen eine andre Farbe annehmen: Aber überstehn werden beide alles, und vielleicht würden wir, als Außenstehende, im nächsten Sommer am selben Strand schon fast keinen Unterschied mehr wahrnehmen können.

Über dem Buch liegt ein ganz leichter Schleier irgendeiner jugendlichen Traurigkeit, als werde am Ende das Leben nicht das bringen, was diesen Schleier ganz auflösen könnte. Die Erzählerin erklärt sehr schön und leicht, was sie denkt und empfindet; und was sie treibt und will, das ist von ihrem Standpunkt aus und damit auch für den Leser (den heutigen, den also, der die Sitten und Konventionen der fünfziger Jahre nicht mehr teilt) weder unmoralisch noch besonders verletzend für Sitte und Konvention. Der Erzählton ist dermaßen unprätentiös und in sich versunken geradezu, daß aller Skandal, den das Buch damals machte, tatsächlich nur jene Zeit charakterisiert. Die forcierte Attitüde des damals ausklingenden gelebten Existenzialismus ist einfach jener wirklich veränderten Gefühlslage gewichen, von der man jetzt sagen könnte, daß sie allein immer schon hinter dem ganzen metaphysischen und antibürgerlichen Getöse gesteckt hatte. Und die junge Sagan, sehr gebildet, ungemein stilsicher, sehr klug, ganz bewußt und zugleich (das war das große Kunststück) ganz unbefangen, sagt in ihren ersten Büchern (*Ein gewisses Lächeln* hieß das andre; *Lieben Sie Brahms?* kam dann 1959) mit wirklich erstaunlicher Deutlichkeit, und übrigens sehr bescheiden, wenn auch recht bestimmt, wie ihr das vorkommt, was man Leben nennt; dieses normale, untragische Leben.

La Vie doit être Triste.

1953

Die Abenteuer des Augie March

Orig. *The Adventures of Augie March*

von Saul Bellow
(geb. 1915)

»Ich bin ein Amerikaner, geboren in Chicago – dieser finsteren Stadt – und gehe an Dinge im Freistil heran« – ein wunderbares Versprechen für einen dicken Roman; denn sind wir's nicht zwischendurch doch auch einmal leid, dieses nun schon fast jahrhundertlange, oder eben doch mindestens halbjahrhundertlange Gebarme um das Ende des Erzählens, das Ende des Romans, und dann diese ewigen Reflexionen, dieses Schwinden des Erzählers, und wie er sich fast schämt, wenn er was erzählt, statt sich über das Erzählen den Kopf zu zerbrechen, oder daß es eben nicht mehr geht, und so weiter: Sind wir das nicht zwischendurch auch immer wieder furchtbar leid? Wir sind es (wir wollen, um es kurz zu machen, alles seit Sterne: das Erzählen, und daß es nicht geht; und dies: daß es nicht geht, dann so hinreißend erzählt, daß wir's vergessen, das ist das Mindeste, seit Sterne). Und nun eben dieses Versprechen auf der ersten von 720 Seiten, und ein beinahe nicht endenwollendes Lesen fängt an, und Bellow hält, was er versprochen hat.

Mittendrin sagt Augie zu Thea: »Ich glaube nicht, daß dieser junge Kerl mich besonders mag. – Na und? antwortete sie gleichgültig. Wir mieten ja nur Pferde von seinem Vater« – das ist es, möchte man sagen. Gegen Ende schreibt er, daß er in Rom war; dort in den Borghese-Gärten, schreibt er, »saß ich an einem Tisch und legte Rechenschaft darüber ab, daß ich ein Amerikaner bin, geboren in Chicago, und über alle diese andern Begebenheiten und Luftschlösser. Nicht, weil das alles so ungemein bedeutsam wäre, sondern wahrscheinlich, weil menschliche Wesen die Macht haben zu reden und diese Macht zu gegebener Zeit anwenden sollten.« Bellow hat noch sehr viele Bücher geschrieben. *Mr. Sammlers Planet* zum Beispiel, von 1969, fängt so an: »Kurz nach Tagesanbruch, oder was bei einem normalen Himmel Tagesanbruch gewesen wäre, musterte Mr. Arthur Sammler mit seinem buschigen Auge die Bücher und Papiere seines auf der Westseite gelegenen Schlafzimmers und empfand den starken Argwohn, daß es die falschen Bücher, die falschen Papiere waren. Eigentlich war das ganz gleichgültig bei einem Mann, der über siebzig war …« – schön, nicht? Man sollte einfach immer weiterlesen.

Saul Bellow

1952

Die Gabe

Orig. *Dar*

von Vladimir Nabokov
(1899–1977)

Den ersten seiner dann so ganz unvergleichlichen Romane, den *Späher*, hatte Nabokov im Jahre 1930 russisch geschrieben, in Berlin; der letzte Roman, den er russisch schrieb, die *Gabe*, stammt aus den mittleren dreißiger Jahren. Er spielt in Berlin, wo Nabokov in den zwanziger und dreißiger Jahren lebte, wie ungefähr 350 000 andere Russen, die dorthin emigriert waren. Das Buch erschien dann, in einer zensierten Fassung, 1937 und 1938 in einer Pariser Emigrantenzeitschrift, vollständig als Buch erst 1952 (gut zehn Jahre später kam die englische Version; 1937 war Nabokov nach Paris gegangen, 1940 dann nach Amerika).

Das Buch handelt davon, wie ein junger Mann zu einem Schriftsteller wird, ein Russe, und eben in Berlin, und wie er liebt, und wogegen er schreibt, und so weiter – das heißt noch nichts, nur etwa, daß es sich hier um keinen Roman mit Wirtschaftsverbrechen zum Beispiel handelt. Hier ein Stück aus dem Buch: »Und wenn er dann unter den Geräuschen des Morgens vollkommen aufgewacht war, landete er sofort inmitten eines Glücksgefühls, das in seinem Herzen sog; es war gut, am Leben zu sein, und in einem Nebelschleier schimmerte ein köstliches Ereignis, das jeden Moment eintreten mußte. Doch sobald er versuchte, sich Sina vorzustellen, sah er nichts als eine schwache Skizze, der ihre Stimme hinter der Wand kein Leben einzuhauchen vermochte. Ein oder zwei Stunden später traf er sie bei Tisch, und alles begann von neuem, und er erkannte abermals, daß es ohne sie keinen Morgennebel des Glücks gäbe.« An einem Morgen geht er in ihr Zimmer: »Sie saß an der Balkontür und zielte, die schimmernden Lippen halb geöffnet, mit einem Faden nach der Nadel. Durch die offene Tür konnte man den kleinen unfruchtbaren Balkon sehen und das blecherne Klingen und Klatschen hüpfender Regentropfen hören – es war ein heftiger warmer Aprilschauer.« Und einmal wird er im Wald bestohlen, nackt läuft er durch die Gegend, endlich zu Hause, bei Sina, ißt er, trinkt er, und »als das Abendessen vorbei war… zog Fjodor sich lautlos in sein Zimmer zurück, wo alles lebendig war von Regen und Wind. Er lehnte die Fensterflügel an, aber einen Augenblick später sagte die Nacht nein und kam mit einer Art großäugiger Beharrlichkeit wieder herein, ohne der Schläge zu achten…« – wer da nicht weiterliest…

SIEHE BILDTAFEL 1

1951

Die Strudlhofstiege oder Melzer und die Tiefe der Jahre

von Heimito von Doderer
(1896-1966)

Doderer war in den zwanziger Jahren mit zwei wirklich explosiven kleinen Büchern hervorgetreten. 1924 mit der *Bresche*, einem fast irritierend farbsatt und lichtvoll beschriebenen Ausbruch eines sadistischen Triebs bei einem liebenswürdigen und sehr anziehenden jungen Mann (in Powys' *Glastonbury Romance*, bald darauf, wird die artistische Niederhaltung eines solchen schubes zu einem wenn auch nur seitenkurzen und kaum bemerkbaren und um so lehrreicheren schreiberischen Desaster führen), und dann, 1930, mit dem *Geheimnis des Reichs*, einem *Roman aus dem russischen Bürgerkrieg*, einem Buch, worin Doderer vieles aus seiner vierjährigen sibirischen Kriegsgefangenschaft verarbeitete. Dieses Buch hat Doderer zu Lebzeiten nicht wieder auflegen wollen, schwer zu sagen von uns aus, warum. 1938 kam ein längerer Roman heraus, *Ein Mord, den jeder begeht*, ein Schritt zurück hinter das, was etwa die *Bresche* an glänzender Geschlossenheit hatte, aber offenbar auch ein notwendiger Schritt in Richtung auf die großen Bücher: deren erstes dann eben jetzt die *Studlhofstiege* ist.

Doderer ist ein Genie in Romananfängen (nicht alle Großen sind das, weiß Gott nicht): »Als Mary K.s Gatte noch lebte, Oskar hieß er, und sie selbst noch auf zwei sehr schönen Beinen ging (das rechte hat ihr, unweit ihrer Wohnung, am 21. September 1925 die Straßenbahn über dem Knie abgefahren), tauchte ein gewisser Doktor Negria auf...« Ganz am Ende des Buchs, darauf läuft es hin, sind wir an diesem 21. September, Mary blickt einer Straßenbahn nach, in der Doktor Negria sitzt und in seine Klinik fährt, dann will sie über das Gegengleis – auf dem aber, verdeckt bisher von Negrias Bahn, der Zug kommt, der sie nun überfährt. Das ist auf Seite 843 – ein schönes dickes Buch also auch dies, und, so simpel das aussieht (und auch wirklich ist), von den beiden schönen Beinen bis zur Straßenbahn, von einer ganz wunderbaren und selbst die ängstlichsten Erwartungen weit übertreffenden Kompliziertheit und Reflexivität (dies für die Verächter des Erzählens; wir andern sind seit Sterne alles gewöhnt, und wir wollen alles). Dies also, und dann die *Dämonen*, wo Mary nur noch das eine Bein hat und schön und begehrenswert geblieben ist – was ist schon ein Bein, wenigstens wenn's bei dem einen bleibt?

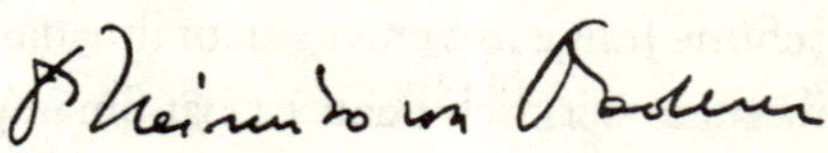

1950

Über den Fluss und in die Wälder

Orig. *Across the River and into the Trees*

von Ernest Hemingway
(1899–1961)

Das sei eines von Hemingways nun wirklich nicht so guten Büchern, sagen alle; aber immerhin doch, *Der alte Mann und das Meer* ist es noch nicht. Es spielt in Venedig, nach dem letzten Krieg, das Gritti ist wieder da, Harrys Bar, alles. Der alte Kriegsheld ist in Venedig, »ein halbes Jahrhundert bist du nun alt, du Arschloch«, spricht er zu sich, als er sich nackt im Hotelzimmerspiegel sieht, gutes Hotel also, das Gritti wohl, der Spiegel geht ganz runter. Nein, ich glaube, er sagt »Scheißkerl«, ich habe die Stelle nicht wiedergefunden, aber eigentlich sagt er immer Scheißkerl. Junge, sagt er das nächste Mal, als er sich so im Hotelzimmerspiegel sieht, »Junge, was bist du für ein ramponierter, alt aussehender Hundsfott« – und eine wunderschöne Junge in Venedig liebt ihn, das letzte Mal wohl, daß ihn eine wirklich liebt. Er hat Smaragde, »die Steine fühlten sich gut an. Er spürte sie hart und warm an seiner flachen, harten, alten und warmen Brust, und er bemerkte, wie der Wind blies …« – das ist der alte wunderbare Ton noch, dieser coole Kitsch, wenn ihn ein andrer nehmen will als Hemingway, diesen Ton. »Sie lagen jetzt beieinander und sprachen kein Wort, und der Colonel fühlte ihren Herzschlag. Es ist leicht, ein Herz unter einem schwarzen Sweater, der von einem in der Familie gestrickt worden ist, schlagen zu hören, und ihr dunkles Haar lag lang und schwer auf seinem guten Arm« – er hat den andern Arm verkrüppelt, aus diesem, oder dem andern Krieg. »Es ist nicht schwer, dachte er. Es ist leichter als irgendwas sonst auf der Welt. Sie lag ruhig und zärtlich da…« – nun soll er ihr was erzählen. »Der Tod ist beschissen, dachte er. Er kommt in lauter kleinen Bruchstücken zu dir, und man sieht kaum, wo er eingedrungen ist.« Sie küssen sich, dann erzählt er: »sie lagen auf dem angenehm harten, frisch gemachten Bett, mit den Beinen fest aneinandergepreßt« – manchmal glaube ich, das müßte noch einmal übersetzt werden – »und ihr Kopf ruhte auf seiner Brust, und ihr Haar fiel über seinen alten, sehnigen Hals, und er erzählte ihr…« Irgendwann wird er sich von ihr verabschieden und dann sterben, ganz wie ein gewisser Jackson, General, der einmal gesagt habe: »bei der Gelegenheit seines unseligen Todes: Nein, nein, wir wollen über den Fluß setzen und im Schatten der Wälder ruhen.« 1954 Nobelpreis, 1961 Selbstmord; was solle man auf einer Welt, auf der es nichts mehr zu jagen gäbe, soll er gesagt haben.

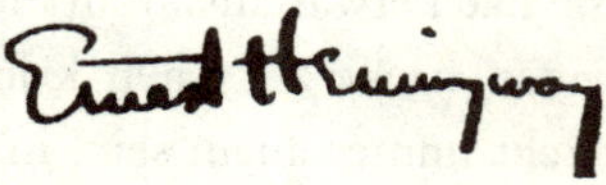

1949

Der schöne Sommer

Orig. *La bella estate*

von Cesare Pavese
(1908–1950)

Damals war immerzu Festtag. Die Mädchen brauchten nur aus dem Haus zu treten über die Straße zu gehen, da gerieten sie geradezu in einen Rausch; alles war, besonders nachts, so schön, daß sie, wenn sie todmüde heimkamen, noch immer hofften, daß irgend etwas passierte… In jenem Jahr war es so heiß, daß man jeden Abend ausgehen mußte, und Ginia meinte, nie zuvor begriffen zu haben, was der Sommer ist, so schön war es, jede Nacht aus dem Haus in den Alleen spazierenzugehen…«. Turin (Pavese, Jahrgang 1908, Literaturwissenschaftler, Übersetzer von Melville, Joyce, Faulkner, Steinbeck, unter den Faschisten nach Kalabrien verbannt, verübte 1950 in einem Turiner Hotel Selbstmord), unter Arbeitermädchen, Ginias Freundin Amelia steht jungen Malern Modell, Ginia denkt: »Solange eine Frau sich gut anzieht, sieht sie nach etwas aus. Man muß nicht achtgeben, daß keiner einen nackt zu sehen kriegt.« Eigentlich möchte Ginia nicht immer allein sein, in dieser sehnsüchtigen Luft der Turiner Sommernächte, eines Nachts schläft sie mit einem

Maler, Guido, aber auch dabei bleibt sie allein, sie hatte sich das anders gedacht, ihre Sehnsucht hatte sie anders davon träumen lassen, jedenfalls scheint ihr das jetzt so. Ihre Freundin hat sich bei einem Kollegen Guidos, der häßliche Füße hat, die Syphilis geholt; einmal im Bett redet sie, auch darüber, mit Guido: »Wie du nach Wein riechst, sagte Ginia leise. – Das ist immer noch der beste Geruch, den man im Bett riechen kann, erwiderte Guido; doch Ginia schloß ihm mit der Hand den Mund.« Dann ist diese kurze Liebe aus, ohne Adieu, ohne alles, der Winter kommt nach diesem großen Sommer, Ginia draußen: »Unterwegs blieb Ginia manchmal stehen, weil sie plötzlich den Duft der Sommerabende verspürte und die Farben und die Geräusche und den Schatten der Platanen. Sie dachte daran mitten im Schmutz und im Schnee und blieb, fast erstickt vor Sehnsucht, an den Straßenecken stehen. Er kommt ganz sicher, der Sommer, Jahreszeiten gibt es immer, doch es schien ihr unwahrscheinlich gerade jetzt, da sie allein war. Ich bin alt, das ist es. Alles ist aus und vorbei.« Ein ruhiges, klares Buch, aber so nah ist man dem wirklichen Rätsel selten.

1948

Tod in Hollywood

Orig. *The Loved One.*
An Anglo-American Tragedy

von Evelyn Waugh
(1903–1966)

Nach dem frühen Huxley (Jahrgang 1894 – etwa in *Crome Yellow* von 1921, und noch in den *Parallelen der Liebe*, 1925, und ehe er dann in der *Brave New World* von 1932 einen andern Ton anschlug) war der neun Jahre jüngere Evelyn Waugh der geistreichste und bei weitem witzigste Romancier jener Jahre (jedenfalls bis er dann auch noch religiös wurde). Konservativ war er immer schon, Zyniker, Ironiker sind das oft, und spätestens sein *Wiedersehen in Brideshead* war dann sein Abschied vom leichten Ton. Fabelhaft darin waren 1928 *Auf der schiefen Ebene*, noch witziger 1930 *Vile Bodies*. Herrlich an diesen Büchern ist die absolute Freiheit, mit der der Schreibende hier jedem Irrsinn, jeder Laune, jeder Überspanntheit und Halt- und Sinnlosigkeit der Gesellschaft seine Sprache zu leihen scheint; alles darf sich rein darstellen wie es ist, nur immer – und da rächt der Autor nun die verliehene, und für Momente ja geradezu von ihm verratene Sprache – ganz unmerklich und um so demaskierender über das hinaus, was es sein möchte. Der Kritiker der Gesellschaft bleibt der Beobachter und tut ihr das Schlimmste an; er überläßt sie sich selbst. Jetzt, im *Tod in Hollywood*, hat Waugh die Geschichte einer jungen Frau erfunden, die, zwischen einem Menschen- und Tierbestattungsunternehmen und ihren Männern, sich umbringt und im Tierkrematorium heimlich verbrennen läßt: Alle können nun denken, sie sei mit einem der Männer weggegangen. Anders als in den frühen Büchern trägt hier schon die wahnwitzige Story sarkastische Züge, und die Satire, das Beabsichtigte an ihr, die dahinterstehende Kritik, kommt sehr viel deutlicher als früher heraus. Damals konnte vieles sich noch so anhören wie in den *screwball comedies* Hollywoods, jetzt kaum mehr: Mochte Hollywood im Verschönerungswahn seiner Bestattungen den Tod nicht ernst nehmen – Waugh tat das. Und jetzt, anders als früher, wo er im Grunde gemeiner und vielleicht auch genauer gewesen war, schmerzte die Opfer das, was er trieb und schrieb.

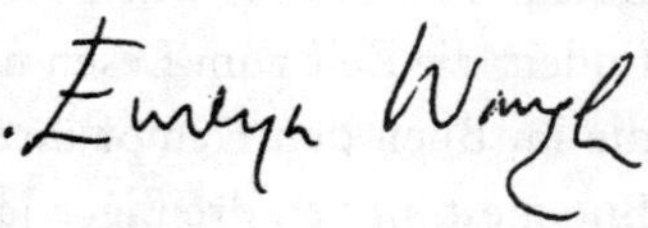

1947

Der unvollendete Satz

Orig. *A befejezetlen mondat*

von Tibor Déry
(1894–1977)

Das ist wieder eines dieser so unendlich ausschweifenden Bücher, wir kennen sie von Doderer, wir werden sie bei Powys finden, und schweigen wir vor allem nicht von Proust, besonders hier bei Déry nicht, so ungewöhnlich das gerade bei ihm scheinen könnte, in dessen Roman gesellschaftliche Randbedingungen äußerlich eine so viel größere Rolle spielen als das Innere eines Menschen. »Ich bitte meine Leser«, schreibt der Autor vorn ins Buch, »falls sie das Buch ihrer Aufmerksamkeit für wert finden, die Zeit zum Lesen nicht zu kurz zu bemessen« – die im Buch den Kampf ihrer Klasse (in Ungarn hier, in Budapest, in den dreißiger Jahren) so verbissen kämpfen, oder den ums Überleben, haben solche Zeit nicht. Der Held des Buchs hat sie, er ist ein Niemand, ein wahrer Unheld dort, wo jeder nur das sein soll, was ihm die Rolle sagt, und er ist allein mit sich mitten in der hektischen Bewegtheit, inmitten aller dieser Aufstiege und Zusammenbrüche, wenn die Systeme das eine bleiben, das andre siegen wollen. Zeit, ganz am Ende, woanders, in Wien, hat auch die Heldin, Evi, und für ein kleines Weilchen befreit von dem (wie sie wohl meint: notwendigen) Druck, den die Partei auf sie ausübt, verliebt sie sich unendlich (ein schwieriges Wort im Klassenkampf) in einen wildfremden Mann. Keiner, der das Buch gelesen hat, wird diese Liebe vergessen (so utopisch und quasi idyllisch sie sein mag, ja kitschig, hätte der sture Lukács wohl geurteilt), viel eher wird er froh sein, über sie jene fast schlimm an Gorki erinnernden Frauen vergessen zu können, Mütter, die wirklich glauben wollten, daß die Partei und der Kampf das sehen, worum es gehe im Leben. Fast auch scheint Déry ihnen recht geben zu wollen, aber unterm Schreiben dieses Buchs muß sich das alles geändert haben, die stille Arbeit im Innern (das was an Proust erinnert) läßt fast alle ideologischen Bauwerke zerbröckeln, je weiter man liest; und der Roman teilt die Bewegung mit, die der Autor jenen Figuren erlaubt, mit denen der Leser sich nach und nach aus ihm entfernt – ein merkwürdiges, auch merkwürdig vergessenes Buch. Déry wurde 1953 aus der Partei ausgestoßen.

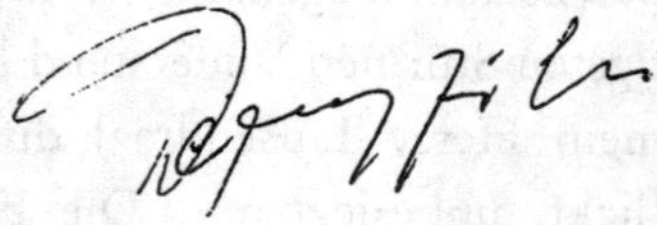

1946

Alexis Sorbas

Orig. *Vios ke politia tu Alexi Zorbà*

von Nikos Kazantzakis
(1883–1957)

Eines Abends, erzählt Sorbas einem, der ihm wieder einmal unentwegt zuhört und dann fragt: und Nuscha?, »eines Abends kam ich nach Hause und fand sie nicht. Sie war ausgerückt. Irgendein hübscher Bengel, ein Soldat, war in jenen Tagen im Dorf aufgetaucht und mit ihr verschwunden. Mein Herz war wie in Stücke gerissen, aber bald flickte ich es wieder zusammen. Du hast sicher schon solche tausendmal geflickten Segel gesehn, mit roten, gelben und schwarzen Pflastern, mit dickem Bindfaden zusammengenäht, die niemals zerreißen und den heftigsten Stürmen Widerstand leisten. So ein Segel ist auch mein Herz. Tausendmal durchlöchert, tausendmal geflickt, unbesiegbar… Die Frau ist ein unbegreifliches Ding…«. So redet Anthony Quinn, vorn auf dem Buch ist er groß drauf, mit nackten kräftigen Armen, schwarzweiß, bärtig überall, eine schöne Falte zwischen den Augen, und wuscheligen Haaren, ein Bild von Mann: und dann also diese Reden. Im nächsten Moment ist der Intellektuelle dran, der aus allmählicher Unlust am Intellektuellen ein

Kohlebergwerk auf Kreta betreibt: »Heute regnet es leise und milde, und der Himmel vereint sich in unsagbarer Zärtlichkeit mit der Erde…« – das wagt kaum zu atmen angesichts der Welt, und der andre wieder packt zu, daß die Lust nur so quillt. So geht das dahin, das Bergwerk geht kaputt, klar, Goethes Bergwerken ist das auch passiert, laßt bloß keine Schreiber an die Berge. Aber unsrer hier weiß nun, durch Sorbas, was die Welt ist: wenn das ein Wissen ist, was sich vor dir aufbaut fünfundsechzigjährig, mit bärtigem Gesicht und dieser Stimme und diesem schwarzen wuscheligen Haar. Kazantzakis hat die ganze Welt bereist, er hat Homer, Dante, Nietzsche (doch, den *Zarathustra*) und Darwin übersetzt, um nur einiges zu nennen. Und herausgekommen ist dann Alexis Sorbas, dieser tanzende Anthony Quinn von Kreta – von Kreta kommt ja das meiste, was wir sind im Grunde. »Es war eines Nachts«, sagt dann der Intellektuelle, »ich befand mich allein in meinem Haus an der Küste Äginas. Ich fühlte mich glücklich. Das Fenster zum Meer war weit geöffnet, der Mond sah herein, auch das Meer schien glücklich und rauschte leise…« – ich glaube, ich gehe nun auch an dieses Meer, da scheint die Wahrheit zu warten, das Buch weist über sich hinaus an die Küste Äginas. Aber schade, ich habe da kein Haus.

1945

Der Tod des Vergil

von Hermann Broch
(1886–1951)

Es gibt Bücher, an denen scheitert man, und es liegt an den Büchern; dies ist so ein Fall. Broch will in diesem Buch die letzten achtzehn Stunden des römischen Dichters Vergil heraufbeschwören, das Ganze soll ein einziger lyrisch-epischer Vorgang sein, und er möchte, daß der Leser am Ende seine religiösen Bedürfnisse wenn nicht befriedigt, so doch geweckt und irgendwie schon auch gelenkt findet. Es ist ja wunderbar, wenn ein Schriftsteller sich so an etwas Ungeheures wagt, »stahlblau und leicht, bewegt von einem leisen, kaum merklichen Gegenwind, waren die Wellen des adriatischen Meeres dem kaiserlichen Geschwader entgegengeströmt, als dieses, die mählich anrückenden Flachhügel der kalabrischen Küste zur Linken, dem Hafen Brundisium zusteuerte, und jetzt, da die sonnige, doch so todesahnende Einsamkeit der See sich ins friedvoll Freudige menschlicher Tätigkeit wandelte, da die Fluten, sanft überglänzt von der Nähe menschlichen Seins und Hausens, sich mit vielerlei Schiffen bevölkerten, mit solchen, die gleicherweise… mit solchen, die… jetzt, da die braunsegeligen Fischerboote… da war das Wasser beinahe spiegelglatt… perlmuttern… es wurde Abend… so oft die Töne des Lebens…«. Wunderbar (ich habe gekürzt), wenn er sich so an das Ungeheure wagt, aber weniger dann, wenn ihm doch schon das an sich noch Geheure fast regelmäßig so mißlungen war wie ihm hier, Broch. Unter denen, die das ganz Große wollten, war er wirklich der, der es am wenigsten hätte wollen dürfen, wenn man so sagen darf bei einem, der durchdrungen war, zu allem Überfluß, von der theoretischen Gewißheit, das, wozu er nicht imstand sei, dürfte eben auch heutzutage keiner mehr. Musil (immer diese Ingenieure, Broch war das für Textil, beide hätten eigentlich die väterlichen Fabriken leiten sollen) wird ähnlich denken. Joyce, und Broch kannte ihn sehr gut und setzte sich eigens von ihm ab (schon dies!), hatte sich einen kleinen jüdischen Annoncenakquisiteur in Dublin genommen. Das hätte Broch zu denken geben können, von wegen Vergils und was daran so unmittelbar hängt an Abendland und Christentum und ganzen kaiserlichen Geschwadern: gab ihm aber nicht zu denken. Und ewig ruft nun Vergil umsonst durch die Nacht: Verbrennt die Aeneis! – kein Mensch da.

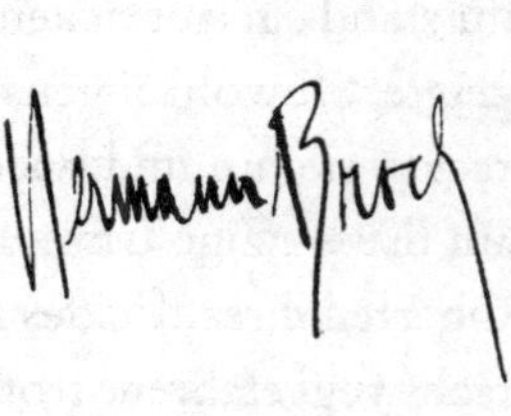

1944

Non-Maigret

von Georges Simenon
(1903–1989)

Also etwa diese Flucht des Monsieur Monde, am Tage seines Geburtstags, achtundvierzig ist er geworden, ohne zu feiern also ist er verschwunden, seine Frau meldet das, sie kommt aufs Kommissariat. Ein zufälliger Anfang, möchte man sagen, dies ist gar kein Kriminalroman, nur geht man eben aufs Revier, wenn einer einfach verschwindet, ein reicher Mann dazu: »Hinter dem Kommissar stand auf dem Kaminsims eine Pendeluhr aus schwarzem Marmor, die vor Ewigkeiten um fünf Minuten nach Mitternacht stehengeblieben war. Warum dachte man sogleich an Mitternacht und nicht an zwölf Uhr mittags? Jedenfalls dachte jeder, der sie sah, an fünf nach Mitternacht. Neben ihr stand ein laut tickender Wecker, der die genaue Uhr anzeigte. Obwohl er genau in Madame Mondes Blickfeld lag, reckte sie hin und wieder den langen, mageren Hals, um auf die winzige Uhr zu sehen, die sie wie eine Brosche am Oberteil ihres Kleides trug.« Monde ist niemals sonst einfach weggefahren, trotzdem kommt seine Frau erst nach drei Tagen aufs Revier. Monde seinerseits geht an diesem Tag in sein Geschäft, alle haben seinen Geburtstag vergessen. Und mit einem Mal weiß er, oder weiß nicht einmal, es ist einfach so: daß er an nichts mehr denken muß. Er holt sich Geld und geht weg. Er läßt sich den Bart abrasieren; es ist soweit, denkt er. »Er hatte sich nichts Bestimmtes vorgenommen. Er folgte einem Plan, der seit langem festgelegt worden war, wenn auch nicht von ihm selbst...« Er fährt nach Marseille, er trifft dort eine Frau, sie fahren nach Nizza, er trifft seine erste Frau, die mit der Uhr am Kleid ist die zweite, er auch deren zweiter Mann. Diese erste Frau ist drogensüchtig, er nimmt sie dann, die aus Marseille läßt er in Nizza, aus Nizza mit nach Paris. Nach drei Monaten, ohne Gepäck, als wäre er kaum weg gewesen, kommt er wieder nach Hause. Julie, die aus Marseille, schreibt ihm häufig, seine erste Frau, die in guter Pflege ist, möchte ihn gern sehen, er will aber wohl nicht. Der Arzt »insistierte nicht, vielleicht weil er wie jedermann beeindruckt war von diesem Mann, der keine Gespenster und keine Schatten mehr kannte und der den Menschen mit kühler Gelassenheit in die Augen sah.« Unter diesem Satz steht: Saint-Mesmin-le Vieux (Vendée), 1. April 1944. Was war eigentlich 1944? Na, egal.

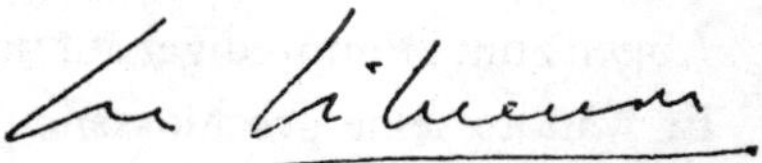

1943

Die Islandglocke

Orig. *Islandsklukkan*
(deutsch von Hubert Seelow)

von Halldór Laxness
(1902–1998)

In diesen Jahren ein Buch, in denen sie noch auf Pferden reiten und in Kutschen fahren, wo sie anderswo schon längst (denken Sie nur an den *Großen Gatsby*) in herrlichen Autos verunglückt sind. Wir sind irgendwo um das Jahr 1700 herum, in Island, ein Mädchen gesteht einem Pfarrer (aber sagt sie die Wahrheit?), daß sie einen Mann liebt, »und wenn ich ihn nicht bekomme«, sagte sie, »dann gibt es keinen Gott… nichts; außer dem Bösen. Gott der Allmächtige stehe mir bei. Sie warf sich auf das Polster und verbarg das Gesicht in den Händen, aber ihre Verzweiflung war zu Eis erstarrt, und sie sah wieder mit trockenen Augen zum Domprediger auf und sagte leise, verzeiht mir. Er wandte seine geschlossenen Augen gen Himmel und betete unter Tränen zu Gott, und er durfte währenddessen ihr Haar streicheln; dann stand sie auf und ging weg von ihm, fand ihre Perücke und setzte sie auf.« Er streichelt ihr Haar, und dann die Perücke – haben Sie je an so etwas gedacht? Natürlich sind Romane ohne Autos in unsern vierziger Jahren etwas Unmögliches, aber wer die innere Bewegung dieser gestreichelten Haare und dieses Findens der Perücke einmal erlebt hat, für den sind die Autos bei uns doch nur die eine Seite der Welt, und es gibt, andre, ungeträumte: und hier sind sie. Es ist auch ein wunderbarer Swing in dieser Sprache, im ruhigen Duktus ihrer Dialoge und Berichte. Auch die Namen haben schon etwas; das Mädchen oben heißt Snaefridur, der Mann Sigurdur, ein Dichter auch, außer daß er Prediger ist und Bischof werden wird; am Schluß sind sie zusammen (wenn es dieselben sind, kein Mensch steigt ja durch diese fremden Geschlechter durch, und will es ja auch gar nicht; aber ich glaube, es sind noch dieselben, und bleiben das ja auch ewig), und hören Sie nur: »Dort reitet Snaefridur Islandssol in Schwarz; und ihr Eheliebster, der lateinische Dichter Sigurdur Sveinsson, der erwählte Bischof von Skalholt...« – Snaefridus Islandssol... Sie können aus diesem Jahr sonst aber auch Hesses *Glasperlenspiel* lesen, oder mal wieder den *Kleinen Prinzen*. Aber hören Sie doch nur: Snaefridur...

Laxness wurde 1902 geboren, 1955 bekam er den Nobelpreis, er starb 1998; das großartige Deutsch der Übersetzung ist von Hubert Seelow.

1942

Der Mann ohne Eigenschaften

von Robert Musil
(1880–1942)

Musil scheint die Idee gehabt zu haben, daß, wer am Erzählen scheitert, ehrlicher mit sich und der modernen Welt ist, als wer dennoch erzählt. Und dieser Roman, an dem er das Scheitern des Erzählens ein für allemal demonstrieren wollte, ein Leben lang nicht fertigkriegte; und insofern waren Tun und Denken bei ihm in einer glänzenden Einheit. Und es ist ja auch hinreißend, wie das Buch so allmählich in Schwung kommt, wie sich Perspektiven auftun, wie alles sich gewissermaßen beinahe verunendlicht, so daß man sich immer gespannter, in Pausen, fragt: Wie wird er da dann weitermachen? Was muß er in sich haben, daß er uns so fragen lassen kann? Was sind dagegen alle die, die anderswo weiterschreiben, und wenn sie ans Scheitern des Erzählens denken, sich überlegen, was sie anders machen müssen (Virginia Woolf, Marcel Proust – nur diese einmal)? Aber groß, mußte man sich dann sagen, wenn man sie las (weil man sich sagte: warum sollen wir das nicht lesen dürfen?), groß waren diese andern Werke denn doch schon; Ruinen auch dabei, denken Sie eben an die Woolf, an Proust – aber dann hatten sie's gelassen und noch einmal angefangen. Und? Es war geglückt; und so sehr geglückt, daß es keine Fragen mehr gab nach einer Berechtigung dieses Glücks. Ach aber, ein herrlicher Mann, wie er da, dahinten, so durch und durch klug und durchreflektiert wie nur einer steht und denkt, oder was das ist, was er tut, und schreibt, und verwirft, und wie Ulrich und Agathe sich da hervorziehn aus dieser blöden Parallelaktion: so witzig die mit allen ihren Leuten dann wieder erscheint, wenn man erst hat eintauchen müssen in das, was Autor und Held und Heldin sich aus Geist und Seele danach dann zusammenbrauen werden. Schade, sehr schade. Und hatte er nicht vorher irgendeinen so schicken Kreiselkompaß oder sowas erfunden? Andrerseits: Da kann man einmal sehn, wie schwer Romane sind, wenn also selbst einer, der einen Kreiselkompaß schafft, am Ende keinen hinkriegt. Ach, es ist zum Weinen, ehrlich. Oder so: Ist, daß man etwas nicht beschreiben kann, damit bewiesen, daß man's nicht beschreiben kann?

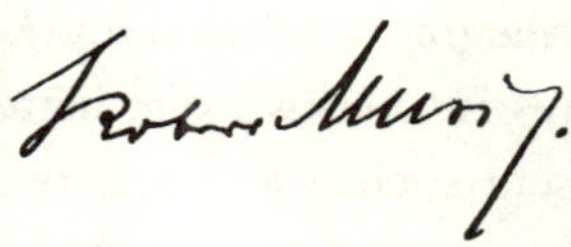

SIEHE BILDTAFEL 2

1941

Maigret

von Georges Simenon
(1903–1989)

Oder aber Sie nehmen einen seiner Maigrets, etwa aus diesem Jahre den Fall mit den vielen Hellseherinnen. Eine von ihnen soll an diesem heißen Augustnachmittag ermordet werden, um fünf. »Acht nach fünf. Eine strahlende Sonne schien über dem quirlenden Paris. Die Männer gingen in Hemdsärmeln, und die Frauen waren fast nackt unter ihren leichten Kleidern.« Dann wird wirklich eine unbekannte Hellseherin tot aufgefunden, ermordet, die bekannteren hatte man alle bewacht, aber kein Mensch kann unbekannte Hellseherinnen überwachen. Maigret ist wütend und will ein Bier. Oder im selben Jahr (es ist merkwürdig: hätte Simenon sehr viel weniger geschrieben, wäre er wirklich weniger groß) muß Maigret nachts Zug fahren: »Auf der Fensterscheibe zeichneten gerade dicke Regentropfen horizontale Linien. Durch diesen transparenten Wasserfilm sah der Kommissar zunächst das Licht eines Stellwerks in tausend Strahlen aufblitzen, denn draußen war es dunkel. Dann tauchten urplötzlich unterhalb des Bahndamms geradlinige, wie Kanäle schimmernde Straßen auf, Häuser, die vollkommen gleich zu sein schienen, Fenster, Haustüren, Gehsteige und, in dieser in sich geschlossenen Welt, eine einzelne menschliche Gestalt, ein Mann in einem Wetterumhang, der Gott weiß wohin unterwegs war. Maigret stopfte seine Pfeife, langsam und sorgfältig. Um sie anzuzünden, drehte er sich in Fahrtrichtung … Er hatte eine halbe Stunde Zeit, und nach einem kurzen Aufenthalt im Pissoir, ganz am Ende des Gebäudes, stieß er die Tür zur Gaststätte auf, steuerte einen der vielen freien Tische an und ließ sich auf einen Stuhl fallen und stellte sich darauf ein, bei der Schummerbeleuchtung untätig zu warten.« Zwei drei Sätze, und die dichte Atmosphäre der Maigretwelt, der Welt Simenons ist da, und die Seele macht einen Gang an den windigen Ufern des Lebens, auf den ungeschützteren Kais der Nacht.

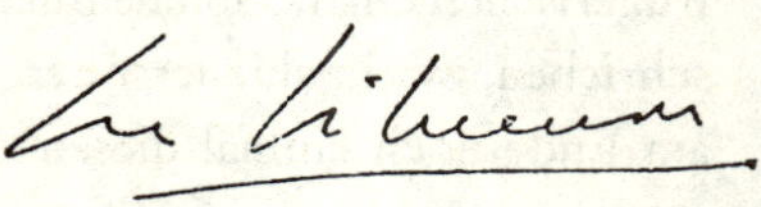

1940

Der letzte Tycoon

Orig. *The Last Tycoon*

von Francis Scott Fitzgerald
(1896–1940)

Für sehr viele Romane muß man schon ein guter Leser sein, wenn man von ihnen haben will, was sie geben können. Andre, wenige, lehren ein Lesen, das man von selbst nie lernen könnte – sie überzeugen durch einen untrügerischen Glanz. Solche Bücher hat Scott Fitzgerald geschrieben, zweimal: zuerst den *Großen Gatsby,* und ganz am Ende noch einmal diesen *Letzten Tycoon,* nach Stevensons *Herren von Hermiston* das überwältigendste Bruchstück eines unvollendeten Buchs.

Es hängt viel an der hinreißenden Dialogtechnik, aber darin waren, um ganz verschiedenartige Leute zu nennen, Hammett und Dawn Powell auch ganz glänzend; es hängt sehr viel an der Fülle von Details, aber das war beinahe eine Tugend aller guten amerikanischen Romanciers. Eine gute Geschichte mußte da sein, Hammett war groß darin, bei Dawn Powell fehlte das, aber Hemingway besaß ein gewaltiges Gefühl für das *timing* einer Story. Charaktere (nicht Typen, nicht große Originale, nein:) bis in den Grund hinab empfundene, durchdachte Charaktere – das war eines, was die allerwenigsten hatten, nach James, nach der Wharton. Und dann noch etwas, was man offenbar nicht lernen konnte, sondern haben mußte oder eben nicht hatte, und nur haben konnte wohl, wenn es so sehr das eigne Leben gewesen war, daß man auch ebensogut darin völlig hätte untergehn können, außer man hielt mehr als irgend jemand sehn konnte daran fest, es aufschreiben zu wollen, um jeden Preis am Ende: das nämlich, was der heimliche Klang der Zeit war – also jener Klang, den auch die Mitlebenden erst hörten, wenn ihn einer, wie eben jetzt Fitzgerald, rein nachspielte. Und das, vielleicht als einziger nach Maupassant, am alten andern Ende der Welt, vielleicht nach James noch, konnte nur einer, und nur er konnte es so, daß kein Zweifel an der Wahrheit des Tons mehr blieb, Fitzgerald. Anders hat ja der Begriff der Wahrheit auch gar keinen Sinn; aber wenn diese Wahrheit nicht hin und wieder aufleuchtet, und so glänzend und unwiderstehlich wie hier bei Fitzgerald, dann wird das Lesen zu einer faden Beschäftigung – und wie ein Blitz beleuchten dann solche Bücher erst wieder die Gebirge des Schönen. – Ich sollte das alles etwas untertreibender sagen, aber für diesmal laß ich's gehn.

SIEHE BILDTAFEL 3

1939

Finnegans Wake

Orig. *Finnegans Wake*

von James Joyce
(1882–1941)

Die Alten hatten die Säulen des Herkules: wer weiterwollte, der fuhr aus der Welt hinaus, der kam nicht wieder. Einige Autoren haben gemeint, Odysseus, der vielgereiste, sei dann doch noch einmal losgezogen, ein letztes Mal, und er habe ja nirgendwo mehr hinkönnen, als ins Jenseits der Welt, hinaus über die Säulen des Herkules, und sei dort verschwunden. Schön, wenn das Odysseus war; denn was fürs Gefühl der Alten die Säulen des Herkules, das ist für den Roman *Finnegans Wake* von Joyce. Und wie alle, die keine Götter sind oder wenigstens halbe wie damals Herkules, ist Joyce bei diesem Versuch, die Grenzen zu suchen, an ihnen dann verschwunden. Er ist weitergegangen als wir können, die Grenzen des Schreibbaren liegen weiter hinaus als die des Lesbaren, hinter diesen erst lauert er nun, und dahin kommt man nicht. Zu wollen, was er dann nicht kann, traut sich leider mancher; das Genie von Joyce war, an diesem Punkte, einmal alles zu wollen, was nur er wollen konnte. Ich glaube nur, es wird sich nie herausstellen, ob dieser Gedanke wirklich gut war. Manchmal denke ich, daß die meisten Großen ihn hatten, aber dann ließen sie ihn. Dann wieder denke ich mir, daß, wer diesen Gedanken auch nur ein einziges Mal wirklich hat, ihn eben nicht mehr läßt: so daß ihn doch keiner vor Joyce hatte, und wenigstens darin war der Gedanke dann gut. Einig sind die meisten sich darin (von Odysseus wissen wir in diesem Punkte nichts, die alten Berichte sind nicht sehr verläßlich), daß er beim Niederschreiben und Ausdenken seiner gigantischen welterschließenden Sprachverrätselung wahnsinnigen Spaß hatte. Das macht ihn wieder alten Göttern ähnlich, die manchmal großen Spaß gehabt haben sollen an Sachen, die uns eher etwas launenhaft vorkommen, wenn wir so reden dürfen von großen Leuten. Alles in allem, wenn Joyce meinte, ein Leben lang müsse man eindringen in dieses Buch, so wollen wir lieber warten, bis wir ihn wiedersehn an den Säulen des Herkules, und bis dahin sechstausend andere Romane lesen.

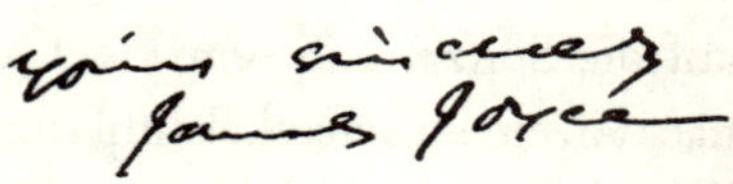

1938

Murphy

Orig. *Murphy*

von Samuel Beckett
(1906–1989)

Der frühe Beckett, wenn er diesen schönen Roman schreibt, ist beinahe so etwas wie ein Bruder Emmanuel Boves, in dessen Büchern ja auch fast nichts vorkommt. Hauptsächlich noch dies, daß der Erzähler eine herrlich amüsante Umständlichkeit an den Tag legt im Berichten genau dessen, worüber die real erzählenden Romanciers sonst kein Wort verlieren würden. Beckett treibt den Umstand, daß kaum etwas zu berichten ist, dadurch auf die Spitze, daß sein Held am liebsten gefesselt und nackt in einem Schaukelstuhl sitzt: darüber ist ja nun wirklich nicht mehr viel zu sagen. Wie in James' *Gesandten* kommen nun lauter Leute, die ihn finden sollen, Murphy ist inzwischen aber in einer Heilanstalt gelandet und kommt dann um. Die wunderliche Komik des Ganzen besteht erstens in diesem bemühten Erzählen von nichts, zweitens, über Bove hinaus, darin, daß der Witz dieser Technik längst durchschaut ist und daß, so sehr es den Figuren noch um Wirkliches zu tun zu sein scheint, der Erzähler den sonderbaren Stillstand der Realität in einer

Sprache abbildet, die darauf nicht eingerichtet ist, und von der der Erzähler das weiß. Fast also, und wenn nicht doch noch letzte Reste von Bewegung oder minimaler Handlung blieben (daß etwa einer nackt unter einem Laken hervorkommend aufsteht aus seinem Bett), sieht sich der Erzähler auf Bewegungen angewiesen, oder bei Laune haltenden Übungen, die nur noch erzählende Sprache selber sind, rein für sich, plus seiner Reflexion auf sie, seiner Bemühung mit ihr – und so muß er nun, etwa aus dem ganzen Arsenal der abendländischen Bildung, eine ungeheuerliche Fülle von witzigen Details aufbieten, um den Leser romanlang abzulenken davon, daß er gar keinen Roman hat. Es ist völlig erstaunlich, wie gut das dem Autor hier gelingt, aber es ist auch klar, daß das nur dieses eine Mal gehn wird und daß beim nächsten Mal der Held einer längeren Erzählung uns mit beträchtlich mehr Verzweiflung wird fesseln müssen als der, sich einfach durch das Verweigern von Bewegung ins Nichts abzusetzen.

1937

Rache für Liebe

Orig. *The Revenge for Love*

von Wyndham Lewis
(1882–1957)

Wyndham Lewis, ein Engländer, der im Jahre 1882 auf einem Schiff vor Maine geboren wurde – er starb 1957 dann ordentlich in London –, posiert unglaublich schön auf Photos, er malt sehr gut (die Tate Gallery hat Sachen von ihm – wenn Sie mal vorbeikommen sollten und sich sattgetrunken haben an Rossetti und Burne-Jones), er hat Edith Sitwell porträtiert, zu deren Kreis er gehörte, und er übertraf den ganzen Kreis so sehr an Exzentrik, daß er schließlich politisch völlig unzurechnungsfähig wurde. Sehr boshaft ist auch seine Kritik an dem (wie er fand) doch ziemlich stilisierten, ja ein bißchen affigen Getue der Clique um Virginia Woolf. Sehr amüsant schreibt er darüber (»... dieser schmale, pfauenblau eingebundene Band, der ihre Bettlektüre gewesen war, als sie noch ein Bett für sich allein hatte...« – wirklich nett, aber doch sehr gut) in eben dem Roman dieses Jahres, *Rache für Liebe* – und dieser Roman ist denn auch, nach *Tarr* von 1918 (Pound war begeistert davon) und *The Childermass* von 1928, der am mühelosesten lesbare von ihm. Er spielt in seinen polemischen Teilen unter Intellektuellen und Künstlern, linken meistens, die Lewis blöd fand, und dann, in ganz und gar hinreißenden Passagen, mit einem Schwung, die jeden modischen Zweifel an der Möglichkeit modernen Erzählens als reine Defensive der Unbegabten erscheinen lassen, im Spanien des Bürgerkriegs. Natürlich (jedenfalls für seine Verrücktheit) war Lewis, wie auch der in diesen Dingen nicht weniger irre Pound, für Franco, und das ist manchmal, wie auch die – wenngleich vielleicht harmlosere – Künstlerpolemik, ein bißchen verwirrend für uns, wir haben ja immer noch nicht richtig gelernt, ruhig zu lesen (und zum Glück dann wissen wir vieles auch gar nicht, denn entsetzlich viele waren unzurechnungsfähig, und wenn sie für uns auf der richtigen Seite waren, dann oft nur rein aus Zufall, auch da hatte sie ihre Verrücktheit getrieben, nichts andres). Wie sie da, die Liebenden, gejagt im Auto über die Berge fahren, den Wagen mit Kisten voller Backsteine, die man ihnen, diesen Idioten, gegeben hatte, und sie glauben, es seien Waffen, und dann fahren sie, lachende Lockvögel, frei in das Gewitter hinein, den Tod: Das ist groß und wiegt so manche Stunde auf, die wem auch immer sonst so schlägt.

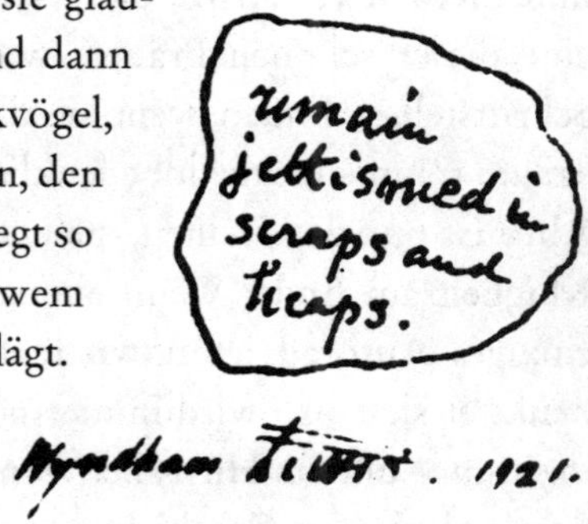

1936

Der etruskische Spiegel

von Georg Hermann
(1871–1943)

Sein letztes Buch, lässig, fast sorglos geschrieben. Ein älterer Herr, den sie in Deutschland nicht mehr wollen, fährt nach Italien, wenig Gepäck, einen neuen Borsalino auf. Im Zug hinein ins faschistische Italien lernt er eine Familie kennen, er zieht, in Rom, in deren Haus, er verliebt sich in die junge Witwe (der kleine Sohn ist schon, verständlich, findet er, der Ideologie von Knabenleibern und Pferden verfallen), die Witwe verliebt sich in ihn – eine dieser schönen Frauen, wie wir sie manchmal bei Schriftstellern finden, wenn sie alles könnend ihren letzten Traum träumen; eine unbedenkliche Sinnlichkeit, und das Alter ist nur die Freiheit, sie auch auszusprechen. Diese Klugheit am Ende: Wenn einmal von Henry Ford kein einziges Autorad irgendwo mehr zu finden sein wird, denkt er sich, »so wird immer noch sein herrliches Wort im Munde und im Hirn aller vernünftigen Menschen meinesgleichen sein: Geschichte ist Quatsch.« Wunderschön auch der Wagen, mit dem sie dann, hinter dem Chauffeur, unterwegs sind, diese schöne Frau und er: rebhuhnfarben.

Nein, es ist gar keine Unerfülltheit, kein Schmerz, keine Resignation in dieser Liebe, solche Autoren haben keine Angst mehr, wenn sie schreiben und träumen. Alles geht gut. Nur, der Knabe (in einem großen Traum über die Etrusker, deren Sprache er da mit einem Male kann, hat der Mann das vorausgeträumt) stürzt bei einem Wettrennen; die schöne Frau, seine Mutter, muß bei ihm sein, die Liebenden verfehlen sich. Am Ende liegt ein Zettel da, auf dem sie ihn bittet, bei ihr zu sein; er ist tot, ertrunken, etwas geheimnisvoll, etwas dunkel warum, obwohl wir dabei sind. Der Zettel tröstet über alles hinweg. Und wenn Geschichte Quatsch ist, sagt dieser Reisende, dann die Politik fünfmal. Wunderbare Männer beide, der Autor, sein Held (wenn das noch das Wort dafür ist), und daß sie eine solche Frau lieben.

Georg Hermann, aus einer jüdischen Kaufmannsfamilie, war von Haus aus Kunsthistoriker und -kritiker. 1933 emigrierte er nach Holland, er wurde dort ein berühmter, geliebter Autor. Die Nazis deportierten ihn 1943 und ermordeten den Zweiundsiebzigjährigen in Auschwitz. In einer Art Lebensabriß an seine Kinder schreibt er 1935: »Die letzte Triebfeder meines Schreibens war die tiefe Angst, nicht vor dem Nichtsein, nicht vor dem Nichtmehrsein, sondern vor dem Nichtmehrsein des einmal gelebten Seins.«

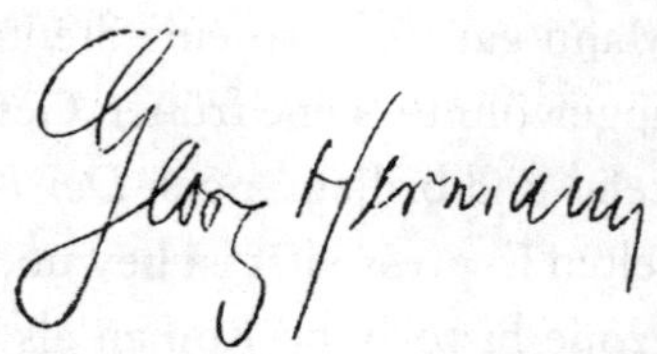

1935

Die Jugend des Königs Henri Quatre und die Vollendung des Königs Henri Quatre

von Heinrich Mann
(1871–1950)

Und hier nun genau das Gegenteil eben zu Georg Hermanns ruhiger Einsicht: der Kampf, und die Entschlossenheit, der Geschichte eine Lehre abzuverlangen, nämlich, daß ein guter Staat, daß gute Politik möglich ist (weil wir sie wollen?). Siebzehnhundert Seiten gegen dreihundert, Pathos gegen privates Leben. »Der Knabe war klein, die Berge waren ungeheuer« – Heinrich Mann ist ein großer Autor, es macht gar nichts, daß er vielleicht zu sehr an alles glaubte, an das wir auch gern glauben möchten – im Gegenteil, es braucht solche Gefühle für solche Stoffmengen (auch wenn ich, zum Lesen, *Eugénie oder Die Bürgerzeit* vorziehen würde, seine Prosa ist da besser, lockerer). Eigentlich, glaube ich, hatte Heinrich Mann gar nicht so eine Stentorstimme, wie er sich dann angewöhnte, seine frühen Gesellschaftsromane sind glänzend und brillant, noch *Der Knopf* in seiner fast verzweifelten Expressivität ist bewundernswert. Und hier nun der große historische Roman als ein Vehikel, die Welt, oder einen Teil der Welt, unsern, zur Einsicht zu bringen. Der Stil wird so, daß man sich sagen muß: Das ist groß, das bändigt den gewaltigen Stoff, das ist gedacht, das will das Richtige. Und so ist es auch. Der Autor schreibt, wenn man sich daran gewöhnt, makellos, zum ersten Mal tut er das, weil wohl die Sache es will – und so rennt er, ja, ich glaube doch, er rennt – nein, nicht ins Verderben, nein, nein, Gott bewahre, das tut er nicht! – aber eben dahin, daß die, die ihn gerade davor nicht mochten, jetzt sagen können: Seht ihr, hier ist er gut. Die Emigration, so Bruder Thomas, könne stolz sein auf dieses Buch, ja ganz Deutschland, und Frankreich dazu. Das konnte sie auf einen Mann wie Georg Hermann natürlich nicht: »Geschichte ist Quatsch!« – das muß man sich einmal klarmachen.

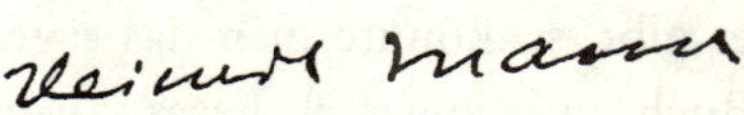

1934

Wendekreis des Krebses

Orig. *Tropic of Cancer*

von Henry Miller
(1891–1980)

Einmal im Leben muß man Henry Miller gelesen haben; schon damit man das eigne Innre von den Zwängen befreit, von denen man gar nicht weiß, daß man unter ihnen leidet. Aber wozu Befreiung, wenn man doch nicht leidet, nicht wahr? Genau das verrät allein das Lesen: es gibt, so könnte man das sagen, keine Gründe, dieses Buch, zum Beispiel dieses, zu lesen, die nicht allein im Buch selber steckten. Und es sind auch gar nicht allein die herrlichen Obszönitäten, die vielen Huren und andere Frauen, die hier herumlaufen und -liegen; natürlich sind sie es auch, das Buch wäre schwach, wenn es nicht von ihnen wimmelte. Wirklich ansteckend aber ist das enorme Chaos, das Miller hier anrichtet. Wo er nicht chaotisch ist, wird er beklagenswert schwach, etwa wenn er denkt oder sowas wie lehrt – geh ins Bett, möchte man dann sagen, und komm dann wieder. Aber wo er nicht denkt, weil Denken ja auch an allem vorbeigeht, da glänzt er. Sein Held, der Erzähler, ist ein angehender Schriftsteller, er glaubt an sein Schreiben, das reicht. Und nun überläßt er sich dem flutenden Chaos eines Lebens, das keine Konventionen zu haben scheint, und jedenfalls keine bürgerlichen Konventionen hat, in Paris, Anfang der dreißiger Jahre. Alkohol und Frauen sind die Hauptsache, und dann, plötzlich, wie aus dem Dunst der Betten und dem Nebel der Hirne auftauchend, der überwältigende Anblick des Lebens, bevor es gedacht worden ist; dort, wo Ekel und das Erstaunen vor der wilden Schönheit noch nicht getrennt sind. »Der Morgen des ersten Weihnachtstages brach an, als wir von der Rue d'Odessa mit zwei Negerinnen von der Telephongesellschaft heimkamen. Das Feuer war erloschen, und wir waren alle so müde, daß wir mit den Kleidern ins Bett krochen. Die, die ich hatte, die sich den ganzen Abend wie ein reißender Leopard gebärdet hatte, fiel in tiefen Schlaf, als ich sie bestieg. Eine Weile arbeitete ich auf ihr herum, wie man an einem Menschen herumarbeitet, der ertrunken ist oder mit Gas vergiftet. Dann gab ich es auf und schlief selbst tief ein.«

Henry Miller

1933

Glastonbury Romance

Orig. *A Glastonbury Romance*

von John Cowper Powys
(1872–1963)

Ich weiß nicht, ob Sie's wissen, aber König Artus, der von der Tafelrunde, hatte ein Schwert, Excalibur, das er am Ende seines Lebens ins Meer werfen ließ oder warf: Und John hier im Buch, der an nichts glaubt, sieht am Flusse Brue, wie jenes Schwert des König Artus hoch aus dem Himmel hinter ihm an seinem Kopf vorbeizischend ins Wasser fährt, wenn auch statt mit einem Griff aus Gold mit einem aus Zinn – und genau dieser Umstand, so irritierend er dann auch wieder ist, bekräftigt ihm die Wahrheit seiner Vision. Das ist im Süden Englands, in der Gegend von Glastonbury, wo König Artus gelebt haben soll, wo Merlin einst den König Marke, Isoldes Mann, zu Staub verzaubert hat, wo Lanzelot von Arimathia gestorben ist, der große Grableiher, wie Powys ihn nennt (Jesus lag von Freitag bis Sonntagmorgen in Josephs Felsengrab, oder jedenfalls lag er Sonntagmorgen dann nicht mehr drin).

Wissen Sie, wie der Gral aussieht? Sam, der Sohn des Kirchenpredigers im Buch, sieht ihn am Ende wirklich, er möchte allen davon erzählen, aber alle wollen so wenig davon wissen, daß er beinahe schon glaubt, alle hätten irgendwann jeder für sich den Gral gesehn, und auch ihnen hätte keiner zugehören wollen. Wenn ich es also sagen darf: Der Gral ist eine kuglige Schale aus durchsichtigem Material, hat kreisrunde Henkel, zwei, und in ihm schwimmt ein Fisch, eine Schleie. Sam hat übrigens eine Geliebte, die fast noch schönere Brüste hat als damals Vivian oder Nineue, Merlins Geliebte, aber er läßt sie im Stich wegen Jesus – bis er dann den Gral sieht, der ihm das Fleisch wiederschenkt, das er mit Jesus glaubte abtöten zu sollen. Leider ist die Schöne da schon zurück zu ihrem keineswegs sympathischen Mann – dem wiederum, als alles noch in der Schwebe ist, mit der männerverwirrenden Persephone, Percy auch (die in den Höhlen von Glastonbury tief unten auf einem Sandstreifen der gottlose Keramikfabrikant entjungfert hat), der verwegenste Beischlaf des ganzen Buchs glückt, Mitte Dezember auf einem offnen kleinen Boot auf einem schwarzen Wasser hier bei Glastonbury, mitten in den Flußwiesen Avalons. Avalon, das müssen Sie kennen, das ist das Reich der Fee Morgana, der Schwester von König Artus, selber ist er nach seiner letzten Schlacht dann dahin entrückt worden, wie manche sagen – soviel zu diesem heillos schönen Buch.

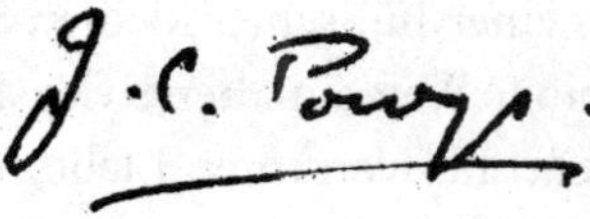

SIEHE BILDTAFEL 4

1932

Reise ans Ende der Nacht

Orig. *Voyage au bout de la nuit*

von Louis-Ferdinand Céline
eig. Louis-Ferdinand Destouches
(1894–1961)

Céline, 1894 geboren, als Kind noch Fabrikarbeiter, dann Armen-, und Schiffsarzt, gestorben 1961, war poltisch ein völliger Idiot, unbelehrbar auch; aber er hat eben diesen hinreißenden, mehr oder minder autobiographischen Roman geschrieben, davor, das ist aber auch egal. Ein Ich-Erzähler, in einer leidenschaftlichen, wüsten Sprache, die überhaupt keine Rücksichten auf den guten Geschmack und solche Tugenden nimmt, beschreibt da, wie er in den Krieg geht, wie er dann als Mediziner ins koloniale Afrika kommt, dann nach Amerika. Wie er dann zurück nach Frankreich geht, an ein ruhiges schönes kleines Irrenhaus (bei Miller landet der Held für ein Weilchen in einer hübschen kleinen Schule); immer wieder kreuzt seiner Weg ein alter Kriegskamerad, schließlich erschießt den, aus verratner Liebe, eine Freundin der beiden, in einem Taxi, in dem sie alle nach Hause fahren wollen. Die Welt in diesem Buch ist das verfluchteste Chaos, in dem nur gut lebt, wer Geld hat – nichts andres zählt im Grund, die Armen sind genauso korrupt wie die Reichen, bloß ohne Erfolg, die Ausgebeuteten sind nicht besser als die Ausbeuter, bloß schwarz statt weiß, die Liebe ist etwas Schnelles kurz vor dem Mord. Der Erzähler der Geschichte und der Autor wollen beide nichts beweisen, sie haben den fast unschuldigen Standpunkt der Anarchie: So ist die Welt, seht her, was heißt hier Veränderung, was heißt hier Dichtung. Der Sterbende: »Er stirbt, indem er erstickt… Hat sich dabei mit beiden Händen auf uns gestützt. Aber fast unmittelbar darauf kehrt er noch einmal zu uns zurück. Verkrampft, schon im Begriff, die Schwere des Todes auf sich zu nehmen. Wir erheben uns, lösen seine Hände aus den unsern. Sie bleiben, im Schein der Lampe gelb und blau gezeichnet, steif in der Luft hängen…« Der Schluß, Paris, an der Seine: »Von fern tönt der Pfiff des Schleppdampfers. Sein Ruf hallt über die Brücke, den Bogen, die Schleuse, über die nächste Brücke und weiter noch in die Ferne… er fordert alle Barken und die ganze Stadt, Himmel und Feld. Und er ruft uns und nimmt auch die Seine mit, alles… damit niemand mehr davon berichten kann…«

Louis Destouches

1931

Männer und Frauen

Orig. *Men and Wives*

von Ivy Compton-Burnett
(1884–1969)

Ivy Compton-Burnett wurde 1884 geboren, ihr Vater war Landarzt, sie hatte elf Geschwister. Irgendwann, als schon erwachsene junge Frau, verließ sie die englische Provinz und ging nach London, dort hat sie dann mit einer Freundin den Rest ihres Lebens verbracht, einen sehr sehr langen Rest: Sie starb 1969, fünfundachtzigjährig.

Ihre Bücher spielen alle im viktorianischen Zeitalter. Sie interessiere sich, soll sie gesagt haben, im Grund nur für die Beziehungen der Leute untereinander, und die seien immer dieselben, egal in welcher Kulisse die Leute lebten. Immer seien sie eben, wie die Titel der Bücher sagen, Brüder und Schwestern, Eltern und Kinder, Männer und Frauen, Diener und Bediente. Diese scharfsinnig-witzigen, ätzend-witzigen Romane bewegen sich fast ausschließlich in Dialogen. Einmal will eine unzufriedene Frau sich umbringen, mit harmlosen Pillen, die ihr der Arzt dafür gegeben hat. Sie scheint zu sterben, sie hat auch einen Brief hinterlassen, über den und die ganzen Umstände eine Freundin der Familie dann knapp äußert: »Ich habe absolut nichts gegen Selbstmord, nur gegen das Hinterlassen von Briefen. Es ist ungezogen, einen Brief zu schreiben und sich zugleich dem Risiko einer Antwort nicht zu stellen.« Sie wird in ein Heim gebracht, und eine sehr angenehme resolute kluge Frau, die jetzt das Regiment im Haus führt, sagt: »Die Menschen gewinnen so ungemein, wenn sie erst einmal tot sind. Das sehn wir, wenn wir unsre eignen Gefühle damit vergleichen.« Sie kommt wieder zurück, alle leben inzwischen ein viel besseres Leben als vorher (sie leben das Leben, über das verzweifelt sie sich hatte umbringen wollen), aber nach einer Weile findet man sie dann wirklich tot im Bett, wieder hat sie Tabletten genommen. Die Freundin kommentiert: »Natürlich ist sie durch ihr Tun unsterblich geworden, und sie hatte es durchaus verdient, beim zweiten Mal erfolgreich zu sein.« Es stellt sich dann heraus, daß die Tabletten dieselben waren wie vorher, harmlos an sich, aber der eine Sohn hatte eine tödliche daruntergemischt. Alles sonst geht aus wie eine hübsche Komödie, oder wenigstens wie jenes Aufwachen, das wir oft gern hätten, wenn eine schlimme Realität wünschen läßt, es gäbe sie nicht. Aber das ist eben das Schöne an dieser großen Romanschreiberin: Sie erschreckt uns zu Tode, und dann sagt sie, ach, lebt ruhig weiter, das war doch bloß ein Roman. Und macht sich still wieder über das Leben her, eine fürchterliche Beobachterin.

1930

Als ich im Sterben lag

Orig. *As I Lay Dying*

von William Faulkner
(1897–1962)

Keiner erzählt, Stimmen sprechen, Leute, Familienangehörige um eine Sterbende, sie stehn um ihr Bett, draußen zimmert einer den Sarg; dann die Tote, und wieder Familienangehörige, die die Tote jetzt vierzig Meilen, die eine halbe Odyssee sind, dorthin fahren, wo sie begraben werden wollte: durch Flüsse, die Hochwasser führen, über ein Land, das katastrophal gleichgültig ist gegen solche Fahrten. Diese Reise mit dem Sarg auf dem Wagen, an ein Ziel, an das keiner will außer einer Toten, diese Reise, erzählt von fünfzehn Stimmen, ist die größte und wahnwitzigste und traurigste Reise, die je einer in diesem Jahrhundert nach seinem Tod gemacht hat mit seiner Familie. Vielleicht ist die Reise sinnlos, aber das ist nicht wichtig; je nach dem Wesen hinter der Stimme wechseln für den Leser Groteske und Klamauk und Trauer und Kühle und Leid und Liebe, es kommt aber auf diese Unterschiede gar nicht an, dem Leser vergeht beim Lesen seine Meinung über die Welt, er hängt am Leben der Fahrenden, als wäre dies das einzige auf der Welt.

Faulkner, 1897 in Albany/Mississippi geboren, gehörte wie Dos Passos und Hemingway (Jahrgang 96 und 99) jener Generation an, die im Ersten Weltkrieg den großen Bruch der Zeit erlebte; er begann 1926 mit einem Soldatenroman (Dos Passos hatte 1922 *Three Soldiers* geschrieben, Hemingway brachte, wie Faulkner 1926 *Fiesta* heraus); 1929, im selben Jahr wie Hemingways zweiter Nachkriegsroman *Farewell to Arms,* folgte, ein wunderbares Experiment *Schall und Wahn.* Er schrieb auch für Hollywood, *The Big Sleep* nach Chandler ist von ihm.

1929

Berlin Alexanderplatz

von Alfred Döblin
(1878–1957)

Manche großen Bücher brauchen keinen Stil: dies ist das stilloseste Buch, das wir haben. Döblin, der davor schon in fünf Romanen ebenso viele Versuche in großem Stil angefangen und meistens verloren hatte, mischt jetzt in dieser Großstadtballade bedenkenlos alles, was er schon kann und sonst noch kennt: Werbesprüche, Volkslieder, Bibelgut, Naturkitsch, Bänkelsang und Fallada und Berlinerisch und alles, was er Dos Passos und Joyce abgelernt hat. Oft ist das Gemisch hinreißend, ebenso oft die schlimmste Sentimentalität: Und es ist nun die Größe dieses Buchs, daß es auch darüber keine Bedenken kennt. Das Lausige grenzt an das Erschütternde, der Schmutz ans Reine, das seinerseits wieder kaum von der Dummheit unterschieden ist – und man weiß niemals, was daran Kunst ist und was einfach ein Reflex, man will es auch nicht wissen. Hauptsache, da ist mehr gelungen, als Döblin wollen konnte, denkt man, denkt man mit Döblin. Biberkopf ist der törichte Held, und weil er töricht ist, wird aus der modernen Großstadt eine bloß schwerer überschaubare kleine Stadt, denn diesem Helden rückt alles auf den Leib, und er sieht nur, was er fühlt, ein antiquierter Mann, der jeden Mythos ruiniert. Wer viel harte postmoderne Großstadtfilme gesehen hat, dem wird dieses Buch völlig gemütlich vorkommen, und das ist es auch, richtig gemütlich, ganz schlimm, es ist einem fast heimelig zumute in diesem Berlin. Man sehnt sich fast nach richtiggehender Moderne, dann ist das Buch aus, und man muß sich sagen: das war sie. Noch jahrelang geht einem das nach, und wenn man dann wieder einen dieser Filme sieht, schaltet man ab.

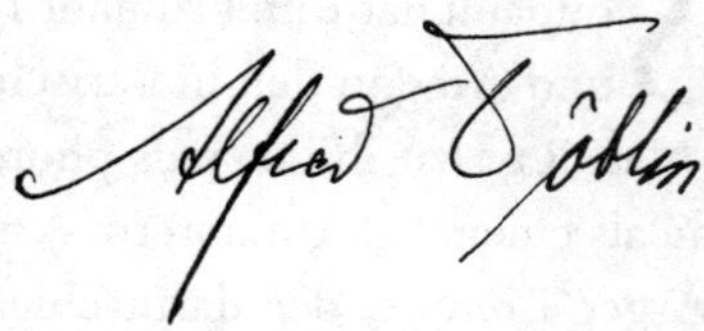

1928

Die letzten Nächte von Paris

Orig. *Les derniers nuits de Paris*

von Philippe Soupault
(1897–1990)

Soupault hatte im Frühjahr 1920 zusammen mit Breton und Aragon den literarischen Surrealismus erfunden (Man Ray hat ihn damals photographiert, mit fast nichts an als einem Schirm unterm Arm). Bald danach, sehr zum Ärger Bretons, der darin einen Verrat witterte (warum sollten Surrealisten eigentlich keine Romane schreiben, nicht wahr? – aber das hätten wir Breton fragen sollen), wandte er sich dem Roman zu, oder doch etwas Ähnlichem wie dem Roman. 1927 zum Beispiel hatte er den *Neger* veröffentlicht, dem 1928 wiederum, in der deutschen Version, Heinrich Mann ein schönes Nachwort anhängte; Soupault seinerseits hatte vorher Manns *Professor Unrat* in Frankreich herausgegeben.

In unserm kleinen Roman läuft ein Mann nächtelang in Paris vergeblich einer Frau hinterher, er lernt ihre ganze Umgebung kennen, einen Mörder darunter, ein Freund erzählt ihm, er habe sich nachts hier leidenschaftlich in eine Frau verliebt, in dieselbe natürlich. Dann ist die Frau weg. Sie schläft mit jedem, der ihr gefällt, aber nur nachts erkennt sie Leute wieder, tags lebt sie kaum – sie und dieses ganze nächtliche Paris existieren in Soupaults Sprache so, als seien sie was Erträumtes, aber von den Sinnen unbewußt fast erträumt. Als die Frau weg ist, sind die Nächte tot, dann taucht sie wieder auf, und das Leben, wenn das das Leben ist, geht wieder an. Dieses wunderbare Buch mit seiner fast fühlbaren Atmosphäre ist sowenig ein richtiger Roman wie jene Frau eine wirkliche Frau ist: Aber so sähen vielleicht Romane aus, wenn wir den Träumen unserer Sinne den Platz einräumten, den sie in uns heimlich doch haben.

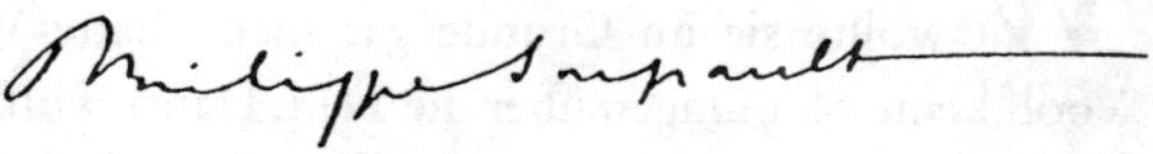

1927

Zum Leuchtturm
Orig. *To the Lighthouse*

von Virginia Woolf
(1882–1941)

Wenn sie ans Schreiben ging, und woandershin wollte sie im Grunde gar nicht, hatte Virginia Woolf keine Meinungen über die Welt. Daher wohl dieser wunderbare Glanz des Unerwarteten, der auf allem liegt, was sie geschrieben hat – »und wie es manchmal vorkommt«, geht es in diesem kleinen Roman einer Malerin einmal durch den Sinn, »wenn das Wetter sehr schön ist, wirkten die Klippen, als wären sie sich der Schiffe bewußt, und die Schiffe, als wären sie sich der Klippen bewußt, als signalisierten sie einander irgendeine verschwiegene, nur ihnen verständliche Botschaft.« »Man mochte versuchen, seiner habhaft zu werden«, denkt im Boot die Tochter über den Vater, der unbeirrt vom nahen Leuchtturm ein Buch liest (»Bücher vermehren sich von selbst«, sagt seine Frau) – »doch dann breitete er wie ein Vogel die Flügel aus, segelte er davon, um sich außer Reichweite irgendwo weit weg auf einem einsamen Baumstumpf niederzulassen.« Herman Bang ähnlich scheint Virginia Woolf hier fast gar nichts zu erzählen, aber gerade so leuchtet die ganze Welt auf, und wie sonst nur Proust, mit zärtlicher Unnachgiebigkeit, stellt sie im Innern ihre Figuren, und in ihrem und unserm Innern, der Wahrheit nach – als sei genau das die Bestimmung des Schreibens. Alles von ihr hat diese Bewegung, hat diese ebenso strahlende wie nachdenkliche Gegenwärtigkeit, und was immer man liest, Romane, Essays, Tagebücher, jedem will man deshalb unter dem Lesen den Vorzug geben vor allem andern, das doch genauso hinreißend ist. Zwischen 1908 und 1913 schrieb sie sich, wie Proust mit dem abgebrochenen *Jean Santeuil*, mit ihrer *Fahrt hinaus* ins neue Jahrhundert hinüber, zu uns sozusagen, der *Leuchtturm* war ihr fünfter Roman, sie starb, viel zu schade, neunundfünfzigjährig 1941.

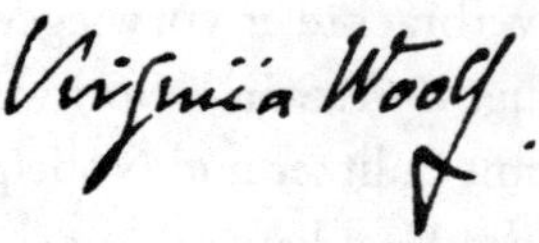

1926

Fiesta

Orig. *The Sun Also Rises*

von Ernest Hemingway
(1899–1961)

Hemingway wurde 1899 geboren, 1918 war er Sanitäter an der italienischen Front, kriegsgeschlagen kehrte er nach Amerika zurück, die zwanziger Jahre verbrachte er vorwiegend in Paris, er starb, wohl freiwillig, 1961. Sein – Gott weiß mit was allem befrachteter und mit Pulitzer und Nobelpreis gesegneter – *Alter Mann und das Meer* kam sehr *en vogue*, und wir haben ihn schon vergessen: und Ingrid Bergman, als ihr die Stunde schlug, das muß auch schon ewig her sein; aber in den zwanziger Jahren, hier mit *The Sun Also Rises*, dann mit *A Farewell to Arms (In einem andern Land)*, war Hemingway bis heute groß.

Wenn man noch einmal, nach dem raschen Anfang des Buchs, in das eingeschobene kleine Arkadien von Freundschaft und Angelglück eintaucht, das vor dem so heiß brodelnden Pamplona der Stierkämpfe liegt, unbegründet beinahe, und als ob es auch hätte fehlen können, dann spürt man das wunderbar präzise *timing* dieser lässigknappen und so überzeugend sentimentalen Erzählkunst.

Einmal habe ich in der Februarsonne auf jenem Platz in Pamplona gesessen, nichts war los, nichts würde vielleicht auch noch einmal los sein wie damals bei diesen so leichthin unter ihrem alkoholnebelverhangnen *small talk* verlorenen Amerikaner und ihren noch jetzt aus der Ferne so verführerischen Frauen – aber ich saß da gerettet: Bücher machen aus Orten und Plätzen etwas, das, indem es Sehnsucht weckt nach dem, was sie damals gewesen sein müssen, doch auch alles dreimal ersetzt, was damals gewesen sein kann. Vielleicht lügen die Bücher, wenn sie so hinwegtrösten über das verlorene Leben der Orte; womöglich gab es ja das, wovon sie zu uns so anrührend reden, immer nur in ihnen, aber da ist es ja noch, an diesen leeren Tagen in Pamplona.

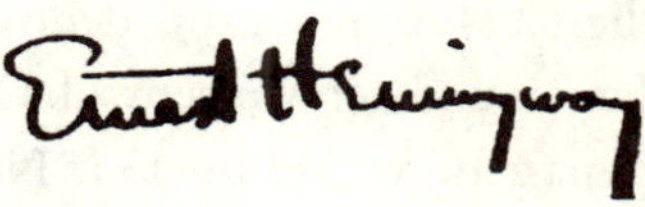

1925

Das Haus des Professors

Orig. *The Professor's House*

von Willa Cather
(1873–1947)

Niemals sagen wir uns bei diesem Buch, wird uns Männer eine Frau verstehn, die nicht, außer Henry James' *Gesandten,* Willa Cathers *Haus des Professors* gelesen hat. Die Cather war lesbisch, vielleicht macht sie das in diesen Dingen so groß, denn die verständigsten Frauen hat James, und der war schwul. Die Cather wurde 1873 in Virginia geboren, sie wuchs in Nebraska auf, in der Prärie. Als Studentin, es gibt da hinreißende Photos, liebte sie immer die schönsten unter den fashionablen Mädchen; als sie berühmt in New York lebte, trug sie Staatskleider, darüber Hüte wie dreischichtige Torten, die Sahneschicht in der Mitte. Sie starb 1947.

Ihr Professor, ein Mann, der das Schreiben liebt und immer mehr das Alleinsein, lebt in seinem alten Haus, seine Familie, Frau und Tochter und Schwiegersohn dagegen im neuen, sie finden ihn komisch. Er denkt sich, allein, zurück in die Begeisterungen, die Entdeckungen seiner Jugend (ein junger Mann war damals zu ihm gekommen, mit traumschönen Berichten über sein Begehen leergewordener Indianerdörfer – der Alte erinnert sich des untergegangnen jungen Amerika), und er sieht, daß das Erwachsenwerden nur darin bestanden hat, zu verraten, was doch hätte mitgenommen werden sollen in ein unverlogenes Leben, in ein wirkliches Bündnis des Erwachsenen mit dem, was aus ihm hätte werden können – und die Cather raisoniert nicht, sondern sie erzählt das alles, ruhig, klug. Und wir, beim Lesen, werden mit dem Professor immer gelöster, verlorener auch, wir hören fast das Eis in uns schmelzen und diesen starren Selbstsinn dessen sich lösen, was wir geworden sind, aber besser wohl nicht wären, und jetzt vielleicht nicht mehr sein müssen, wer weiß, wer kennt sich schon?

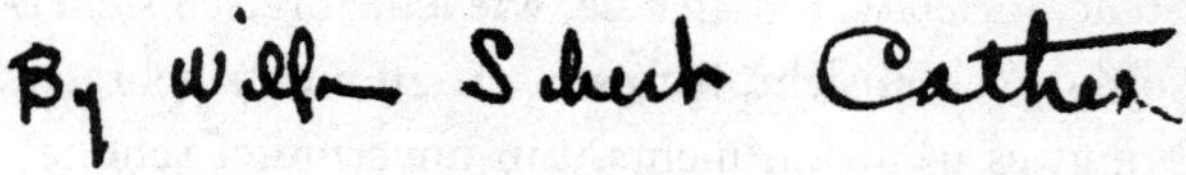

1924

Meine Freunde

Orig. *Mes amis*

von Emmanuel Bove
(1898–1945)

Auf dem Bahnhof: Man spürt, sagt Emmanuel Boves Held (aber das Wort Held ist sicher das falsche Wort), »man spürt, daß jene Reisenden ungern an der Stelle dessen wären, der sie, wie ich, abreisen sieht) – wer so die Welt ansieht, hat es in ihr zu nichts gebracht, und bringt es in ihr zu nichts. Ein unvermutet schöner Sonnentag, eine Wolke kommt: »Gerade noch war ich ins Unbekannte aufgebrochen, in der Einbildung, ein Landstreicher zu sein, frei und glücklich. Jetzt, wegen einer Wolke, war alles aus« – jeder kennt dieses Gefühl, aber wer es so ganz genau ausspricht, der hält natürlich ewig kein Glück fest. Bove, er selbst oder sein Held, beobachtet, und der Autor Bove (wenn es sein muß auch hinter dem Rücken seines Helden, oder für den Helden, wenn der dann doch wegsieht) schreibt das Beobachtete auf mit der verwirrenden Unbetroffenheit dessen, der keine Illusionen gebrauchen will, und man weiß dann nicht mehr, ob die Welt nun eher komisch oder eher ein Trauerspiel ist. Wahrscheinlich, sagt man sich dann, spielt dieser Unterschied gar keine Rolle. Es wird schwer sein, sich daran zu gewöhnen, sagt man sich, auch erhebt ja die Wahrheit, solche Wahrheit, die Seele kaum, was man so Seele nennt; es ist aber nicht leicht, von ihr loszukommen, wenn man einmal erlebt hat, wie haltlos, wenn auch noch so siegessicher, die andern leben, die das Leben beherrschen und das Glück haben, und Frauen, und Geld, und alles.

Emmanuel Bove, 1898 in Paris geboren, 1945 dort gestorben, war, obwohl lebend berühmt, nach seinem Tode fast dreißig Jahre lang so gut wie vergessen. Und ein bißchen zitternd, ratlos, wie einer seiner Helden, fragt man sich, was nun eigentlich wäre, wenn Bove, und das hätte doch sehr gut passieren können, nicht mehr entdeckt worden wäre, und vergessen geblieben? Aber so war es nicht.

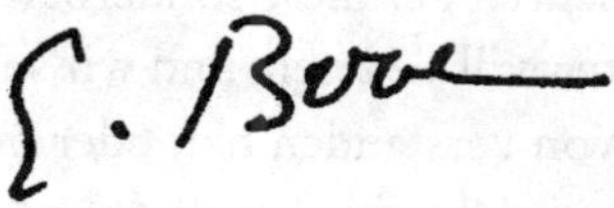

1923

Zeno Cosini

Orig. *La coscienza di Zeno*

von Italo Svevo
eig. Ettore Schmitz
(1861–1928)

Ein Mann heiratet nicht die Frau, die er will, sondern die, die er nicht wollte, und dann stellt er fest, daß er diese nun liebt: so geht ihm auch das noch schief. Dann schreibt er diese sonderbare Geschichte auf. Sein Psychiater will sie lesen, und wir sehn, daß er selber gar nichts davon verstanden hat, oder besser: Er wußte immer, was er tat, aber wie es dann dazu gekommen ist, weiß er trotzdem nicht. Eigentlich wollte er nur einmal noch eine letzte Zigarette rauchen, am Ende glücken ihm auch noch Geschäfte, von denen er kaum etwas begreift, und sein Psychiater sagt, nun sei er geheilt. Wahrscheinlich ist er das auch, denn allmählich wissen auch wir nicht mehr, warum er eigentlich je krank gewesen sein soll – so besten Willens durch die Welt zu gleiten und nicht einmal in ihr zu scheitern, fast glücklich in ihr zu sein und doch wie verloren an die eigne Person, von der die andern kaum etwas sehn: mit so liebevoller Klarheit und so schwebend leichtem Mitleid ist niemals sonst in ihrer gedankenlosen Zeitenthobenheit die wunderbare Seifenblase beschrieben worden, die wir alle für uns sind. Oder wie Zeno der Held einmal sagt: »Es war eine mondlose und sternhelle Nacht, eine jener Nächte, die besänftigen und beruhigen, weil man mit Leichtigkeit in unendliche Fernen sehen kann.«

Italo Stevo, 1861 in Triest geboren, 1928 gestorben, veröffentlichte 1892 einen ersten *(Ein Leben)*, 1898 einen zweiten Roman *(Ein Mann wird alt)*, die beide kein Mensch wahrnahm. Beinahe hätte er das Schreiben aufgegeben und reiste jetzt durch Europa für die Lacke seines Schwiegervaters, der dafür eine Fabrik besaß. In Triest hatte er Joyce kennengelernt, der damals an der Berlitz School Englisch unterrichtete, Joyce kümmerte sich dann um Svevos letzten Romanversuch, eben den *Zerno Cosini* – nun stehn sie beide, ununterscheidbar groß, ganz nahe bei Gott im Himmel ihrer Helden.

1922

Ulysses

Orig. *Ulysses*

von James Joyce
(1882–1941)

An Gott kommt keiner vorbei, außer Libuda: das war ein Joke jener Jahre, in denen es unter den jungen Intellektuellen keinen Libuda gab, der an Joyce vorbeigekommen wäre, Joyce war der Gott. Das geht niemals gut, Literatur ist Vielgötterei; und so hat auch sein *Ulysses* keine ganzen Epochen des Erzählens zur Vergangenheit verdammt, sondern einfach vorgemacht, wie herrlich, und als ginge doch eine neue Welt auf, die Freiheit des Romanciers ist, wenn er sich und uns wieder einmal an die Schrankenlosigkeit erinnert, die das Genre gerade für die Gottlosen so groß macht.

Manchmal ist Joyce ein bißchen langweilig und enervierend; das war aber Flaubert auch; nur, wenn er einmal loskommt, dann ist Joyce, wie damals Flaubert in der *Éducation,* der grandioseste dieser Alleinunterhalter, deren immer wieder fast unüberwindliches Problem doch ist, daß im Saal nur ein einziger Mensch sitzt, der Leser, den nichts ganz leicht amüsiert, wenn er die Schwere der Zeiten bedenkt und sein Alleinsein und was er alles schon weiß. Aber dann bringt Joyce Bloom mit in den Saal, Ulysses, hinüber-, herabgerettet zu uns, den Freund der Nierchen am frühen Morgen, und in der noch dunklen Bühnennacht wartet Molly, der Trost der Welt. Das sind Bücher, von deren Art es immer nur eines gibt, man möchte das für einen Jammer halten bei soviel Genie ihrer Verfasser. Aber das scheint der Preis gewesen zu sein, und sie waren es schließlich, die ihn bezahlt haben – wir haben ein ganzes Jahrhundert noch. Joyce, 1882 geboren, fast wie Valery Larbaud (der auf Joyces Anraten zuerst Italo Svevo in Frankreich druckte, und dann auch Joyce selber übersetzte) und Virginia Woolf, wurde von Jesuiten erzogen, ging zwanzigjährig nach Paris, lebte dann dort und in Triest und später in der Schweiz, wo er, fast blind, 1941, im selben Jahr wie die Woolf, starb.

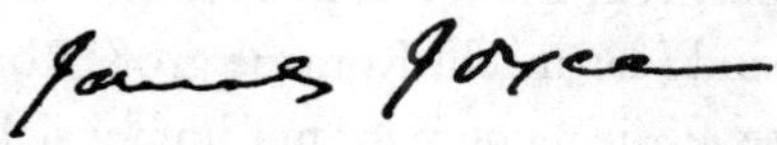

SIEHE BILDTAFEL 5

1921

Das Gehöft

Orig. *Il podere*

von Federigo Tozzi
(1883–1920)

Federigo Tozzi, 1883 als Sohn eines Gastwirts und kleinen Gutsbesitzers in Siena geboren und schon 1920 wieder gestorben (große Romanciers sterben meistens älter; Romane brauchen Welt; Welt, damit man sie lernt, braucht Zeit: und die eben hatte Tozzi kaum), schildert sein Land mit den Augen von Leuten, die wir nicht sind (das macht Romane groß, Romane sind für Erwachsene, die nicht mehr nur immer sich selber finden wollen). Diese Toskana versengt die Augen, peinigt die Sinne, läßt den Verstand ratlos und ohnmächtig; beim bloßen Lesen verlassen uns alle Gewohnheiten, wie vor Bildern van Goghs und Schieles (das sind die Farben und Formen der Menschen hier, der Sonne darüber), wir wären in dieser Welt hilflose Fremde, wie der Sohn des gerade verstorbenen alten Bauern, als er, Beamter geworden weiter weg, herkommt und das Erbe ordnen will, wir würden hier so wenig überleben wie er: Er wird erschlagen, von einem Knecht, der heimtückisch und böse ist – so jedenfalls hätten wir anfangs gesagt, und wir behalten natürlich auch am

Ende noch recht, nur glauben wir jetzt nicht mehr, daß wir mit den paar Begriffen für unsre so gezähmte, bewohnbar gemachte Welt uns einmischen sollten in dieses Leben.

Verga, Hamsun, Giono, die Deledda machen sicher auch kein Arkadien aus der Bauernwelt, aber sie schreiben immer noch halbe Idyllen, aus denen man dann in Tozzis Provinz gerät wie vor einen offenen Hochofen. Diese zweihundert Seiten (längere Romane ließen sich in dieser Intensität weder schreiben noch ertragen) gehn wie eine fauchende Glut über das hin, was wir sonst als die Welt gewöhnt sind: von der wir also, und das läßt uns nicht mehr los, wenig wüßten, wenn wir sie nicht einmal wenigstens auch in diesem heißen wilden Licht sähen.

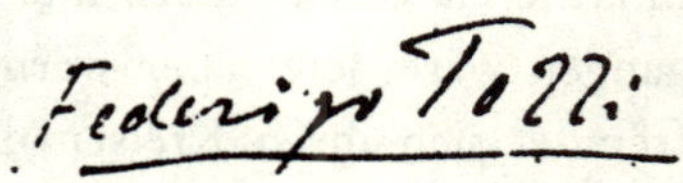

1920

Zeit der Unschuld

Orig. *The Age of Innocence*

von Edith Wharton
(1862–1937)

Edith Wharton wurde 1862 in die feinste und reichste Gesellschaft New Yorks hineingeboren. Auf Photos, als reife Frau, besitzt sie jene gelassene Schönheit, die in ärmeren Verhältnissen nicht entstanden oder untergegangen wäre, jetzt aber wärmt und bezaubert. Sie entfremdet sich ihren Kreisen durch den Blick, der, auch wenn sie liebte, doch den Glanz dieser Kreise entzauberte und eine Gesellschaft sehen ließ, in der im Grunde nur Geld Anspruch verlieh – wer schrieb, schloß sich aus, wer so schrieb wie sie, ging am besten nach Europa. Das tat sie, sie starb 1937 in Frankreich.

In ihrem Roman ist ein junger Anwalt ihr Held; er soll ein Mädchen aus seinen Kreisen heiraten, sehr sympathisch und alles, verliebt sich aber in eine Cousine, die geschieden aus Europa zurückkommt; er könnte sie haben, aber seine Kreise würden nicht mitspielen. Die Wharton mag ihn, sie tut alles, was ein Romancier nur tun kann, wenn er seinen Helden liebt, und was kann ein Romancier nicht alles tun, wenn er eine solche Frau ist wie die Wharton: Ihr Held ist wirklich, und mehr kann man von keinem Mann sagen, alle Liebe wert, die die schöne europäische Cousine ihm schenkt. Zwei solche Frauen und ein irgendwie ja doch erstaunlicher Mann, durch und durch sympathischer Mann, das sollte glücken, sagt man sich, aber dann siegt die Gesellschaft, die kleine patente Amerikanerin kriegt ihn. Wunderbar immer noch im Abendglanz seiner Resignation, das ist er schon, der schlanke Held am Ende; nur daß er eben das Glück verschenkt hat.

Ich glaube, die Cousine ist dann wieder nach Europa zurück, die Wharton ist mit nach Europa, ihr großer Freund Henry James war schon da – resignierend auch sie, aber schreibend resigniert es sich noch größer, denken Sie an das Photo.

1919

Im Schatten junger Mädchenblüte

Orig. *A l'ombre des jeunes filles en fleurs*

von Marcel Proust
(1871–1922)

Erst lange Jahre, für sein allzu kurzes Leben fast ewige sechs Jahre nach dem ersten brachte Proust diesen zweiten Band seines großen Werkes heraus, jetzt endlich ganz auf dem Weg, oder schon da jetzt, wohin er gewollt hatte, wenn so etwas rein gewollt werden kann: diese so wunderbar natürlich klingende Luzidität des Sprechens, dieser ebenso ruhige wie unabgelenkt tapfere Sinn für die Wahrheit. Man weiß nicht, was es dem jungen Marcel nützen soll, daß er alles durchschauen, oder von allem wissen will, was es ist hinter dem, was man davon sieht, wenn er doch ohne diese Idee viel einfacher leben könnte, eben wie die andern auch. Man weiß nicht, warum er das Leid, wo er liebt, so gründlich erforschen will, wenn er doch ohne diese Gründlichkeit viel leichter lieben könnte: Wenn man eben nicht glaubt, und sich nicht vom schreibenden Marcel Proust, der Muse des jungen Marcel sozusagen, davon überzeugen läßt (aber hier ist eben der Stil die schöne, glückliche Verführung durch den Schein hindurch), daß vielleicht zwar die Wahrheit nicht über dem Leben steht, daß aber das Leben allein doch ein Ungenügen hinterläßt, wenigstens dem, der nicht gleich leugnet, daß zum Leben der Hang gehören kann, durch die Erfahrung hindurch in sich zu gehn. Proust, 1871 geboren, 1922 gestorben, schrieb viele Jahre lang, vor der *Suche nach der verlorenen Zeit*, wie einer, der, bei ungeahntem Vermögen, nicht weiß, was er will. Als er wußte, was er wollte, sagte er das so schonend und freundlich, so unnachgiebig und doch auch so leichthin, als könnte sein junger Marcel in den Lesern endlich die Liebenden finden, nach denen er sich sehnt durch alle die Figuren hindurch, die er liebt.

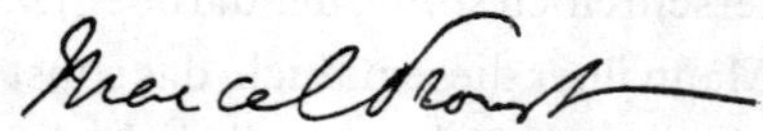

1918

Betrachtungen eines Unpolitischen

von Thomas Mann
(1875–1955)

Die ganzen Kriegsjahre 1914/1918 hindurch, und er wußte, daß er den angefangenen *Zauberberg* weiterschreiben sollte, der darüber jetzt veraltete, saß Thomas Mann über diesem Buch, das sonst aber in den *Zauberberg* hinein und sicher mit ihm dann verlorengegangen wäre. Gelegentlich wünscht er, und da hat er recht, man nähme dieses Buch als einen Roman für sich. Und wenn man ihn so liest: als den Roman der vierjährigen Quälerei eines Geistes, der es aus tausend Gründen (die man lesend ahnen muß) nicht schafft, mit einer Welt zu Rande zu kommen, in der er doch mehr will als nur für sich ein kleines Reservat bewohnen – dann ist dieses Buch unendlich viel mehr, und sehr viel wahrer als der dauernd und oft unerfindlich scheiternde Essay eines Mannes, der einerseits nicht gebildet und andererseits nicht ungebildet genug ist für die Veränderungen, die er sieht. Auf Gedanken gebracht ist das Buch oft sehr wenig; in der Attitüde kann es machmal erbittern; es ist auch zu dick. Aber diese gewaltig ausufernde Unvorsichtigkeit, worin der Autor schreibend auslebt, warum und wie er ein Nichts zu werden droht zwischen den Zeiten, aus denen er kommt, und denen, in die er nicht will – die macht, für wenige natürlich nur (schlimm, noch einmal schlimm gerade für ihn, der doch so gern für viele schrieb), aus diesen wie aus Tagebüchern wütend komprimierten Aufzeichnungen den spannendsten jener Romane, die er dann nicht mehr schrieb, wohl, weil die Schreibtugenden, die er schätzte, andre waren als die, von denen er nicht wissen konnte, daß wir sie schätzen würden, nach ihm. Er starb, achtzigjährig, 1955, ich hab ihn, live, im Radio noch Schiller rühmen hören, er wäre sicher lieber im Fernsehn gewesen.

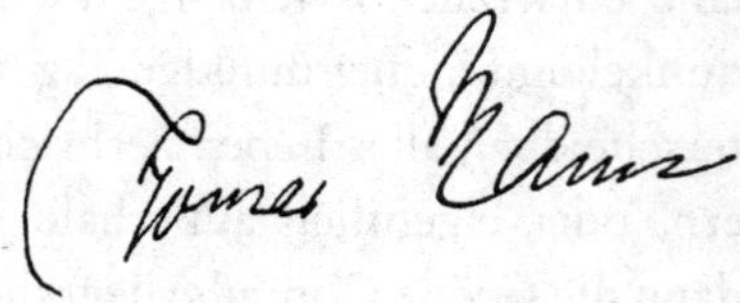

1917

Die Schattenlinie

Orig. *The Shadow Line. A Confession*

von Joseph Conrad
(1857–1924)

Da hat der Held sich ohne langes Nachdenken als junger Kapitän ein Schiff ausgesucht, das dann in eine entsetzliche vieltägige Flaute hineingerät. Es wird dunkel und immer dunkler, Tag und Nacht werden ununterscheidbar, alles Leben zerbricht, die Welt ist weg. Bleiern, oder eigentlich außerhalb aller Bilder (da beginnt dann die Größe Conrads) liegt dieses schwarze Nichts auf dem Schiff, dieser kleinen Welt im Nichts noch einmal; dann entlädt sich ein fürchterlicher Regen, zwei Leute an Bord sind noch halb wenigstens lebendig, und dann kommt allmählich ein bißchen Wind, wie das Leben wieder, Licht auch. »Für mich«, sagt dann aber am Ende der junge Mann, als ein älterer ihn dafür loben will, daß er gleich wieder ohne Ausruhn weitermacht, »für mich gibt es nicht eher Ruhe, bis mein Schiff im Indischen Ozean ist, und selbst dann werde ich nicht viel Ruhe haben.« Der Ältere: »Ja, darauf läuft schließlich alles hinaus« – natürlich weiß er mehr, als er da so sagt, aber das tun alle Leute bei Conrad: Sie reden wie die Welt so redet, aber sie sind dahintergekommen, was an ihr ist, hinter den Sinn, den sie hat oder nicht hat, und über den man selten redet, denn es kommt bloß darauf an, daß man nach ihm handelt und lebt. Conrads Helden haben einen unendlichen Hintergrund, der keinen was angeht, denn sie sind immer einzelne, die dann an Felsen, die nur für sie waren, scheitern oder nicht. Von wem immer Conrad erzählt, er erzählt von seiner Würde, die er hat, auch wenn er sie verspielt, und die er behält, auch wenn man, wie im *Herz der Finsternis*, den letzten belügen muß, der ihn noch liebte.

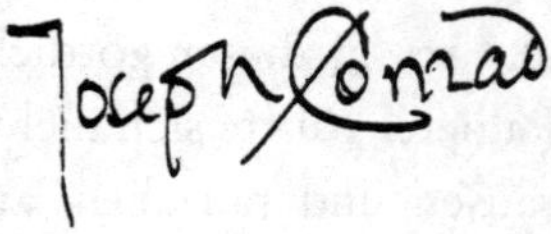

1916

Pallieter

Orig. *Pallieter*

von Felix Timmermans
(1886–1947)

Schwäne ziehen am Himmel: »Es war etwas Furchtbares in dieser göttlichen, lichten stillen Winternacht. Pallieter rührte sich nicht, und er sah und hörte sie weiter sausen und rauschen, am blühenden Mond vorbei, auf dem sie sich flüchtig abzeichneten, um dann in dem unendlichen Winterabend zu verschwinden.« Pallieter, der da sieht und hört, ist kein festumrissener Held wie sonst oft in Romanen, sondern er ist nur Auge und Ohr und alle Sinne sonst für das unwiderstehliche Andringen der Welt. »Der Glatzkopf des Pastors«, heißt es ein andermal, »stach glänzend ab gegen die blaue Ferne der Fichtenwälder, und Charlot schwitzte vor Eßlust und Vergnügen« – so stehn die nächtlichen Schwäne, ein vorweggeträumter E.T., ganz so im Mond wie hinter dem haarlosen Schädel der Fichtenwald in blauer Ferne. Pallieter scheint ein Bauer, aber schöner als einen Engel findet er ein Flugzeug über seinen Feldern, in das er auch steigt, und als er einmal, mit seiner Braut, mit einer Herde hinter sich in ein Gewitter reitet, singt er den »Walkürenritt« Wagners. Es ist an diesem Pallieter, der die Erde feiert, noch in den wunderlichen Marotten, die die Übersetzung ihm verleiht, wenn er ruft: »O Erde, mit deinen tausend Brüsten, wann wirst du mich je sättigen? Niemals nicht!« – es ist an diesem Pallieter etwas daran, das uns, beim Neulesen jetzt, mit einer beinahe neidvollen Bewunderung erfüllt gegen jene älteren Generationen, denen der Flame Timmermans einer ihrer geliebtesten Dichter war. Ganz bestimmt haben auch sie an solchen Büchern das gemocht, von dem wir gern glauben, erst wir begriffen es – sie waren an ihren Dichtern schon klüger geworden, als wir das eben noch waren, wie wir jetzt errötend sehn.

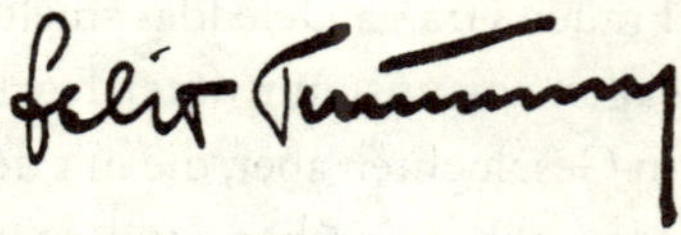

1915

Marianna Sirca

Orig. *Marianna Sirca*

von Grazia Deledda
(1871–1936)

Die große Duse war siebenundfünfzig, als sie noch einmal in einem Film eine der unwiderstehlichen Frauen Grazia Deleddas spielte, eine dieser Frauen, die, so sagen wir uns, nur unter Korkeichen und Efeu gedeihen, in Geschichten aber, die mit der Wahrheit über das, was in Menschen vorgehen kann, so unmittelbar auch unser Herz treffen, daß wir glauben, in Sardinien, unter den Korkeichen, da seien wir eigentlich alle geboren, wenn wir wirklich leben. So hingesagt, klingt das sentimental; auch die Autorin, 1871 dort auf Sardinien wirklich geboren, lebte dann seit dem Beginn des neuen Jahrhunderts, mit dem sie berühmt wurde, in Rom, und schrieb in der Großstadt die wilde Welt auf, für deren Schilderung sie 1926 den Nobelpreis kriegte (sie starb 1936). Man wird sentimental, wenn man sich einfach denkt, zurück unter die Korkeichen; aber wenn Grazia Deledda, die dort Großgewordene, ihre Geschichten erzählt, hier die des reichen schönen Mädchens, das (egal, was daraus wird) einen Banditen will, dann vergißt man sich selbst, die Seele lebt ein und zwei Leben, in die sie niemals selbst geraten wäre, und läßt uns nun sehen, wie beschränkt wir sind, selbst wo wir uns unabhängig glauben für unsre Verhältnisse, und läßt uns ahnen, ja, wir wissen nicht genau: Was eine andre Welt auch aus uns hätte machen können? Was wir sein könnten, wenn wir wirklich lebten? Wie groß es sein muß, unbedenklich dem zu folgen, was auch wir doch wollen könnten, wenn wir's einmal auf die Freiheit ankommen ließen? Ach, schwer zu sagen das alles, ohne sentimental zu werden, und wir sind ja nun einmal nicht aus Sardinien, das ist wahr. Aber noch ziemlich lange leuchtet der Mond, nach dem wir nun doch manchmal sehn, anders als sonst auch hier.

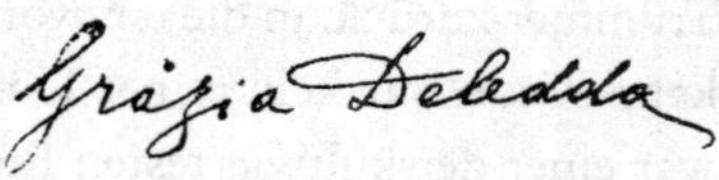

1914

Die Verliese des Vatikans

Orig. *Les caves du Vatican*

von André Gide
(1869–1951)

Vielleicht sind Gides *Falschmünzer* noch besser, aber seine *Verliese des Vatikans* lassen die leuchtendsten Trümmer zurück, in die ein Roman das Abendland hauen kann. Gide war kein reiner Umstürzler, im Gegenteil, er war einer der kultiviertesten Europäer, die man sich vorstellen kann, nirgends so sehr wie bei ihm genießt man noch einmal, was Bildung sein konnte, sein kann; er ist ja auch mittlerweile zu einem regelrechten Klassiker gemacht worden. Aber damals war er schwul und gottlos, und das waren in den Händen eines Mannes, der auch schreibend leben wollte, was er war, und der das Genie dazu hatte, verheerende Waffen gegen alles, was glaubte, es sei schon gut, bloß weil es bestand.

Von seinen Helden ist keiner der, der jene Freiheit wirklich schön verkörpert, die das ganze Buch durchweht; aber die relativ Guten sind so wenig anziehend, daß der Netteste noch jener nicht einmal Böse ist, Lafcadio, der seinen Schwager umbringt, grundlos, er weiß nicht einmal, daß er mit ihm verschwägert ist: unschuldiger kann man nicht sein. Und so ist er sehr ärgerlich, und mit Recht, als ihm der Stürzende den Biberhut abreißt, auf den er stolz ist, und ihm dafür auch noch den eignen elenden daläßt. Dann, am Ende, küßt er die schöne Geneviève; aber am Morgen betrachtet er nicht sie, »sondern durchs weit geöffnete Fenster die Morgendämmerung, in der ein Baum des Gartens sich sanft bewegt«. Er weiß nicht, was er jetzt tun wird, nachdem er die Freiheit benutzt hat: das (und der Biberhut) scheint ihr Preis zu sein; und nun müssen wir sehn, ob sie das wert ist. Ich gestehe, schrieb Proust an Gide, während er las, »daß ich noch immer der ängstlich besorgte und zugleich begeisterte Gefangne Ihrer *Verliese des Vatikans* bin«.

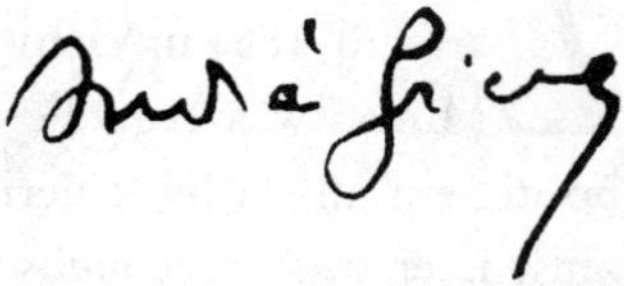

1913

A. O. Barnabooth

Orig. *A. O. Barnabooth.*
Ses œuvres complètes,
c'est-à-dire un conte,
ses poésies et son journal intime

von Valery Larbaud
(1881–1957)

Larbaud, 1881 in Vichy geboren – sein Vater hatte eine Mineralwasserquelle –, war reich; sein Held, Barnabooth, ein junger Südamerikaner, lebt von seinen Zinseszinsen, er reist tagebuchschreibend durch Europa und sucht das Absolute, ein neuer Hyperion, mit Eisenbahn und Reiselimousine, damals, als das noch schön war. Er sucht das Absolute in Landschaften, in Städten, vor allem auf den Lippen schöner Frauen, und das macht ihn groß, denn wo soll das Absolute sonst auch sein, im Jahre 1913. Ich glaube, er findet es nicht, jedenfalls nicht in seiner Größe, denn er ist wunderbar arrogant, und doch auch zu klug, als daß er verzweifelte, wenn er Europa leer sieht von Gott und allem, was ähnlich groß war. Das Absolute, wird er sich sagen, ist nicht mehr von der Art, daß wir nichts wären ohne es (wenn Barnabooth einmal sagt, er suche verzweifelt, dann handelt es sich um ein Hotel); und er zieht sich, verheiratet, das schon, zurück auf seine fernen Ländereien.

Larbaud, der sehr wenig geschrieben hat (er starb 1957, war aber schon 1935 Opfer eines Gehirnschlags geworden), einige Liebesgeschichten noch, sehr schöne Liebes- und Jugendgeschichten, und einige kleinere, oft etwas schwer zugängliche Texte, mehr für sich und seine Freunde, Larbaud gehörte zu jenen, die, wenn sie schreiben, das, was sie treibt, ganz und gar in Kunst (und Komödie) auflösen, das ist es, wofür sie schreibend leben – er flieht die Realität, er verrät sie, sagen dann die einen; die Lesenden sagen: Im Lesen, im wahrhaft Geschriebenen ist eben das gelöst, was uns sonst umtreiben würde. Larbaud war reich und frei, er wollte keinen überzeugen, und das macht dieses herrlich geistvolle Buch so hinreißend.

Valery Larbaud.

1912

Die letzte Freude

Orig. *Den sidste Glæde*

von Knut Hamsun
(1859–1952)

Wer einmal so richtig aussteigen möchte aus einem allzu zivilisierten und technisierten Leben, und wer das doch nicht so ganz und gar kann, weil eben kaum einer ein regelrechtes Weglaufen fertigbringt in die Wälder oder sonstwohin; und wer also nun, wenn er aussteigen will, statt auszusteigen in Bücher hineinfallen muß, in denen sie aussteigen, als hinge das Heil ihrer Seele und das der Welt von diesem Aussteigen ab; der kann kaum was Besserers tun als sich hineinwerfen in die beiden großen Nebeltrilogien Hamsuns, nämlich die mit dem *Landstreicher* aus den zwanziger Jahren, vor allem aber die *Wandertrilogie*, deren dritter Band diese *Letzte Freude* ist – die in vielem bestehen kann: im Weglaufen aus den Städten, im Weglaufen vor den verkehrten Menschen, die überall so entsetzlich geschäftig sind, besonders aber, wenn weit genug weggelaufen worden ist, kann sie bestehn im Ausruhn in den Wäldern, und da ja keiner bloß immerzu in den Wäldern ausruhn kann, doch wenigstens im stillen Betrachten der Menschen, die, wenn auch vielleicht etwas schmuddelig, unter den Wäldern und über den Wassern wieder zurückgefunden haben zu sich. Diese Bücher zeigen, daß der Leser ein sehr seltsames, aber doch lebendiges Wesen ist: Er kann eigentlich keiner sein wollen von den Leuten aus diesen Büchern, aber so weit wie hier muß ein Autor wie Hamsun wohl hinausgehn über den Leser, damit sich in ihm auch das wieder regen kann, was sonst, leblos verschüttet, uns erstarren ließe, in lauter ordentlichem Leben. Sie sind wie süßes Gift, diese Bücher, ohne das wir, ohne die wir also ganz unausstehlich gesund bleiben würden, ungeliebt von allen, die sich noch nach was anderm sehnen als dem, was jeder von uns erwartet und gibt.

Knut Hamsun

1911

Wellen
von Eduard von Keyserling
(1855–1918)

Als der große dänische Erzähler Herman Bang dieses Buch gelesen hatte, kurz vor seinem Tod, fragte er in der *Neuen Rundschau* an, ob er etwas über Keyserling schreiben dürfe. Er durfte; und er schrieb, indem er Keyserling mit Turgenjew verglich, den er über alles liebte: »Beider Stil hat dieselbe Farbe ... ihre Sprache hat denselben Rhythmus, das gleitende leise Singen eines Flusses, wenn es dämmert ...« – ein ruhiges, schönes, unübertriebenes Bild, alle drei waren ziemliche Meister im Erfinden solcher Bilder.

Eine junge Frau ist mit einem Maler weggelaufen, im Sommer landen sie an der Ostsee, in der Nähe der adligen Familien, aus denen die junge Frau stammt; ein junger Mann aus ihren alten Kreisen verliebt sich in sie, seine Welt, die alte, sei leer ohne sie, sagt er, und das stimmt. Der Maler, aus einer ganz andern Welt (wenn er empfindet, rast oder malt er; die beiden Liebenden oder was sie nun sind, rauchen eine Zigarette zusammen), fährt nachts bei Sturm auf die See und kommt nicht wieder. Das schließt alle Geschichten; ein alter Geheimrat, Zigarrenraucher, bleibt bei der jungen Frau am Strand, auch als die andern wieder abziehn auf ihre Güter, in ihre *Abendlichen Häuser* (ein andres dieser kleinen Wunderwerke Keyserlings) – so leben dann diese immer noch schönen und von fern so romantischen Frauen in Häusern an Stränden allein, Maupassant und der junge Proust haben sie da dann gefunden und mit Geschichten umsponnen, aber Keyserling wußte, wer sie wirklich einmal gewesen waren. Er stammte, 1855 geboren, aus dem kurländischen Adel, ist aber mit dem reisenden Philosophen Hermann weder identisch noch nennenswert verwandt. Seine ersten Romane schrieb er in den späten achtziger und frühen neunziger Jahren, nach der Jahrhundertwende dann jene, die Bang liebte, 1908 war er blind geworden; er starb 1918.

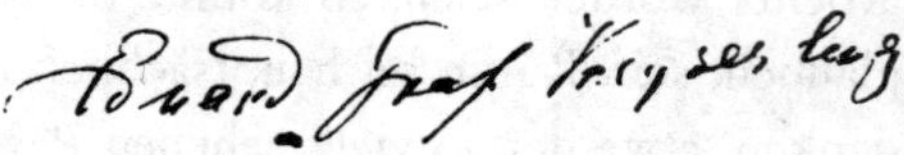

1910

Howards End

Orig. Howards End

von Edward Morgan Forster
(1879–1970)

Wie Gore Vidal einmal, scheußlich ungerecht übrigens, über Somerset Maugham, gewissermaßen abschließend, meinte sagen zu sollen, dessen Romane hätten ihre Ewigkeit darin, daß sie zu brillanten Filmen verarbeitet worden seien, so könnte man auch von Forster glauben, sein Ruhm sei hauptsächlich dem Film zu verdanken, etwa der so vielgesehenen *Passage to India* von David Lean, und besonders dann dem Regisseur Ivory, der so herrlich manieriert in traumhafte schöne Bilder bringt, was Forster schreibt. Romane sind aber immer doch noch einmal etwas ganz andres als die Filme nach ihnen, schon, weil sie so wunderbar viel länger sind als jeder Film: und es ist ja immer auch die halbe Ewigkeit des Lesens, die uns so ganz in die Welten bringt, aus denen wir selbst nicht sind.

Eine solche, jetzt vergangne Welt führt uns, in den prekären Situationen ihres Vergehens (wie das auch die Wharton so hinreißend für ihr New York kann), Forster in *Howards End* vor, wenn er das alte viktorianische England, unendlich liebenswürdig, wenn auch ein bißchen bigott, hineinverschwinden läßt in die moderne, die unvermeidliche Zeit – unvergleichlich der Zauber der englischen Landschaft (in Landschaften ist er dann auch in seinem Indienbuch ein Meister), besonders der Herbst ist Forsters Stärke: Jeder Romanliebhaber hätte prophezeien können, daß kein Land schöner im Herbst sein würde als das alte England, wenn es einmal aufhören würde, das erstaunlichste aller Romanländer zu sein, aber es bedurfte eben noch einmal eines englischen Romanciers, um dieses Bild wirklich zu malen. Forster, der 1879 geboren wurde und uralt 1970 starb, verfertigte dann in den zwanziger Jahren, nach der *Passage to India*, auch eine vielzitierte kleine Romantheorie, in der die brillantesten Torheiten stehn, die je über Henry James gesagt worden sind; aber es war auch nicht leicht, nach James Romane der Art zu schreiben, wie Forster das wollte, und lieber wollen wir Leser tausend Ungerechtigkeiten erdulden, und sei's über unsre Liebsten, als auf einen Roman verzichten wie diesen hier.

1909

Die kleine Stadt

von Heinrich Mann
(1871–1950)

»Wer die Sentimentalität fürchtet, den holt der Frost«, schreibt Pablo Neruda einmal, und es ist genau diese vor keiner Berührung sich ängstigende, lustvolle Unbedenklichkeit, die aus Heinrich Mann, wo er gut ist, einen so hinreißenden Erzähler, und – wo er eben deshalb seine Schwächen hat – immer noch einen Romancier macht, dessen Figuren dann, in uns allzu gern ganz kunstvergessenen Romanliebhabern, für ein Weilchen auch einmal ohne seine Hilfe leben können. (Schön ist auch, nebenbei jetzt, wie ihn diese selbe Unbedenklichkeit durch tausend Experimente treibt, bis er sich dann endgültig nirgends mehr festlegen kann). Hier, in diesem sehr geglückten Roman, seinem neunten nach fünfzehn Jahren (und es sind abenteuerliche Dinger darunter, das ist wahr), kommt in die kleine Stadt Palestrina, wo Bruder Thomas ein paar Jahre vorher große Teile der *Buddenbrooks* geschrieben hatte, eine Operntruppe und bringt, indem sie Spannungen freilegt, die sonst keine Bahnen gefunden oder sich andre hätten suchen müssen, so etwas wie Freiheit ins alte stehngebliebene Leben – Freiheit, oder doch ihren schönen Glanz, ihren süßen Atem. Jeder kann fühlen, daß er lebt, und darf glauben, daß er's in der Hand hat, dem Leben nicht bloß zusehn zu müssen wie einem Stück, das für die andern geschrieben ist. Auch in die Liebe kommt das Leben, selbst als die Liebende ihren Geliebten, und dann, als sie merkt, daß das alles andre als bloß eine Oper ist, sich selber umbringt, mit einem Dolch, das schon: Noch den verrückten Tod streift aber eine Ahnung vom Glück, das hätte sein können, und wir mitgenommenen Leser, wie so gern bei den Autoren dieser großen Schule von Dickens bis Heinrich Mann, weinen jene wohltuenden Tränen, die den drohenden Frost vertreiben.

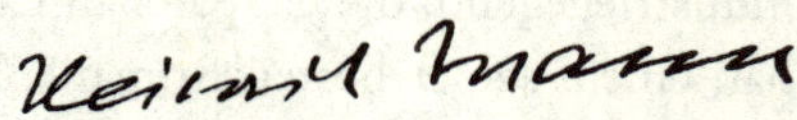

1908

Lebendig begraben

Orig. *Buried Alive*

von Arnold Bennett
(1867–1931)

Arnold Bennett war als armer Leute Kind in Staffordshire auf die Welt gekommen, in der Keramikindustriegegend, die er später in *Clayhanger* beschrieben hat, einem seiner besten Romane. Das Schreiben machte ihn reich, wirklich reich, er hatte Landsitz, Schiff und Wagen, die Reichen und die Herrschenden suchten ihn, noch schwerer könnte allenfalls wiegen, daß Larbaud und Gide beide ihn liebten und verehrten, und sie waren wohlhabend und unbestechlich. Seine großen Romane sind bei uns nicht im Handel, zu haben ist allein *Lebendig begraben*, die ebenso geistreiche wie hintersinnige Komödie (tatsächlich hat er dann ein Theaterstück aus dem Roman gemacht) von dem weltberühmten, aber sehr scheuen Maler, der, als sein Butler stirbt, sich für ihn ausgibt, sich selber laut und ehrlich in Westminster beweint und dann das Leben seines Butlers weiterführt, sogar dessen Liebe (per Inserat erst aus der Ferne angebahnt) weiterliebt im Butlermilieu, ganz unten von der verlassenen Höhe des alten Lebens her gesehn. Aber er blüht richtig auf, er wird wirklich, wie man sagt, ein andrer Mensch (leider wider Willen auch ein schlechter: eine sitzengelassene Frau taucht auf und bringt noch drei Söhne mit: seine?). Bennett, nach Jahren schwerer Arbeit an gewichtigen Romanen, scheint sich hier auszuruhn, er schreibt schwebend leicht und luftig; was sonst Kritik ist, ist hier federnde Lust. Und am Ende des Buchs, als seine Butlerliebe, in Westminster, ehe sie England verlassen, ihn fragt, was denn da Sonderbares auf dieser Grabplatte stehe, knüpft sich sein neues Leben über die Kunst ans alte an, denn es überwältigt ihn endlich wunderbar wieder, das Gefühl, daß er jetzt noch bessere Bilder malen werde als vorher, jetzt »in seinem süßen Exil bei der Zauberin Alice«, das ist der Schluß.

1907

Der kleine Dämon

Orig. *Melkij bes*

von Fjodor Sologub
(1863–1927)

Wie mit Schwefelfarben, wild und surreal, und jenseits aller Satire, die doch auf was Besseres hofft, malt der Russe Sologub hier das Bild »unsrer kleinen Stadt«, wie er sie nennt: kalkige Beamte, idiotisch-brutale Lehrer, fast allesamt saufende Verrückte, mit grotesk stupiden Frauen, um alle herum eine Atmosphäre der Verkommenheit, ein widerwärtiges Fehlen allen Lichts. Mitten unter ihnen, am schlimmsten von allen, der Lehrer Peredonow, ein kleinlich-bösartiger, toter Typ, den der Alkohol (aus allen Winkeln ärgert ihn das böse graue kichernde Tier), der Ehrgeiz vollkommener Dummheit, der Verfolgungswahn dessen, der überall nur den Neid sieht, aus dem er selber lebt, und die horrende Gier einer Frau, die ihn haben will, in Mord und Delirium treiben. Wie auf einer Insel des Glücks leben in dieser Stadt einzig drei Mädchen, deren eine den jungen neuen Gymnasiasten liebt, den Peredonow am meisten hassen muß, Kinder alle noch, die wie durch ein Wunder den Verfolgungen Peredonows und der nicht viel besseren Stadtbewohner, die glauben, der Knabe sei ein verkleidetes Mädchen, entgehn, fürs erste wenigstens entgehn. Ob dieses erotische Glück Natur ist oder ein Abziehbild Natur, das nur durch Kunst dem schmutzigen Irrsinn abgewonnen werden kann, bleibt ein Rätsel. Das Mädchen liebt Parfums über alles, sie erzeugt die Welt, die sie in sich spürt, um sich und den Geliebten, durch Düfte, in die sie ihn und sich hüllt, triviale oder Düfte aus Petersburg und Paris, das tut nichts, ihr Verlangen lebt in ihnen, diese dunkle wunderliche Seele.

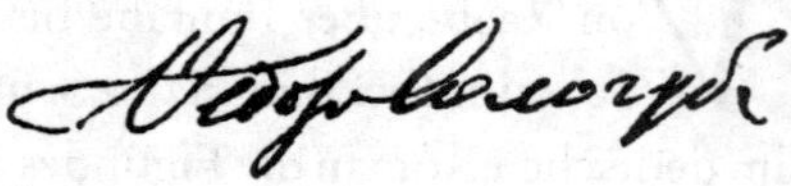

1906

Jettchen Gebert

von Georg Hermann
(1871–1943)

Von Raabe über Fontane bis hin zum späten Arno Schmidt (bei ihm in der Schmuddelversion) gibt es im deutschen Roman die Figur des älteren Mannes, in dem der Autor aus sich selber ein Bild dessen macht, der er gern wäre, wenn er nicht schreiben müßte – und ein solches wunderschön idealisiertes Selbstbildnis (auf Photos sieht er aus wie einer aus der Art der Jacob Burckhardt und eben Fontane) gibt hier Georg Hermann. Dieses Selbstbildnis, dieser Alte ist verstrickt in die Geschichte eines schönen jüdischen Mädchens in den dreißiger Jahren des letzten Jahrhunderts, eines Mädchens, das zu lieben glaubt, aber das ist nichts, und liebt, aber das geht nicht; und so endet unglücklich, was auch ein beliebiges Biedermeierglück hätte werden können – im swingenden Parlando dieses Erzählens verlieren sich aber alle Erwartungen, so ist das in der großen Romankunst ja oft. Besonders glücklich, ein seltener Fall dies, ist Hermann in der zwei Jahre später erschienenen Fortsetzung: Er entdeckt in seinen Figuren Züge, die nun erst, im zweiten Buch, vollenden, was im ersten Buch, wie wir jetzt sehn, noch offen, ungeschrieben geblieben war – und nun endgültig hat jene so elend zugrunde gerichtete jüdische Welt das wunderbare Leben, das uns immer noch angeht nach so langer Zeit, so langer Zeit bis hin zu seiner letzten Beschwörung durch Hermann, so langer Zeit danach.

1905

Peter Camenzind

von Hermann Hesse
(1877–1962)

Der Schwarzwald im Süden, oder wo er ins Badische hinabzieht, an den Rhein, das geht; aber der Norden, der Osten, da ist es furchtbar. Wer da geboren wird, der dichtet tauben Ohren, dem hört man erst einmal ein Jahr lang gar nicht zu, schlimm, ganz schlimm. Noch schlimmer ist bloß, daß, wer dort (etwa in Calw) den Seinen was sagen will wenn es nicht Gottes persönliches Wort ist), selber erst, wenn überhaupt, dann viel viel später wissen wird, was er hat sagen wollen, und auch das nur, wenn er wenigstens ein bißchen was von der wenngleich noch östlicheren, der schwäbischen Schlauheit mitbekommen hat. Und so tönte denn Hesse aus Calw, Sohn eines Missionspredigers und einer Missionarstochter) in seinem ersten Roman lautstark los: »Im Anfang war der Mythus« – klang das nicht bergeversetzend selbstbewußt? Aber wie er dann weiterschrieb, da kam ihm allmählich, wem er da was in die verstockten Ohren sagen würde, und es kam ihm vor allem, wer er selbst womöglich bloß wäre als einer von dort. Und so beendete er sein kleines Buch mit einem der schmerzlich verdrehtesten Sätze, die selbst aus schwarwaldschwäbischen Seelen je ans Licht gekommen waren; nämlich er ließ seinen Erzähler, als der zurückkehrt in die anfangs so groß beschworene Heimat, jetzt aber vermutlich, statt ein Dichter, wie er beim Fortgehn vorhatte, ein Gastwirt werden wird, ließ ihn da also sagen: »Vielleicht kommt doch noch einmal die Zeit, daß ich von neuem beginne, fortfahre und vollende; dann hat meine Jugendsehnsucht recht gehabt und ich bin doch ein Dichter gewesen.) Von diesem sonderbarsten aller poetischen Selbstbegriffe hat sich der nördliche Schwarzwald, hat sich das ganze Land bis heute noch nicht erholt, Hesse ist darüber greisenalt (fünfundachtzigjährig) gestorben, und das Rätsel bleibt.

Hermann Hesse

1904

Die goldene Schale

Orig. *The Golden Bowl*

von Henry James
(1843–1916)

In diesem leider allerletzten der großen Romane von Henry James (James wurde 1843 in New York geboren und starb 1916 in London) gibt es fast gar keine Handlung: Vier Leute, zwei Männer und zwei Frauen, die Zeit und Geld genug haben, kreisen liebend, sich verlierend, sich findend, resignierend umeinander, zwei andre, aus einer unteren handfesteren Sphäre, kommentieren das auf ihre Weise – hier bricht sich noch einmal das komödiantische Talent Bahn, das James nur in den Romanen mit Erfolg ausleben konnte, zu seinem Kummer, aber zu unserm Glück. Im ganzen Buch, bei allen gewaltigen inneren Spannungen, die nur hier, in dieser gebändigten Gesellschaft, zu keinen Katastrophen führen, herrscht von unserer gewöhnlichen Welt jene grandiose Ferne, die uns (solange wir glauben, die Literatur müsse um das Wohl der Welt besorgt sein) in jenen Elfenbeinturm versetzt, in den die Guten dieser Welt (sie lesen zu wenig) immer keinen lassen wollen. In Wahrheit aber ist diese Ferne, hier, einmal, auf der traumhaftesten Höhe der Romanliteratur, nur das geschriebene Bild jener wunderbaren Ruhe und Welt- und Zeitenthobenheit, jener glückseligen Selbstlosigkeit, die jeder wirkliche Leser will, wenn er sich den großen Befahrern der Wortmeere anvertraut. Ein Buch wie dieses ist ein gewaltiger Luxus, aber wir kriegen ihn, wenn wir ihn nur wollen, wenn wir uns nur trauen, für das Geld, das ein Taschenbuch kostet, und für die Zeit, die wir haben, und die sich uns füllt wie sonst durch nichts.

1903

Die Gesandten

Orig. *The Ambassadors*

von Henry James
(1843–1916)

Noch einmal James, mit seinem Roman vom irdischen Glück. Ein älterer Mann (Gott, laß uns sein wie ihn, aber vielleicht nicht ganz so) wird aus Amerika nach Paris geschickt, um den Sohn des Hauses zurückzuholen, der freiwillig nicht kommt, denn er lernt das Leben und die Liebe, hier in Paris – und wer dieses Paris nicht kennt, so sagt man sich beim Lesen, der wird niemals erfahren, was Paris, was Europa ist, und das Leben und alles. Eine Fülle beneidenswerter Figuren lebt in dieser strahlenden und wunderbar anrührenden Atmosphäre. Wir eingeladenen Leser sehn das alles rein mit den Augen jenes Hingesandten, der gleichwohl nicht der Erzähler ist; er kann es nicht sein, keiner kann sich selbst soviel Klugheit und Dezenz zuschreiben, soviel sich entfaltende Weisheit und Toleranz, wie James sie diesem Mann geben kann, diesem indirektesten aller Helden, der das Leben nur spiegelt und denkt und zeigt. Beinahe freilich liebt er selber auch, wir würden ihm das Glück gönnen, jenes Glück, das zu genießen er dem rät (eh es zu spät sei), den er eigentlich wegholen sollte vom Glück. Aber wir ahnen, daß wir ihn für uns verlieren würden, wenn ihn das Glück sich holte wie die andern – er weiß das auch, im Roman als Figur weiß er, auf welche Weise unser Glück an seinem hängt: und so bleibt er ganz das, wozu er uns macht, ein beglückter Zuschauer des Lebens, und wird dadurch noch mehr unser Freund; sogar James, selbstlos im Aufschreiben des Glücks, tritt hinter ihn zurück. Dies war übrigens, nach siebzehn Jahren Romanschriftstellerei, sein zwanzigster, vorletzter großer Roman.

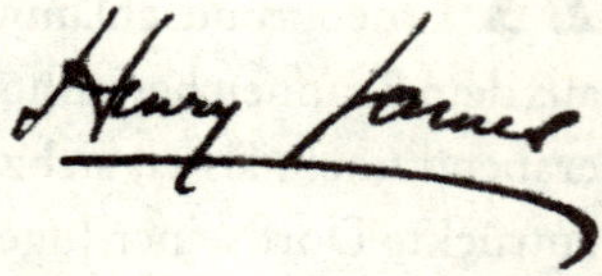

1902

Altershausen

von Wilhelm Raabe
(1831–1910)

Kein Mensch weiß zu jeder Stunde, was er mit dem Erdengrundschlamm an versunkenen Kleinodien aus dem Brunnen heraufholen kann«, sagt Geheimrat Feyerabend noch, als er, siebzigjährig zurückgereist ins zeitentrückte Dorf seiner Jugend, von sich erzählen soll. Sein Jugendfreund in dem Dorf ist geblieben, wohin der Zurückreisende, vergeblich jetzt, möchte: in die Kindheit. Aber die Kindheit ist hin, der Freund ist nun ein Idiot, dem sich die Frau geopfert hat, der Feyerabend nun beinahe jenen Erdengrundschlamm heraufholt aus sich. Dann, wie im Traum, geht er durchs Dorf – »weiter, weiter so durch die balsamische Nacht!« ruft er sich noch zu, aber da sitzt nur hinter Mordmanns altem Kuhstall der Jugendfreund, der Idiot, und singt: »... Pommerland ist abgebrannt – Maikäfer flieg ...«, mit Kinder- oder Greisenstimme, man weiß es nicht. Beinahe genau fünfzig Jahre vorher hatte Raabes Freund Gutzkow (längst, längst tot) in seinen *Rittern vom Geist* (1851) jenen »Schlamm« schon einmal vorwegbeschworen, jenen, wie er das damals genannt hatte, »Offenbarungsgrundschlamm, wenn alle

Wasser der Lüge abgelaufen sein werden« – das sind sie, jetzt, nach fünfzig Jahren, bei Raabe. Er hätte seinen Feyerabend den Blick noch aushalten lassen wollen auf das tote Land; er selber aber, wie sein Held, sein *alter ego*, gute siebzig, erst, aber todmüde vom Schreibleben, todmüde immer wieder dieser kunstvollen Romane, er mochte dann lieber doch nicht mehr; alles, was er noch konnte, war, daß er dieses letzte Buch abbrach (er starb 1910). »Nimm dir Zeit«, sagt er noch zu der Alten, »die haben wir beide jetzt.« – »Ich wohl«, sagt sie, »aber du auch?« – »Mehr als du, sagte der weltgelehrte und -berühmte Mann, und Minchen nahm den Strickstrumpf wieder auf: »Norne der nichtwiederzufindenden Zeit.

1901

Sommerfreuden

Orig. *Sommerglæder*

von Herman Bang
(1857–1912)

Aus diesem Jahr aufgeschlagen vor uns liegen haben wir, als ob wir sie läsen, falls man uns sieht, Thomas Manns *Buddenbrooks*, keine Frage. Heimlich aber, zu unsrer Lust, lesen wir Bangs *Sommerfreuden*. Das kleine Werk, ein allerreinstes Gegenstück, beginnt an einem Morgen, es endet mit dem Tag, der Tag ist sein Inhalt, nichts sonst, es passiert nichts, es wird auch eigentlich gar nichts erzählt. In lauter leicht hingesagten, halb abgerissen wie belauschten Dialogen und unzählbaren blinkenden Eindrücken fliegt vor uns dieser Sommertag in einem kleinen dänischen Badeort vorüber. Die Leute, die da wohnen, bereiten sich auf die Gäste vor, die Gäste kommen, es wird gefeiert, ausgeruht, man sieht sich wieder, man lernt sich neu kennen; ganz kleine Abenteuergeneigtheiten, Sehnsüchte, Sommerduftbegierden durchflirren den Tag, den Abend; Wehmut, Unerfülltheiten mischen sich ins Schöne der kommenden Nacht, ins Halbgeträumte dieses Sommertags, in diesen wunderbaren Dunst der hingelebten Stunden. Und noch während wir lesen, berührt uns das

Vergängliche dieser reinen Gegenwart; und wenn wir dann, viel zu bald, durch sind durch das kleine Buch, sehn wir, wie schön aufgehoben für immer doch in Worten diese wunderbare Vergänglichkeit ist, in der allein auch wir leben, und eben doch nicht nur in ihr allein. Man weiß, daß Bang sich dieses kleine schwerelose Wunderwerk zur Erholung von einem sehr schwierigen Buch geschrieben hat, an dem er gerade saß, dem *Grauen Haus*, dem großen dunklen Gegenstück zu Fontanes *Stechlin* – so schicken, wenn sie sich erholen wollen, diese Großen ihre ermüdeten Seelen in die Sommerfrische, mitten ins Leben, das davon, wie sollte es auch, kaum etwas ahnt.

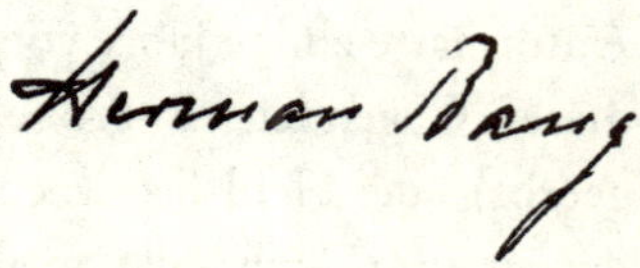

1900

Stadt und Gebirg

Orig. *A cidade e as serras*

von José Maria Eça de Queirós
(1845–1900)

Der Held dieses Buchs, Sohn fast unermeßlich reicher portugiesischer Grundbesitzer (»Saat- und Weinland, Korkwaldungen und Olivenhaine« – alle diese Zauberworte stehn gleich im ersten Satz des Romans, der Autor hatte einige Jahre vor diesem letzten Buch genau in diesen Gegenden ein großes Gut mit einem Herrenhaus geerbt) – der Held also wächst in Paris in einem Palast auf, der bis zum Dach voll von allermodernster Technik ist. Er selber, eigentlich ein begeisterter Großstädter, wird immer unglücklicher und liest Schopenhauer. Eines Tages geht er mit seinem Freund, dem Erzähler der ganzen Geschichte, in die heimatlichen Berge zurück, nun kommt das Leben wieder, Schopenhauer wird als ein armer Narr erkannt, und einmal, an einem Morgen nach einem nächtlichen Gewitter, der Morgen ist »frisch, leuchtend und süß«, gehn die beiden Freunde durch die Gegend, »die Landstraße bot keinen Schatten, die Sonne war jedoch nicht lästig und streifte uns liebkosend wie leichter Flügelschlag«, die Welt lohnt doch das Leben, und der einst so müde Held heiratet ein Mädchen mit leuchtend schwarzen Augen, und ihre Haut hat einen weißen Glanz.

José Maria Eça de Queirós wurde 1845 in Póvoa de Varzim, nördlich von Porto, geboren (unehelich, der junge Vater heiratete dann aber die Geliebte). Er studierte Jura, arbeitete als Anwalt, Redakteur und Konsulatsbeamter, fast immer im Ausland – das Portugal dieses Buchs war ein bißchen auch ein Traum bloß von ihm –, und starb 1900 als portugiesischer Konsul in Neuilly bei Paris, wohin er 1888 mit seiner Familie gezogen war. Wie drüben in Brasilien sein großer Kollege und Bewunderer Machado de Assis hatte er die eine Leidenschaft, auch das Portugiesische zur Sprache des großen modernen Romans zu machen. Seine Mühe können wir vielleicht nicht richtig würdigen, aber seine Romane sind wunderbar: *Das Verbrechen des Paters Amaro*, 1875, *Vetter Basilio*, 1878, ganz herrlich dann die *Maias* von 1888 und *Das berühmte Haus Ramires*, erst 1900 publiziert; von *Stadt und Gebirg* konnte er noch die Fahnen lesen.

1899

Der Stechlin

von Theodor Fontane
(1819–1898)

Fontane sagt, in diesem Roman passiere nichts, nur zwei Junge heirateten und ein Alter sterbe. Was er nicht verrät (und das hätte ich auch nicht getan), ist, daß das Mädchen, das er da weggibt an den jungen Mann, eine Schwester hat, die er keinem gibt, Melusine; und die er keinem geben kann, weil sie allein für ihn da ist, seine Muse. Er sagt das nicht, das ist ja auch unnötig, unnötig in einem Buch, dessen Charme und immerwährender Zauber die wunderliche Dezenz ist, in welcher die Wahrheit in unausgesprochner Schwebe bleiben kann unter Leuten, denen mehr an ihr liegt als an ihnen selber. So bleibt die große Liebe des alternden Erzählers unangestaunt vom bloßen Leben allein für ihn da, und unbesorgt um alles kann er jetzt die Jugend und den Sozialismus und die Freidenkerei und alles, was sich neu vorkommt, seinen berechtigten Weg gehn lassen an ihm vorbei, von ihm weg aus dem einen Jahrhundert ins nächste, das ihn zum Glück nicht mehr kümmern muß. Schön auch, wie Melusine das letzte Wort hat in diesem schwerelosesten aller unserer deutschen Romane: Es sei nicht nötig, sagt sie, daß die

Stechline weiterleben, aber es lebe der Stechlin – das Erzählen, meint sie, das Schreiben, die Kunst, sie meint sich und ihren Erzähler, der sie aus allem hinaus mit sich fortnimmt, wohin? Jedenfalls erst einmal immer zu uns.

1898

Dom Casmurro

Orig. *Dom Casmurro*

von Joaquim Maria Machado de Assis
(1839–1908)

Romanciers desavouieren ungern ihre Helden, außer, die erzählten von sich selber. Ein solcher Ich-Erzähler ist hier Dom Casmurro, der groß über seine Jugendliebe klagt, die er dann geheiratet hat: sie habe ihn betrogen, ihr Sohn sei nicht der seine; und nun will er erst sich vergiften, dann diesen Sohn. Als der Kleine kurz vor dieser Idee zu ihm kommt, sagt Casmurro, rückblickend: »Lieber Leser, ich vollführte hier eine Bewegung, die ich nicht beschreibe, da ich sie völlig vergessen habe, aber ich glaube, sie war schön und tragisch.« Schöne Tränen weint er, als er die Grabrede macht für seinen Freund, den wirklichen Sohnesvater, dessen schöne Frau er beinahe zu seiner Geliebten gemacht hätte. Alles ist ein Beinahe; das Gift, die Verführung, beinahe ist ja auch der Sohn der seine. Er erzählt das alles, ganz frei, wie er glaubt, die Wahrheit; aber er begreift die Wahrheit nicht, er bleibt stecken in seiner bildschönen Selbstgerechtigkeit. Nun kann der Romancier nicht schweigen, und läßt eben die

Selbsterzählung seines Helden durchsichtig werden wenigstens für uns – und da steht er nun in seiner gestenreichen Impotenz, hinter ihm erscheint, in neuer wunderbarer Lebendigkeit, seine Frau, die wir nun erst so lieben, wie sie von ihm wohl gern geliebt worden wäre, und mitleidig sehn wir nun, wie arm er selber dran war.

Hundertachtundvierzig unwiderstehlich bezaubernde, witzige Kapitel hat dieser kleine Roman jenes Machado de Assis, der, als im alten Europa Eça de Queirós das Portugiesische zur großen Romansprache machte, dasselbe in Rio für das überseeische neue Brasilianisch tat. Machado, 1839 in einfachsten Verhältnissen geboren, war dann hoher Ministerialbeamter, nebenher Präsident der brasilianischen Akademie für Literatur, er starb 1908. So unangestrengt, so lässig und geistvoll wie er hat keiner nach Sterne noch einmal in Romanen alles zerstört, was Romane langweilig machen würde, wenn man es ewig glauben müßte.

1897

Liza von Lambeth

Orig. *Liza of Lambeth*

von William Somerset Maugham
(1874–1965)

Mit einer Mutter, die für ihre Schönheit berühmt war, verlebte Maugham wunderbare Kindheitsjahre in Paris; die Mutter starb, er mußte zu einem Onkel nach England und hatte als Schüler keinen Spaß. Dann studierte er in Heidelberg Philosophie und Literatur (also er las und trank Kaffee und dachte nach) und absolvierte 1894 bis 1897 (er war 1874 geboren worden, jetzt wollte er das Leben kennenlernen, und er lernte es kennen) eine medizinische Ausbildung in London. In diesen Londoner Jahren (Maugham verbrachte seine Ferien unter Homosexuellen in Italien, 1895 war Oscar Wilde deshalb verurteilt worden) schrieb er seinen ersten Roman, ein blitzendes Morgenstück immer noch. Titelheldin ist eine junge Slumbewohnerin, ein schönes Mädchen mit einem unausrottbaren Hang zur persönlichen Freiheit; sie hat einen Verehrer, selber aber liebt sie einen älteren verheirateten Mann. Zunächst bleibt das Liebesverhältnis der beiden geheim, aber bald weiß das ganze Viertel davon, man redet darüber, eines Tages kommt es zu einer öffentlichen Schlägerei zwischen Liza und der Frau ihres Liebhabers, Liza erleidet eine Fehlgeburt, und stirbt. Maughams Stärken hier sind eine glänzende, bestechend kühle Milieuschilderung, jedes Fehlen von Sentimentalität beim Erzählen einer Geschichte, die ebenso schön wie traurig ist, vor allem aber die Erfindung einer jungen Frau, in die man sich verlieben muß: ganz sicher so etwas wie ein Selbstporträt des Autors, oder die schöne Verkörperung jener von ihm über alles geliebten und fürs Schreiben hier wie mit einem Schlag erlangten Befreiung von den Konventionen einer erstarrten Gesellschaft. Maugham hat dann viele herrliche Sachen geschrieben, aber über dieser liegt ein Schmelz, der dann wohl vergehen mußte.

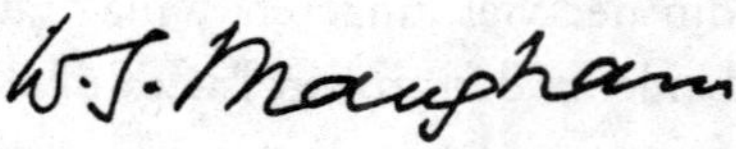

1896

Das Land der spitzen Tannen

Orig. *The Country of the Pointed Firs*

von Sarah Orne Jewett
(1849–1909)

Es gibt Bücher, von denen man sich, beim Lesen noch, sagt: Dies ist das schönste Buch der Welt – eins dieser Bücher ist dieses hier von Sarah Orne Jewett, einer Arzttochter aus Maine, die von 1849 bis 1909 lebte, Freundin der viel jüngeren Willa Cather – glänzend geschult beide an der großen Literatur ihrer Zeit, an Flaubert, an James, und aus dieser Schule kommend dann das, was man, ganz richtig, wenn man's genau genug versteht und ganz ohne Abfälligkeit, Regionalisten nennt: Dichterinnen ihrer Landschaft also (zur selben Zeit, eine Regionalistin auch sie, schieb in Italien Grazia Deledda – nach Jane Austen und George Sand und George Eliot ist wieder einmal oder ist immer noch außer dem Leben der Roman das, worin die Frauen groß sind). Die Landschaft der Jewett ist Maine, im Nordosten der USA, eine karge Küstengegend bei ihr, von Fischern und Farmern bewohnt. Und eine Besucherin beschreibt nun in großgesehenen Bildern dieser Landschaft Menschen, die dort zu Hause sind – da ist eine winzige Insel, auf die sich vor vielen Jahren eine junge

Frau zurückgezogen hatte, als ihr Geliebter sie verließ, sie habe allzusehr mit Gott gehadert, soll sie gesagt haben; da ist ein einsamer seltsam gewordener Fischer, der auf das Land um sein Haus Stangen stellt, Bojen, wo Felsen dicht unter der Krume sind; ein alter Kapitän, ein großer Leser Miltons, hat einmal, nach einem Schiffsscheitern, die Stadt gesehn, in der die Gestorbenen wohnen, im Zwischenland vor dem wirklichen Tod; und endlich kommt diese ganze Welt in den Blick, als, zu einem Familientag, von überallher Leute zusammenströmen, mit Wagen, zu Fuß, oder in diesem zerklüfteten buchtenreichen Land mit Booten, deren Segel man schon von fern überall von den Hügeln aus unten leuchten sieht – ja, doch dies ist das schönste Buch der Welt.

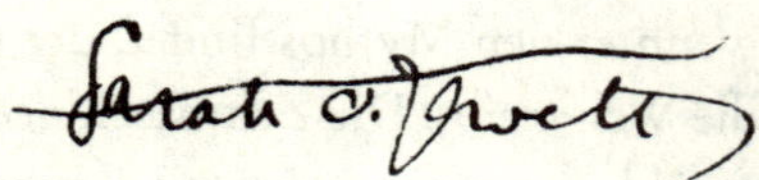

1895

Die Zeitmaschine. Eine Erfindung

Orig. *The Time Machine. An Invention*

von Herbert George Wells
(1866–1946)

Nein, Wells war keiner der großen Romanciers; aber auch ein *minor novelist* kommt in den Himmel, wenn er den Mythos findet, der dem Leser zeigt, wohin die Welt treibt. Die Zeitmaschine ist so ein Mythos: Wells erzählt von einigen eigentlich ganz biederen Männern, die miteinander phantasieren, zukunftsfreudig im Grunde noch, und einer von ihnen baut sich dann eine Maschine, mit der er, am Ort bleibend, durch die Zeit reisen kann, rückwärts und vorwärts – aber wir sind ja nicht wie jener Vogel bei Borges, der immer nur rückwärts fliegt, weil er nicht wissen will, wohin er gerät, sondern nur, woher er kommt: Wir wollen wissen, was aus uns wird. Der Zeitreisende landet erst in einer Ära, in der das Land wie ein Paradies aussieht, aber nachts sind dort die Paradiesischen nur Schlachtvieh der arbeitenden Unterirdischen. Die nächste Reise, noch weiter nach vorn, geht an die Grenze der endgültigen Eiszeit, des großen Kältetods. Von einer letzten Reise, wie der alte Plotin, als er das siebente Mal zum Einen aufstieg, kehrt der Reisende nicht zurück: anders als Plotin aber vermutlich kaum, weil er dort war, von wo man nicht mehr heimzureisen wünscht, weil man endlich angekommen ist.

Groß ist also das fortgeschrittene Wissen, das den Reisenden die Maschine hat bauen lassen, wir wissen jetzt, wohin die Reise mit uns geht, und wir wollten das ja wissen; beneidenswert weise war aber wohl doch Borges' wunderbarer (sollen wir sagen: postmoderner?) Vogel, der nur wissen wollte, woher er kam, und nicht, wohin er fliegen würde. Wells, der von 1866 bis 1946 lebte, hat dann, bis kurz nach der Jahrhundertwende, noch andre Blicke voraus getan, auf den *Krieg der Welten* 1898, auf die *Ersten Menschen im Mond* 1901, später dann hat er eher die Welt bessern als erklären wollen. Aber lieber als gesagt, was wir machen sollen, kriegen wir erzählt, was kommen wird: daher wohl die mythische Kraft solcher Bilder.

1894

Die Herren von Hermiston

Orig. *Weir of Hermiston*

von Robert Louis Stevenson
(1850–1894)

Ach, der Tod. Stevenson war berühmt: die *Schatzinsel, Jekyll und Hyde,* der *Flaschenteufel* – mehr kann einer ja kaum tun für die Unsterblichkeit, und dazu waren dann noch die Abenteuer des David Balfour gekommen (*Kidnapped* und *Catriona*), und ein verwirrend brillanter Roman, *Der Erbe von Ballantrae.* Und doch, wenn man dann die wunderbar schwingenden, dunkelglänzenden Sätze dieser *Herren von Hermiston* liest – erst jetzt, denkt man dann, hat er sich ganz frei- und zu sich selbst geschrieben, er ist ja noch keine fünfundvierzig, jetzt werden wir sehn, was große Romankunst sein kann neben James und Conrad und Hardy. Und genau in diesem Augenblick, nach keinen 200 Seiten, starb er, dahinten auf dieser blöden Südseeinsel, wo er dachte, der Tod fände ihn nicht mit seiner maroden Lunge. Das Fragment enthält jetzt den Anfang einer großer Liebe, der aber der Tod schon ins Gesicht geschrieben steht, alles wird untergehn, jeder Satz sagt das, mit dem das unheilbringende Schweigen der Leute beschworen wird; und einmal mischt sich denn auch der Autor ein und sagt über seinen Helden, was wir jetzt lesen, als sagte er über sich: »... hätte er nur gesprochen – sich frei ausgesprochen – sich selbst in einen Strom von Worten aufgelöst ...« – aber dann starb Stevenson eben. Fast immer, aber nur, weil er uns nun allein läßt, auch erlöst, wie noch einmal Davongekommene, da wir nun nicht miterleben müssen, wie im zu Ende geschriebenen Buch die untergegangen wären, die wir lieben, sich Liebende – aber in der Kunst kräftigt ja gerade das Aushalten des Todes das Leben; nur im Leben ist der Tod so wüst, daß, hätte er ein Hirn, man ihm den Gedanken zutrauen müßte, er verfolge mit besonderer Wut die, die noch mit ihren letzten Worten gegen ihn kämpfen; oder doch nicht eigentlich gegen ihn, das ist er ja nicht wert: die einfach schreiben durch ihn hindurch.

1893

MAGGIE, DAS STRASSENMÄDCHEN

Orig. *Maggie, a Girl of the Streets. A Story of New York*

von STEPHAN CRANE
(1871–1900)

Diesen Roman der allergrellsten Finsternis mußte der zweiundzwanzigjährige Autor privat herausbringen, drucken wollte sowas in Amerika keiner. Da wächst in einer grenzenlos widerlichen Familie in den Slums New Yorks ein träumendes Mädchen auf, verliert sich, da sie das schönste Leben nahen sieht, an einen dummen Angeber; der schickt sie nachher weg, und sie rutscht über den Strich ab ins Wasser. Wie in heimlicher Gerechtigkeit plündern die andern Mädchen den betrunknen Dummkopf aus, die grauenhafte Mutter der toten Maggie beheult sinnlos ihr Kind, nachdem sie's in dieses Leben, in diesen Tod geprügelt hatte. Alle Leute hier, die Träumende ausgenommen (aber Träume reichen nicht), sind, anders als etwa bei Zola, bei Norris, bei Moore, wo überall noch Mitleid möglich ist, so pure Zombies, daß uns geblendeten Lesern nur noch das Tempo hilft, mit dem sie wieder verschwinden – wie in schwarzen Blitzen läßt Crane seine Figuren an den Tag kommen, sie rennen durchs Leben, dann sacken sie ab ins Nichts, an den uns jetzt erst sichtbar werdenden finsteren Rändern der Welt. Crane, Sohn eines Methodistenpredigers, wuchs in New Jersey und New York auf, arbeitete dann als Reporter, berühmt war er für seine Kriegsberichte (seine Erzählungen schrieb er immer vorher: er schrieb über den Krieg, als er ihn noch nicht kannte, und er schrieb *Maggie*, ehe er als Reporter hinabstieg in diese Milieus). 1897 ging er, lungenkrank und ums bloße Leben schreibend, nach Südengland, bald dann in die Gegend von Rye, wo Henry James lebte – mit ihm, dem Landsmann, dem großen Villenbewohner, der ihm auch Geld gab, freundete er sich an, auch mit Joseph Conrad und Herbert George Wells. Wie so manche, die dort ihre letzte Chance sahen, ging er im Frühjahr 1900 nach Badenweiler, und wie so viele bei ihrer letzten Chance starb er dort im selben Sommer, achtundzwanzigjährig.

1892

Frau Jenny Treibel
von Theodor Fontane
(1819–1898)

Sehr schön ist auch das vergleichende Lesen, besonders bei Fontane, etwa seiner *Effie Briest* und Flauberts *Madame Bovary* (1895/1857), oder eben jetzt einmal seiner *Frau Jenny Treibel* mit Emile Zolas *Beute* (1892/1871 – Fontanes Tempo hat sich verschärft, gleich hat er sie alle; aber ach, er stirbt). Zola war niemals ein großer Lieblingsautor der Deutschen, aber Fontane, in seinem wunderbaren Mangel an aller Borniertheit, hat ihn bewundert und geschätzt. Anfang der achtziger Jahre, als er selber den *Petöfy* schrieb (worin die schöne Franziska große Lust bekundet, Zola zu lesen, es geht da um einen Garten, der ein Paradies ist), hat er Zolas erste Romane studiert, und als Zola beinahe fertig war mit seinem Zyklus, hat Fontane ins Berlin seiner Zeit ein bißchen jenen Blick geworfen, den Zola (er hatte sich den neuen Pariser Reichtum angesehen) dem europäischen Roman eben in der *Beute* eingeübt hatte, dem zweiten Stück der *Rougons.* Bei Zola will die reiche Frau den Sohn (zum Glück den Stiefsohn nur, den aber auch mit Haut und Haar, und sie in Samt und Seide) für sich selber haben, bei Fontane will sie ihn bloß nicht der und sei's noch so reizenden Tochter ihres alten Verehrers geben, des Professors, Verehrers aus jenen Zeiten, als auch sie noch ehrlich die Poesie zu lieben glaubte und nicht das viele Geld hatte, das zu erbeuten wiederum, zum Schaden nun vielleicht das Töchterchen, sein Ehrgeiz nicht gewesen war. Nun bleiben alle in ihren Sphären, in ihren Milieus, und alle eingebettet in Fontanes kritische Liebe – das wäre Zola nicht eingefallen, der haßte gern und war gern sentimental. Wir unsrerseits, weit weg von dem elenden Streit, den die Brüder Mann deswegen hatten, wir halten es mit Fontane und – lieben Zola wie ihn, denn alle Blicke auf den Menschen sind wahr, und am wahrsten, wenn wir lesen, alle.

1891

Tess von den D'Urbervilles

Orig. *Tess of the D'Urbervilles. A Pure Woman Faithfully Presented*

von Thomas Hardy
(1840–1928)

»Ich habe als Achtzehnjähriger *Tess of the D'Urbervilles* mit solcher Begeisterung gelesen, daß ich beschloß, ein Milchmädchen zu heiraten«, meinte Somerset Mauhgam, Jahrgang 1874; Hardy, Jahrgang 1840, hatte ungefähr bei Maughams Zeugung mit dem ernsthafteren Romaneschreiben angefangen. *Tess* war sein zehnter und zugleich vorletzter Roman (obgleich Hardy erst 1928 starb), allzuviele Leute stießen sich an der gewaltigen Freiheit, mit der Hardy hier, als wäre sie eine griechische Tragödienheldin, ein gefallenes kleines englisches Milchmädchen (ganz renitent hatte er sie auch noch »eine reine Frau« im Untertitel seines Buchs genannt) furchtlos vor dem Tod, so gern sie leben würde, durchs bigotte viktorianische England ziehen läßt. Überwältigend, noch mehr als sonst bei Hardy, ist in diesem Buch die mitspielende, fast möchte man sagen: menschengemäße Natur, sei's im Idyll, sei's in der eisigen Hochgebirgsstarre des nahenden Endes. Vielleicht, sagt man sich, kann Gott gar keine Landschaft machen, die ganz von ihm verlassen wäre – Hardy konnte das (in diesen großen Romanciers hat Gott dazugelernt), und es hat eine unwiderstehliche Würde, wenn Tess, ganz zu sich gekommen in solchen Landschaften, unter den Menschen dann wieder Schluß macht mit dem Leid, das sinnlos über sie verhängt scheint, und, als er sie verlacht, den Mann umbringt, der sie um das gebracht hat, was an Gelingen und äußerem Glück auch für sie doch hätte dasein können. Bei Maugham hätte es Tess besser gehabt, bei jedem von uns; Hardy aber ist am Schluß, als die Justiz seine Tess hinrichtet, so wütend (o dieser herrliche Schmerz der Autoren über das Leid ihrer Erfindungen!), daß er sagt, nun sei der Gerechtigkeit Genüge geschehn, »und der Vorsitzende der Unsterblichen hatte seine Kurzweil mit Tess beendet). – Wo mag Hardy jetzt stecken?

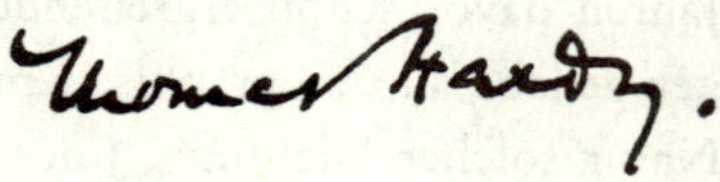

1890

Roman eines Kindes

Orig. *Le roman d'un enfant*

von Pierre Loti
eig. Julien Viaud
(1850–1923)

Proust dann, im Übergang vom *Jean Santeuil* (1895–99) zur *Recherche* (ab 1909 ungefähr), fand die vollendete Form der Erinnerung an die eigene ganz frühe Seele. Aber die französische Literatur hatte in den Jahren davor schon ergreifende Kinderseelendarstellungen gehabt, autobiographischer Art, das liegt sicher in der Natur solcher Dichtung: Jules Renard hatte 1894 *Muttersohn* geschrieben, vier Jahre davor war Pierre Lotis *Roman eines Kindes* erschienen, die im Ich-Stil erzählte Geschichte eines stillen Kindes, das in Rochefort aufwächst, auf der Île d'Oleron, am Flusse Lot im Süden (dort liegt Loti auch begraben, auf seinen Wunsch, in einem Garten im Haus seiner Vorfahren, »unter Efeu und Lorbeer«, wie eine Tafel vorn am Haus sagt, ans Grab darf keiner). Loti (er war vierzig, als er das Buch schrieb) will eigentlich gar nicht wirklich verstehen, vom Erwachsenenstandpunkt aus, wer er war als jenes Kind; er versucht, rein das Kind zu beschwören, das er gewesen sein muß, und es ergreift uns Leser dann wie ein unlösbares Rätsel, wenn Loti schließlich berichtet, wie er, als ein Vierzehnjähriger (er hat nie herausbekommen warum, seine Eltern waren dagegen, sein, so verehrter viel älterer Bruder war auf See gestorben), sich entschließt, zur Marine zu gehn – in den zehn Jahren vor diesem Kinderroman war Loti berühmt geworden durch romanhafte Schilderungen seiner Erlebnisse als weltbereisender Seemann. Ein unergründlicher Mann, vielleicht hatte er gar kein Inneres, sagt man sich manchmal. Vielleicht hat er sich das selber gesagt, und dann in seiner Kindheit danach gesucht; da war eines, wir meinen es mit ihm jetzt zu sehn, im verlorenen Licht jener Tage – aber nichts führt von dort herüber, nur dieses wunderliche Wiederbeschwören bleibt.

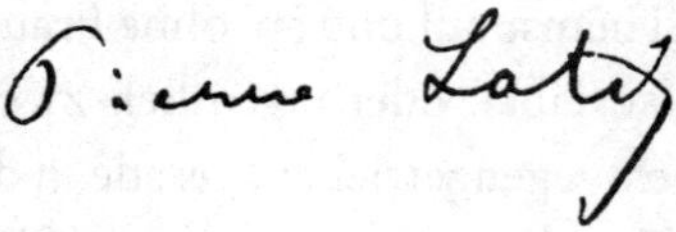

1889

Drei Männer in einem Boot

Orig. *Three Men in a Boot – To Say Nothing of the Dog* (übersetzt von Trude Fein)

von Jerome K. Jerome
(1859–1927)

Nichts ist so unergründlich wie die Späße, die der Mensch sich macht, und so rudern eines Frühsommers drei viktorianische junge Männer zwölf Tage lang die Themse auf und ab, ohne Frauen, ohne alles, nur ein Hund ist dabei, oder eigentlich zwei, einer kommt ihnen noch entgegengetrieben, gerade in den Tee hinein, und eine tote Frau kommt auch auf dem Fluß heran, und streift wie das dunklere Leben das Boot. Fünfundzwanzig Jahre vorher bei Dickens auf der nachtnebligen Themse warten dunkle Gestalten auf solches Treibgut, fünfzehn Jahre vorher hatte George Eliots Titelheld Daniel Deronda die schöne Dunkelhaarige, die er dann heiraten würde, genau vor diesem Los gerettet, das liest sich nun alles mit, wenn ein Leser will. England ist wunderschön, und besonders oben an der Themse; einmal ruhen die drei am Ufer aus, ein Boot mit andern ruhenden jungen Männern drauf wird vorbeigetreidelt, ein Bild von Ruhe ist der Steuermann: »…›ich würde ihn gern die falsche Leine ziehen lassen‹, murmelte

George, als sie an uns vorbeifuhren. Und genau in diesem Augenblick zog der Mann an der falschen Leine, und das Boot raste mit einem Geräusch, das wie das Zerreißen von vierzigtausend Leintüchern klang, die Uferböschung hinauf…« So geht dies Sommerglück der Guten; einmal haben sie keinen Senf, dann ruinieren sie beinahe sich mitsamt dem Boot, als sie eine Ananasdose aufmachen wollen; schließlich beginnt es unendlich zu regnen, sie steigen aus, die Welt hat sie alle wieder, Wärme, Senf und Ananas. Jerome, der von 1859 bis 1927 lebte, war ein Freund Zangwills, der fünf Jahre nach Jeromes *Drei Männern* den legendären *Könige der Schnorrer* herausbrachte, das andre große frauenlose Buch über die Späße des Menschen. Beide Bücher übrigens hat dieselbe Trude Fein übersetzt; sie sollte, für alle Kollegen, ein Denkmal kriegen, was wären wir Leser ohne Übersetzer? Ein Heer von Weinenden.

1888

Lust

Orig. *Il piacere*

von Gabriele D'Annunzio
(1863–1938)

D'Annunzio war ganz häßlich, aber wenn er verführen wollte, wurde er zum schönsten Mann der Welt, sagen alle, sagt auch André Gide, und der war verwöhnt, den hatte schon Oscar Wilde versucht, und der war immer schön. Als berühmter Mittzwanziger (1863 war er als Sohn eines reichen Bauern bei Pescara geboren worden) schrieb er *Lust,* den wollüstig-schwülstigsten aller neuen Romane, aber Lesen kräftigt, und die großen Schreiber machen unsre Seelen weiter als wir Hüter unsrer Seelen möchten. Der Held des Buchs ist d'Annunzio selbst, und er schont sich nicht: erst liebt er Elena (Frau aller Frauen seit Homer), die verläßt ihn, dann liebt er zehn und zehn andre lieben ihn und ein Duell bringt ihn fast um. Endlich liebt er Maria (Frau aller Frauen seit jenem Engel), eine Seele, aber in einem schönen Körper auch sie, denn Gott ist freundlich in Rom. Der Mann der Neuzeit aber will alles, das ist sein bittres Los, er geht lieber zugrunde daran als mit der Hälfte zu leben, auch wenn sie die reinere ist – in den Armen Marias denkt der Held an Elena, und das hält selbst er nicht aus, aber was heißt: selbst er? Gerade er hält das nicht aus, dieser so herrlich verlorene Sohn der alten Lust. Am Ende macht Marias Mann Bankrott, Maria geht, der Held ersteigert sich einen Schrank aus ihrem Mobiliar: und da stehn sie nun, er und der Schrank, wundervoll immer noch, das schon, aber auch verzweifelt, er wenigstens. Aber wenn er das alles aufgeschrieben haben wird (und ist nicht aufgeschrieben erst alles wahr?), dann, sagte er sich wohl, werden noch Schönere kommen, ihn zu trösten. Wirklich kam dann die Duse, auch noch reich, denn er brauchte viel Geld, und sie war eine große Schauspielerin und konnte alle Frauen sein; und er wurde wieder froh und fuhr schnelle Autos und schnelle Flugzeuge und all dies und schrieb ihr die wundervollsten Tragödien, in denen sie dann stand und weinte – so glich sich alles aus.

Au revoir, Madame; permettez-moi
de baiser vos mains (si jolies!)
avec ma plus sincère et profonde
dévotion —

Gabriellino d'Annunzio

1887

Mont-Oriol

Orig. *Mont-Oriol*

von Guy de Maupassant
(1850–1893)

Maupassant, mit jener federnden Genauigkeit, die ihn uns lesen läßt, als wäre er einer von uns, erzählt eine Geschichte aus der Frühzeit des modernen Tourismus, nämlich die Entstehung eines mondänen Heilbads, irgendwo südlich von Clermont-Ferrand, am Rand des so quellenergiebigen alten Vulkangebiets des Puy de Dôme. Und in diese Gründerzeitgeschichte hinein flicht er die betörend romantische Liebe, in die die schöne Frau des großen Investors fällt, als sie einen reichen jungen Mann kennenlernt, der groß ist im Besingen seiner Gefühle. Sie kriegt (das sind die süßen Schatten der Romantik) ein Kind von ihm, er heiratet dann aber (schwanger kommt die Schöne ihm wenig besingenswert vor) eine Tochter des Bauern, auf dessen Grund die neue Quelle fließt. Der Tycoon von Ehemann und Investor glaubt, das Kind sei das seine, er hat es ersehnt, und schreibt es nun der belebenden Kraft des Wassers zu, das ihn so doppelt reich mache. An diesem Punkt verdrängt er jenen Jüngling, wir wissen zwar nicht, ob ganz auch aus dem Herzen seiner Frau (die beginnt ihr Kind zu mögen und ist jetzt noch schöner geworden), gewiß aber ein wenig aus unserm; nicht, daß nun er die Herzen füllen könnte; Maupassant, kühler als oft Balzac, und ungleich klüger als wenig später ein Mann wie Hamsun (1893, *Die neue Erde,* da ist plötzlich der Kaufmann der Größte, unanfechtbar fast, und das Innre ist nichts mehr dagegen), Maupassant spielt nicht, damit wir zufrieden wären, seine Leute gegeneinander aus. Wir sollen erst urteilen, wenn wir alles kennen – und so zieht die Lust auf die ganze Wahrheit über die Welt uns von einem zum andern, und von Buch zu Buch.

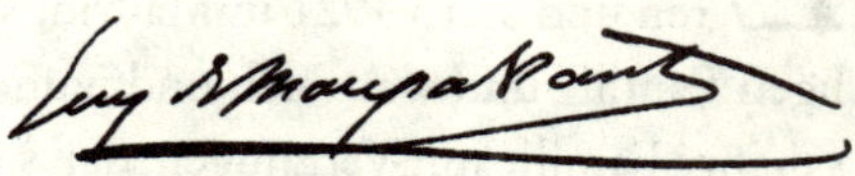

1886

Das Gut Ulloa

Orig. *Los pazos de Ulloa*

von Emilia Pardo Bazán
(1851–1921)

Emilia Pardo Bazán wurde 1851 in La Coruña geboren und starb 1921 in Madrid, sie kam aus einer adligen Familie und war reich und wunderbar gebildet. Erst sah ihre Familie mit Vergnügen, daß sie schrieb, aber als sie Zola öffentlich zu verehren begann, wollte ihr Mann ihr das Schreiben untersagen. Sie trennte sich von ihm, erbat sich vom Papst einen Schutzbrief gegen den heimischen Klerus und tat sich zu einem großen Liebes- und Schreibbund mit Benito Pérez Galdós zusammen, dem andern Ruhm des schreibenden Spanien, einem gelassenen Kirchenverächter, der Spaß gehabt haben wird an jenem Coup mit dem Papst. Seinerzeit wurden beider Romane in ganz Europa übersetzt, aber der begründetste Ruhm hat etwas Schwankendes, von der Pardo Bazán, die kaum noch einer kennt, ist bei uns nur noch dieser eine Roman zu haben – aber vor kurzem kannte sie gar keiner mehr, nun haben wir immerhin dieses schöne Buch. Es spielt auf einem galicischen Adelssitz, dessen Niedergang aus der Perspektive eines jungen Geistlichen geschildert wird, den seine fromme Einfalt daran hindert, alles so zu sehn, wie es wirklich ist: Wir aber, weltklüger mit der Autorin, sehn durch seine Augen sehr wohl die düstre Wahrheit von Ausschweifung, Betrug, Mißhandlung, Mord und Wirrwarr. Doch der junge Geistliche ist nicht blind, auch er sieht eine Wahrheit, die uns sonst verborgen geblieben wäre. Er wird dann strafversetzt, zehn Jahre später kommt er zurück, er sucht das Grab jener jungen Gutsherrin, die er, auf seine Weise, damals geliebt hat, und findet am Grab, wie ein Bild des Lebens, zwei wunderschöne, liebend verwilderte Kinder, die er damals, ganz klein, noch gesehn hatte, fast wie durch ein Wunder gerettet damals aus dem Untergang, nämlich den Bastard des Gutsherrn und die Tochter jener Toten; und es ist, als ob seine Augen, sonst so töricht, nun doch die Wahrheit sehn. Magische Zaubersterne sind solche Bilder für uns Lesende dann am Himmel über der Welt, wenn der Roman unsre, auch unsre Augen sehender macht.

Emilia Pardo Bazan

1885

Germinal

Orig. *Germinal*

von Émile Zola
(1840–1902)

An einem Mann wie Zola scheitert aller Purismus: Er ist ein gräßlicher Moralist, ständig hebt er den gesellschaftskritischen Zeigefinger, er bringt soziologische Befunde und Reportagen mit Literatur gewordener Realität durcheinander, er ist schrecklich eindeutig für die Guten und gegen die Schlechten, er agitiert für Klassenkampf und Gewerkschaftspolitik, und wenn er mit der Kunst nicht weiterweiß, macht er aus allem ein passendes Symbol, aus einem Schacht, aus einer Lokomotive, aus einer Dirne, aus einem leider unberührt gebliebenen Busen. Es scheint ihn auch kaum zu kümmern, was bei ihm aus der Kunst des Romans wird – aber fast immer, wenn er dann wieder fertig ist mit einem der zwanzig Stück seines riesigen Zyklus, ist daraus ein ganz umwerfendes Stück Literatur geworden, und je wütender er beim Recherchieren darüber war, bloß durch ein Buch und nicht wirklich die scheußliche Realität ändern zu können, um so besser wurde dann das Buch (grausames Los, und wie den Kapitalisten kann auch den Autor nur der Erfolg mit ihm versöhnen).

Eines der größten Beispiele dafür ist dieser Roman, worin Zola, zum ersten Mal als einer, der wirklich da unten war und kein Grauen bemänteln wollte mit Bergsteigern und Glückauf, die Verwüstung beschreibt, die die furchtbare Grubenarbeit jener Zeit unter den Menschen, in ihnen, zwischen ihnen anrichtete – Mitleid und Grauen und Wut mischen bei ihm dann Kitsch und Fakten und Pamphlet so bedenkenlos ineins, daß man am Ende auch heute noch, schwankend zwischen reiner Faszination und schweren ästhetischen Gewissensnöten, nur staunen kann über ein Genre, über eine Kunst, die offenbar alles aushalten können. Immer übrigens, wenn Zola einen Roman gut verkauft hatte, baute er sich an sein außerordentlich geschmackloses Haus ein neues Türmchen an, das er auch noch nach dem Roman benannte.

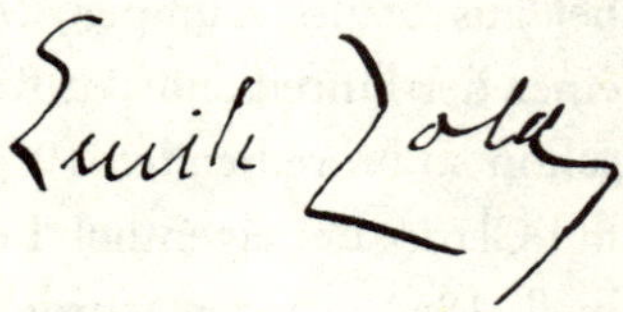

1884

Die Präsidentin

Orig. *La regenta*

von Clarín

eig. Leopoldo Alas

(1852–1901)

»Die heldenhafte Stadt hielt Mittagsruhe. Der warme, träge Südwind blies die weißlichen Wolken vor sich her, die auf ihrer Fahrt nach Norden zerflatterten. In den Straßen war es totenstill, bis auf das Rascheln der Wirbel aus Staub, Lumpen, Strohhalmen …« – so beginnt einer der hinreißendsten Romane dieses doch im ganzen schon so hinreißenden 19. Jahrhunderts, geschrieben hat ihn Clarín, der eigentlich Leopoldo E. García-Alas Ureña hieß, 1852 geboren wurde und Juraprofessor in Oviedo war. Und dieses Oviedo ist die Stadt, die er da beschreibt (als er's tat, lebte hier, knapp vierjährig aber erst, und er konnte das natürlich nicht wissen, Ramón Pérez de Ayala, einer der ganz großen Romanciers unsres Jahrhunderts). Die Titelheldin ist eine junge Frau, die in einer bigotten und von entweder gewissenlosen oder vergreisten Männern und einem herrschsüchtigen Klerus regierten Gesellschaft zwischen großen Gefühlen und Glaubenswahnsinn am Ende zugrunde geht. Überall in diesen Jahren, bei Tolstoi, bei Flaubert, bei Fontane, stehn im Mittelpunkt der schönsten Romane Frauen, die verloren sind, weil sie leben und lieben wollten, aber es war zu früh für sie, wir waren noch nicht da. Clarín, ein sarkastischer Beobachter seiner Gesellschaft, lebt, dort in seiner spanischen Provinz, so weit weg von uns, daß wir gar nicht gleich erkennen, wie nah auch seine Heldin uns eigentlich ist in ihrer uns zuerst so fremden, nicht ganz geheuren Verlorenheit. Aber nach einer Weile, wenn unsre Erfahrung weit genug geworden ist auch für diese fremde Welt, zittern wir um so mehr für die uns nun so nahegekommene Alleingelassene, aber dann ist es zu spät, es ist ja für den Lesenden immer zu spät. Dafür ist das aber ja auch wirklich bloß ein Roman, es ist alles nicht weiter schlimm, können wir denken. Aber das Buch ist dick, es hält uns wenigstens zwanzig Stunden in Oviedo, der Roman hat eine andre Art der Zeit als die andern Künste, und unsre Seele verwickelt sich tiefer als wir denken in diese fremden Geschicke.

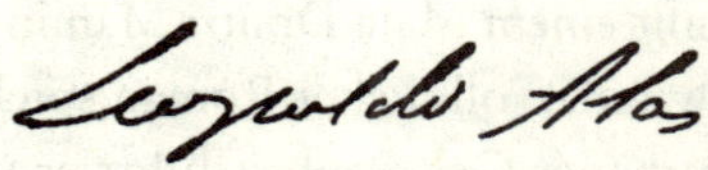

1883

Die Priwalowschen Millionen

Orig. *Privalovskie milliony*

von Dimitrij Narkissowitsch Mamin-Sibirjak
(1851–1912)

Lebensentwürfe, die keiner wagt dort wo wir herkommen, Lebensläufe, die ungeheuer fremd und dann doch ganz und gar begreiflich sind, in einer Welt, von der wir gar nicht wußten, daß es dort Leute gibt – das breitet, wie ein plötzlich aufgetauchter erwachsner Bruder dieser allzu vertrauen Dostojewski & Tolstoi & Co., hier mit einem Male Dmitri Mamin-Sibirjak vor uns aus. Sein wundervoll dicker Roman spielt im fernen Ural, und mit urbaner Gelassenheit führt er uns die Leute in einer Gegend vor, in der die Beharrlichkeit alter Traditionen, der unaufhaltsame Schwung des industriellen Kapitalismus, der Rausch des sibirischen Goldes alle ihr Recht wollen; unter Menschen, die ihre Macht, ihre Träume, ihre Gefühle und ihren Ehrgeiz im Gelingen und im Scheitern mit so farbiger Intensität leben, daß die unbekannte Stadt dort im fernen Sibirien zum Mittelpunkt einer so kräftig leuchtenden Welt wird, als ob die unsre farblos und grau geworden wäre. Was früher Balzac und dann Zola geschildert haben, das schildert hier Mamin noch einmal in verwilderter, greller Gestalt. Wie ein gewaltiger Scheinwerfer fährt der Roman dieser Zeit über das ausgehende Jahrhundert hin und entdeckt den mitteleuropäischen Augen gerade im scheinbaren Schlafdunkel der Ränder der Welt das allerpulsierendste und für den plötzlich aufmerksam gewordenen Blick hinter all dieser fast ausschweifenden Fremdheit verwandteste Leben. – Mamin-Sibirjak (eigentlich Mamin, der Beiname bezieht sich auf seine Gegend), der aus einer Priesterfamilie stammte, wurde 1852 im Ural geboren, besuchte dort eine geistliche Schule, ein geistliches Seminar, und studierte in St. Petersburg dann Jura und Staatswissenschaften. In seiner Heimat dann wieder, unter vielen materiellen Sorgen, widmete er sich ganz dem Schreiben, das ihn inzwischen bekannt gemacht hatte, später ging er nach St. Petersburg zurück, er starb 1912.

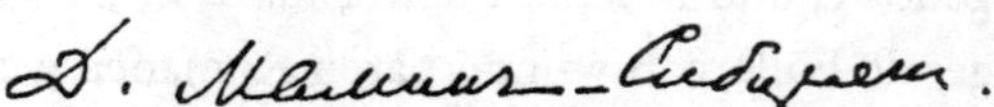

1882

Amigo Manso
Orig. *El amigo Manso*

von Benito Pérez Galdós
(1843–1920)

Ein paarmal schon ist hier, aber nur als der Schatten eines Großen, der Spanier Benito Pérez Galdós aufgetaucht, der, ein genauer Zeitgenosse von Henry James (wenn auch in ganz andrer Gegend, aber für die großen Romanciers war die Welt immer Eine), 1843 in Las Palmas auf Gran Canaria geboren wurde – sein Vater war Offizier –, dann nach Madrid ging, viele Jahre dem Parlament angehörte, und 1920, fast blind, starb. Er hat eine überwältigende Fülle von wunderbaren Romanen geschrieben, bei uns im Handel sind einige der kürzeren (*Marianela, Miau* und *Tristana*), und aus dem Jahr, in dem wir uns hier befinden, der Roman *Amigo Manso.* Ähnlich wie bei Unamuno (*Nebel,* aber erst 1914, im Drama kennen wir das von Pirandello) schleicht sich hier der Autor ins Wohlwollen seiner Person hinein, fragend, ob er ein Buch machen dürfe über sie: eine charmante Idee, aber solche Ideen sind doch vergänglich, und da zählt es nicht, der erste gewesen zu sein – wenn eben nicht das Buch dann die Kraft hat, sich zu halten über solche wenn auch tiefsinnigen Scherze hinaus. Genau diese Kraft aber haben alle Bücher des Autors, und hat erst recht dieses Buch.

Ein alter Professor, in seinen Ideen lebend, und bloß in ihnen, verliebt sich, als sein Bruder, ein Politiker, Realist mithin, Leben und Frauen ins Haus bringt. Als der Professor meint, geliebt zu sein, hat er ein letztes Mal ein Bild bloß für die Realität genommen: Das Mädchen liebt nicht ihn, sondern seinen klügeren Schüler; und der Professor, resignierend jetzt, sonst hilft ja nichts, und alt und milde geworden in dieser Entsagung, wirft seinen wohlwollenden Blick auf das davongelaufene Leben und die Lebenden, die es vielleicht besser machen als er, und verabschiedet sich. Eine einfache Geschichte, natürlich; aber gerade an die ganz einfachen Geschichten (denn sie wissen, daß sonst nichst draus wird) gehn dann, wenn sie alles sonst können, die ganz Großen.

1881

Bouvard und Pécuchet

Orig. *Bouvard et Pécuchet*

von Gustave Flaubert
(1821–1880)

Wenn große Männer verrückt sind, dann sind sie auch das groß, und Flaubert war so ein Mann, als sein Dämon ihn ganz auf die äußerste Klippe am gähnenden Abgrund der Romankunst führte und sprach: spring hinab! – denn er sprang und schrieb *Bouvard und Pécuchet,* das irrsinnigste und tödlichste Buch, das je einer angefangen hat, der, nachdem er auf seine Weise für die Welt getan hatte, was er vermochte, ihr nun den letzten Dienst erweist und zu ihr sagt: es ist alles nichts. Zwei aus jenen Gegenden, wo allenfalls noch welche wohnen können, die an das Wissen glauben, lesen alles und handeln danach, und was immer sie anfassen, geht so entsetzlich und sinnlos schief, daß man sich fragt, entweder, warum sie überhaupt noch am Leben sind, oder, zu welchem Zweck. Wenn je drei Männer gnadenlos waren in ihrem Streben, dann diese drei, Bouvard, Pécuchet und Flaubert, der schlimmste ist aber Flaubert, denn ganz in dem Maße, in welchem sich der kalkige Staub der absurdesten aller Vergeblichkeiten über die Welt legt, die er schildert, erstarrt leblos auch die Schilderung selber, etwa wie Nürtingen, über das sich immer ekliger ein graues Weiß legte, als noch fast mitten in der Stadt die Kalkbrennereien und Zementwerke standen, von denen es lebte. Und zwar, bei Flauert nun, zerstört der Witz, den er braucht, um seine beiden Toren am Leben zu halten, das Buch ebensosehr wie der immer unausbleiblichere Mangel an Witz, wenn immer vollständiger sinnlos wird, was seine Toren tun. So führt denn das Buch immer mehr auch selber wie das, von dem es sagen will, es führe zu nichts, zu nichts; und mit nichts auch als einem grimmigen Kopfnicken, das sein Totenschädel mitnicken würde, stellen wir dann auch noch fest, daß das Buch mittendrin aufhört, und fragen uns mit einem leisen Grauen nicht mehr, ob Flaubert es fertiggeschrieben haben würde, wenn ihn nicht der auch ganz sinnlose Tod daran gehindert hätte.

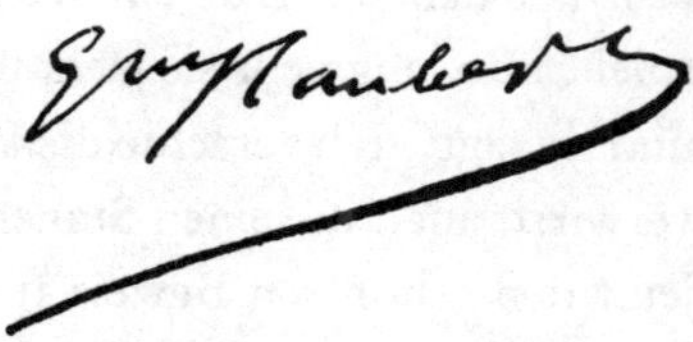

1880

Niels Lyhne

Orig. *Niels Lyhne*

von Jens Peter Jacobsen
(1847–1885)

Niels ist ganz sicher einer der klügsten und feinsten Menschen der Welt, aber immer so melancholisch – er ist ein Dichter –, selbst im Glück, das er nicht versteht. Als er eine Frau mag, und sagt, sie werde, kein junges Ding mehr, geistvoll lieben, sagt sie: »Geistvoll! Wie ich diese geistvolle Liebe hasse.« Er redet von der Größe der Phantasie (sie haben gerade ein Spielchen mit Holzklötzen gespielt, nun langweilt sie sich, und er denkt sich was aus), und sie sagt: »Ich verachte die Phantasie.« Er, nun langsam verwirrt, auch in seinen Sinnen durch ihr Parfum, findet jetzt den schönsten Beweis für die Liebe darin, daß der Mann die Frau vergöttlicht, sie aber: »Ja, das ist ja gerade das Beleidigende, wir sind ja, so wie wir sind, göttlich genug.« Natürlich meint sie, daß er doch wenigstens mal versuchen solle, sie zu küssen oder irgend so etwas, aber er versteht nur sich, auch wenn seine Seele alles faßt. Dann macht er eine Reise mit seiner Mutter, die das immer wollte, nun aber ist die Welt, wie sich zeigt, nicht mehr reisenswert. Und als er zurückkommt, hat sich die schöne

Frau mit einem andern verlobt, und er versteht immer noch nichts; sie küssen sich, sie mag solche Szenen, und dann ade. Soweit die Welt. Niels ist auch Atheist, wir mögen ihn sehr. Er heiratet doch noch, eine andre; und diese Frau, der er Gott gründlich ausgeredet hat, stirbt, nachdem sie den Pfarrer geholt hat. Als sein Kind zu sterben droht, betet er auch – nun ist also alles zusammengebrochen an ihm, und er stirbt.

So ungefähr geht eines der berühmtesten Bücher des ausgehenden Jahrhunderts, wundervoll geschrieben, mit einer so einfühlsam sachten Distance, als sei jener Niels auch noch der Autor seiner selbst. Rilke, als er dann seinen *Malte* schrieb, hielt dieses Buch für das schönste der Welt (neben der Bibel!) Wir sind natürlich ganz andre geworden inzwischen, aber Seelen hatten sie damals weiß Gott was für welche! Schönberg hat Jacobsen vertont, George hat ihn übertragen. Jacobsen, 1847 geboren, schrieb eine Doktorarbeit über Algen, übersetzte Darwins *Ursprung der Arten* und *Abstammung des Menschen* und kämpfte sich zum Atheismus durch, das Kämpfen war damals noch üblich; er starb 1885.

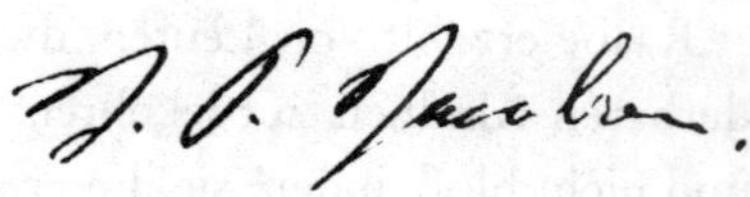

1879

Alte Nester. Zwei Bücher Lebensgeschichten

von Wilhelm Raabe
(1831–1910)

Und dann kann es eben so kommen, daß ein viel späterer Autor, einer der unsern beinahe (Proust wäre das in diesem Falle), uns offenbar die Sinne in einer Art geschärft hat, daß wir jetzt mit einem Male auch einen älteren, fast abgetan geglaubten Autor lesen, als gäbe er sich uns erst jetzt ganz zu erkennen: Wilhelm Raabe in diesem Falle, mit seinen *Alten Nestern.* Nicht, als wollten wir ihn mit diesem Buch nun zu einem Vorläufer Prousts machen, überhaupt nicht, nur rührt uns an ihm plötzlich etwas an, wovon wir bis dahin nichts gewußt hatten.

Raabe erzählt von Leuten, die an den Ort ihrer wunderbaren Kindheit zurückkehren; wirklich zurückkehren, und nicht bloß, indem sie ihn erinnernd beschwören (das ginge ja auch gar nicht bei mehreren Leuten). Alles, was sie sehn, und sie einander auch, erinnert sie ganz genau an das, was damals war, aber nichts ist mehr so wie damals (vielleicht ist auch damals schon vieles nicht ganz so gewesen, wie es zu sein schien und jetzt noch scheinen möchte). Ein

Schloß ist zerfallen, Leute sind weggegangen, sind ganz andre geworden; Bäume, Hecken sind manche noch, vielleicht, wie damals, mancher Duft ist noch so, mancher Zauber scheint aus dem erinnerten Dunkel aufzutauchen, wunderlich berührend, sagt aber zugleich, daß eben bloß die Erinnerung ihn noch so bewahrt, die Wirklichkeit ist eine andre geworden, so sehr sie, in Brüchen oder in unterirdischen Kontinuitäten, auch ganz und gar oder doch in vielem hervorgegangen ist aus dem, was damals gewesen sein mag. Raabe legt es in seiner berichtenden Sprache nicht auf große Durchlässigkeit und Sensibilität an, sein Ich-Erzähler scheint viel zu behaglich in sich zu ruhn; aber unter dieser Oberfläche entdeckt sich uns aufgewachten Lesern eine aufregend mit dieser Sprache kontrastierende Rissigkeit des erzählten Lebenszusammenhangs; und während wir weiterlesen, immer mehr gebannt von dieser erst so altmodischen Vertracktheit, wird Raabe deutlicher und immer deutlicher zu einem der unsern, oder, da ja wir es sind, die besser lesen, werden wir allmählich ganz zu den seinen.

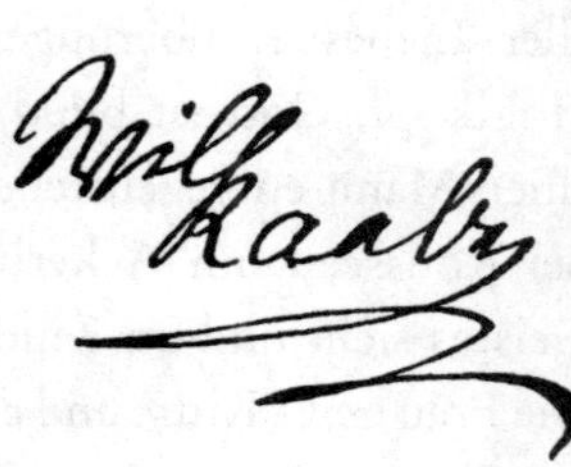

1878

Anna Karenina

Orig. *Anna Karenina*

von Leo Tolstoi

(1828–1910)

Das ist der Roman Greta Garbos: keine Frau hat je einen Vronskij so angeschaut wie sie, keine hat je so gelitten, keine ist je so wunderbar unter einen Zug gefallen wie die Garbo, über keine weint man so wunderbar hemmungslos und schön wie über sie. Wer weiß, ob Tolstoi wirklich noch größer wäre, wenn ihn nicht immer seine moralischen Ideen dazu verlockten, das, was er so hinreißend darstellt, auszubalancieren durch das, was er für besser hält. So meint er hier, der unwiderstehlichsten aller Liebesbezauberungen (leider ist der Geliebte ein Hohlkopf, Gott ist blind, aber was soll die Garbo tun) einen Mann entgegenstellen zu müssen, der, wie weiland bei Rousseau, im Ackerbau das Ziel des menschlichen Geistes sieht und im Kinderkriegen das Glück der Frau. Die Frau heißt Kitty, und ein schlichter Bauer spricht dann den Sinn des Lebens aus. Die Garbo kümmert sich um das alles aber nicht, und die ganz Großen, auch wenn sie also zu wissen glauben, was gut wäre, werden dann doch eher noch größer, wo sie schildern, was sie am liebsten gar nicht sähen – und wie Dantes Sprache schmilzt, wo er Francesca in der Hölle zeigt, so analysiert Tolstoi, eh' er sie zugrunde gehen läßt, die Garbo so eindringlich und so dann doch durchdrungen von ihrer Schönheit, vom Recht ihrer Sinne und von der ruhigen Größe ihres Verlangens nach Glück, daß man kaum die unendliche Weite dieser schreibenden Seele wahrnehmen möchte, wenn sie dann, nach soviel Glanz und Leid, behaupten mag, der Mensch sei doch noch ein andrer, und wer nicht an den Ackerbau glaube, lande mit Recht unter der Eisenbahn. Richtig hassenswert sieht er dann aus in seiner ackerkrumenbraunen Rechtschaffenheit. Aber dann kommt uns wieder die Garbo in den Sinn, und wir sagen uns, und fangen noch einmal das Buch an: Wer das erfunden und geschrieben haben kann, dem ist alles vergeben; soll er sich ruhig als Gott aufspielen – was ist das schon neben solchen Gestalten!

1877

Neuland
Orig. *Nov'*

von Iwan Turgenjew
(1818–1883)

In seiner *Hortense,* in der Turgenjew eine so liebenswerte Person ist, beschreibt Otto Flake, wie die internationale Kultur Baden-Badens mit 70/71 damals zugrunde geht. Turgenjew, der fast ein Jahrzehnt dort gelebt und geschrieben hatte, geht nach Frankreich und schreibt seinen sechsten, letzten Roman. Die große Gefühlskultur ist am Ende, sie war Turgenjews Domäne, und er der Meister ihrer Nuancen. Die schöne und wundervoll charmante Gutsherrin, die ein letztes Mal einen jungen Gast umgarnt, ist im Innern leer und kalt, eine Studie über die Endzeit der alten Gefühle; der Gast verliebt sich in ein dort nur geduldetes junges Ding, dessen duftlos knospendes Inneres dies ist: Wenn sie die Wahl hätte, ein altes Buch oder einen Bauern vor einer Strafe zu retten, würde sie mit dem Buch erst den Gutsherrn erschlagen. Dieses Mädchen wiederum verliebt sich in einen Werkmeister, der ebenfalls andre Sorgen hat als Bücher, und der junge Mann, mit Puschkin im Abschiedsbrief, erschießt sich, er hat nicht die Nerven für die Revolution und die wortkarge Liebe der neuen Zeit. Und nervenstarke und Männer wie ihn kaum mehr goutierende weibliche Revolutionskuriere gehn nach Genf, Joseph Conrad hat dann ihr Treiben dort beschrieben (*Mit den Augen des Westens*).

Für uns, die wir so entsetzlich viel mehr wissen, als sich Turgenjew je hätte sagen lassen, liegt ein unheilschwanger fahles Licht über einer Szenerie, die er erst im Abenddämmer ihres gerechten Niedergangs zeigt und dann ins Morgenrot des, wie er gern wohl glauben möchte, schöneren neuen Tages taucht. Es hat Größe, wie er, im Interesse besserer Menschen, eine Kunst (seine) verabschiedet, die ihnen nichts mehr sagen wird. Wer weiß, wie oft sein Freund Flaubert ihn davor gewarnt haben wird, allzu optimistisch zu sein. Wir sehn nun, um es in der alten Sprache zu sagen, die Muse seiner Prosa sich zurückziehn von ihm, der sie nicht mehr so liebt wie früher; es ist ein schöner Rückzug, wundervoll inszeniert noch einmal, aber dann ist sie eben fort, und Flaubert stirbt 1880, und Turgenjew 1883.

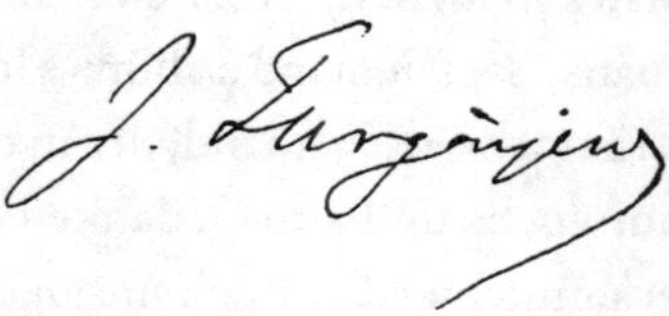

1876

Daniel Deronda
Orig. *Daniel Deronda*

von George Eliot
(1819–1880)

Man hat der wunderbaren George Eliot vorgeworfen, dieser Roman hier, ihr letzter, gehe so intensiv in Probleme ihrer Gegenwart hinein (die Juden und ihre Idee eines eignen Landes), daß er daran zerbreche, zumindest in zwei Teile: die Geschichte einer sehr komplizierten Frau, und dann die Geschichte eines von ihr geliebten Mannes, der sich aus der englischen Oberschicht heraus unter die neuen Juden begibt (er heiratet ein jüdisches Mädchen). Aber einmal, nach zwei Dritteln des Romans, sagt jemand schön: »Ich spreche nicht als naiver Träumer – wie jemand, der in den Tälern im Landesinnern aufwuchs und alte Gedanken dachte und sie nicht als alte erkannte, weil er noch nie an den großen Strömen gestanden hatte, wo das Wissen der Welt vorbeizieht« – das ist es; und da steht die Lady nun am großen Wasser; und Henry James, ein Spund noch (er brachte in diesem selben Jahr seinen ersten Roman heraus), hatte ihr neulich erst leise vorgeworfen, ihren Romanen mangle das dramatische Element, das sie so dringend brauchten (selber machte er später dankbar Gebrauch von der obigen komplizierten Liebenden, er hatte Grund zur Distance). Das reichte, und jetzt holte sie aus, als wollte sie alles, was sie immer schon gewußt hatte, mit allem verknüpfen, wovon sie glaubte, auch sie solle es jetzt wissen – und faßte grob erzählend (noch größer, mitreißender als sonst) und großartig diskutierend (fast niemals wieder ist in Romanen so gebändigt diskutiert worden) ein letztes Mal für sich und uns nun zusammen, was die Romankunst kann, und egal, was aus der Einheit des Kunstwerks dabei würde (diesem Traum aus dem Landesinnern). »War sie schön oder nicht schön?« – das ist der erste Satz dieses Buchs, und wer auch beim Romanelesen frei genug ist, die Antworten selber finden zu wollen auf die Fragen, die er liest, für den ist dieses Buch wie gemacht, und er wird sich bewegt verlieren in eine Epoche, die aus einem reichen Leben aufbrach, ohne zu wissen wohin.

1875

Der Premierminister

Orig. *The Prime Minister*

von Anthony Trollope
(1815–1882)

Während jetzt, in diesem Jahr, in Portugal der gesamte Klerus gerade gegen den Erstling des dreißigjährigen Eça de Queirós zu wettern, ja zu fluchen begann *(Das Verbrechen des Pater Amaro*, eine tieftraurige und zugleich funkelnde Romanstudie über ein lethargisch darniederliegendes Land, Eças Portugal), korrigierte, seinerseits weise geworden, sechzigjährig in London Anthony Trollope die Fahnen seines ungefähr neununddreißigsten Romans, der einer seiner besten wurde, des *Premierministers.* Mit Trollope haben die Engländer das getan, was sie nach eigenem Eingeständnis mit ihren schönen Frauen tun: sie haben ihn für sich behalten (mehr noch als später dann Bennett). Es hat bei uns immer nur Geheimclubs von Trollope-Lesern gegeben, und sie mußten Englisch können.

Vielleicht ist es bei diesem Buch ein bißchen das Genre: Wir haben es hier mit einem glänzenden politischen Roman zu tun (haben wir bei uns ja kaum, und was wir etwa hatten – Laube, Gutzkow – lesen wir nicht mehr). Sicher war Disraeli, der dreißig Jahre davor in diesem Genre brilliert hatte, der größere Kenner der Materie gewesen (er gehörte jener Schicht an, die Trollope hier beschreibt, und er war Minister, Trollope war Ministerialbeamter, und bei der Post), aber Trollope ist der ungleich bessere Romancier, und wer etwas wissen will über jene geistreichen Frauen, die sie dort für sich behalten, und über jenes Wesen *gentleman*, für das jene Frauen auch aus freien Stücken bleiben, und dann noch über das, was konservativ heißen kann (oder damals heißen konnte: aber vielleicht hat ja das Konservative keine solchen Tempora), und wer überhaupt eine der besten Sachen des Autors lesen will, der einem traurig gottlos gewordenen Mann wie Darwin das Leben süß hat machen können mit immer wieder einem Buch pro Jahr (ein wahrer Freund seiner Leser) – der also greife nun zu diesem großartigen Roman; wieder beinahe tausend Seiten neue Lust.

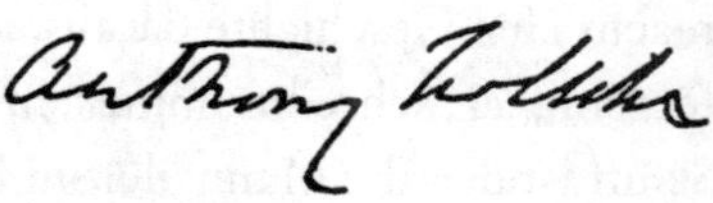

1874

Dreiundneunzig

Orig. *Quatre-vingt-treize*
(am besten in der Übersetzung
Alfred Wolfensteins)

von Victor Hugo
(1802–1885)

Bei Melville, 1850 in *Weißjacke,* lösen sich auf dem Kanonendeck eines Kriegsschiffes einmal Geschütze aus ihren Halterungen, im Sturm, schwer zu bändigen dann. Melville schildert das knapp, eine Episode; hier bei Hugo tun die Kanonen das auch – und Hugo macht eine Geschichte daraus, als sollte die Welt nun untergehn; er schreibt immer in Cinemascope. Auf dem Schiff ist der alte Mann, der im Bürgerkrieg in der Vendée (eben 1793) die Bauern gegen die Pariser Truppen mobil machen soll. Die wieder befehligt ein junger Mann, und es wäre merkwürdig für Hugo, wenn der nicht mindestens ein Neffe des Alten wäre (er ist ein Neffe). Hugo geht immer ins Große, am Ende steht da die Burg des Alten, der den Neffen erschießen will, gegenüber steht die Guillotine, die der Neffe für den Onkel hat heranschaffen lassen, in finstrer Nacht, unheilschwanger-feierlich, und dann gibt es noch einen bösen Priester und eine schöne Heimatlose mit vier kleinen Kindern – die rettet der Alte, ihn der Neffe, der Neffe aber kommt um, dies ist ja kein Märchen, sondern die Große Revolution.

Hugo kennt keine Bedenken; aber er hatte auch einen wunderbaren weißen Bart, und wenn Gott um 1874 die Welt zu schaffen gehabt hätte, wer weiß, ob er weniger bedenkenlos gewesen wäre. Wenn man sich das überlegt, kann man richtig froh sein, daß Hugo bloß ein Romancier war. Ganz seriöse Leute werden wenigstens ein schlechtes Gewissen haben, wenn sie sowas lesen; wir nicht (zumal wir die fabelhafte Übersetzung Alfred Wolfensteins aus dem Jahre 1925 haben). Die Kunst an den Grenzen, dort wo der Schund die Schönheit küßt, hat was Erhabnes und lullt die Skepsis in Schlaf wie mit zehntausend Harfen; ja, es ist schön, so einen Großen noch töpfern zu sehn, wo keiner mehr töpfert, ganz da draußen, im Dunkeln, gigantisch, wir haben fast Angst um ihn, aber dann kommt er zurück und hat wie Gott oder wie Hugo diesen wundervollen weißen Bart.

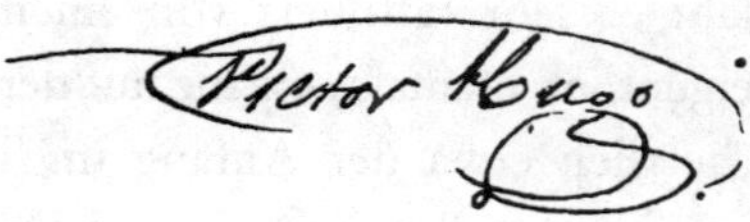

1873

Die Dämonen

Orig. *Besy*

von Fjodor M. Dostojewski
(1821–1881)

Dostojewskis große Romane müssen so dick sein, man würde sich sonst niemals so wunderbar meschugge machen lassen von dem Wahngemenge aus Schuld, Liebe, Gott und Mord und Leid und Rußland, aus dem er, wie aus der alten Ursuppe, seine Figuren kocht. Er wäre auch viel unerträglicher als er schon ist, wenn er daneben nicht so sehr viel witziger wäre, als seine Bewunderer meistens vermuten lassen. Diesen sarkastischen und leidenschaftlichen Politthriller aus der russischen Provinz läßt er sehr raffiniert von einem Manne berichten, der eigentlich niemals so ganz auf der Höhe der Ereignisse ist (herrlich etwa der Anfang im Tone einer nun doppelt scheinbaren Betulichkeit – vielleicht tut nämlich der Erzähler auch bloß naiv, oder der Autor tut's, das bleibt offen), und so setzen sich die komplexen Charaktere des Romans erst im Leser wie aus lauter Spiegelungen zusammen, die Erzählung selber dagegen kann jenen leicht abständigen Duktus behalten, in welchem dann später Dostojewskis Bewunderer Gide so schön schwelgen konnte

– selbst dessen irgendwie »grundlose Taten«, die berühmten *actes gratuits* sind hier schon vorbereitet, Gide verzichtet lediglich *(lediglich!)* auf die Metaphysik, diesen gewissermaßen uneinsehbaren Grund aller Taten, auf den aber Dostojewski baut, auch in diesem Politthriller, wenn sich in ihm als die tiefere Unwahrheit aller Subversivität der Unglaube entpuppt, und als das schlimme Geheimnis der Schönheit, wenn sie verführt, ohne die Moral zu wecken, dasselbe: nämlich, daß sie ohne Gott auskommen will.

Man kann diesem Roman kaum widerstehn, wenn man ihn angefangen hat, und wird verführt, im Menschen, in sich selber nicht eigentlich die Abgründe zu entdecken, die man ja schon kannte, aber in den Abgründen Riesengespenster, von denen man nur noch wenig wußte, und gar nichts mehr wissen wollte.

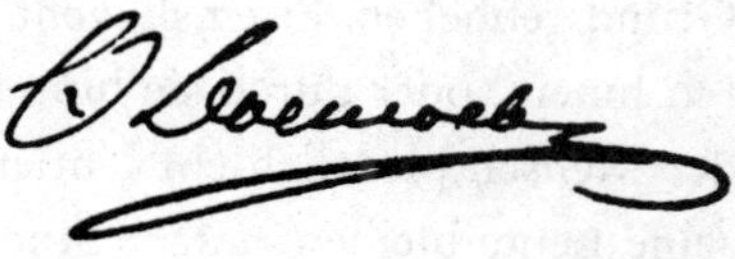

SIEHE BILDTAFEL 6

1872

Im Strudel

Orig. *V vodovorote*

von Alexei F. Pisemski
(1821–1881)

Alexei Pisemski, Freund Gontscharows und Turgenjews und Tschechows, wurde 1821 geboren, ein gutes halbes Jahr vor Dostojewski, und starb 1881, eine Woche vor Dostojewski; noch ein Weilchen, und er hätte ihn eingeholt gehabt. Dostojewski hatte ein riesiges Begräbnis, bei Pisemski war kaum einer, und so ist das im Grund geblieben. Pisemski geht niemals so in seine Figuren hinein, oder durch sie hindurch über sie hinaus, daß der Mensch plötzlich ein Untier wird oder ein Heiliger, seine Leute bleiben einfach Andere für uns, und wir betrachten sie, ganz distanziert zunächst, und warten ab, wie nah sie uns kommen.

Hier in St. Petersburg und Moskau zum Beispiel gibt es eine junge liebende Frau, mag sein, daß sie ein bißchen viel darin sieht, immer und überall allzusehr auf Klarheit aus zu sein; sie scheitert schließlich an einem Betrüger, also einem angenehmen Mann, der sie unter Vorgabe philanthropisch-sozial-utopischer Ideale hemmungslos ausnutzt, dann stirbt sie, noch einmal reich geworden; sie stirbt im Unglück, denn der Mann, den sie immer wollte, konnte nicht aus seiner Haut heraus: In einem schönen Übermut läßt er sich von ihr aufschreiben, daß er sich erschießen darf, wenn sie ihn nicht mehr liebe; und als sie ihm sagt, sie liebe ihn nicht mehr (aber sie meint das ganz anders, natürlich; in ihrem so schön verlauteten Verlangen nach Klarheit verkennt sie die süßen Trübungen der Gefühle und weiß deshalb auch nicht, was sie den andern abverlangt): als sie ihm also, warum auch immer (aber sie tut es eben), sagt, sie liebe ihn nicht mehr, erschießt er sich wirklich – lebend war er aus seiner Haut nicht herausgekommen. Sie war, sagt dann einer im Buch von dieser doch so wunderbaren Jelena, sie war die einzige, die immer so gesprochen und gehandelt wie eben gedacht und gefühlt hatte, und dann, heißt es, ging dieser Mann in eine Schenke und betrank sich bis zur Besinnungslosigkeit. Ein trauriges, hoffnungsloses, großes Buch.

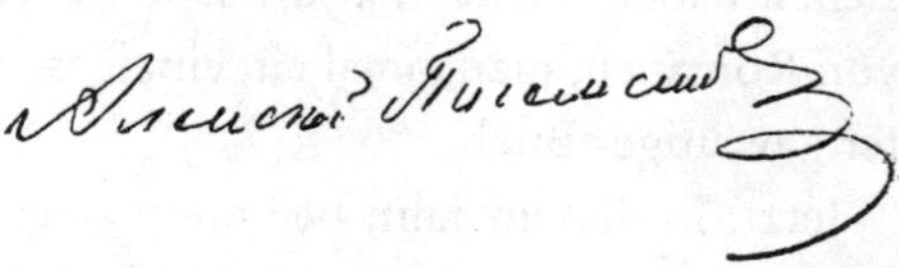

1871

Middlemarch. Eine Studie über das Leben in der Provinz

Orig. *Middlemarch. A Study of Provincial Life*

von George Eliot
(1819–1880)

Seit Balzac hat der Roman die unwiderstehliche Tendenz, ganze Gruppen von Menschen (Epochen bei Balzac, Länder bei Pérez Galdós, Provinzen bei Gutzkow, dann werden es Städte sein, Triest, Dublin, Berlin) als ein Ganzes zu beschreiben, worin die Individuen dann ihr Leben haben; manchmal braucht das regelrechte Zyklen von Romanen, manchmal ein einziges, wenn auch mitunter gewaltiges Buch.

Jetzt, in diesem Jahr, beginnen zwei der glücklichsten dieser Unternehmungen voll Mark und Nachdruck: Zola fängt mit den *Rougon-Marcquart* an *(Das Gück der Rougons, Die Beute*, beide leider momentan nicht im Handel, aber überall gibt es diese wundervollen Stadtbüchereien!), und die grenzenlos kluge George Eliot läßt ab jetzt in Fortsetzungen ihr *Middlemarch* erscheinen, ein so tiefsinniges, witziges, sarkastisches, und bei allem Schmerz über das so sonderbar unzureichende Wesen des Menschen doch so weise und freundlich verstehendes Buch, daß selbst der kühlste Leser nicht länger nur Betrachter bleiben kann und sich sagt, nun gut, so was Gemischtes wie hier die Leute bin wohl auch ich. Er, ohne das zu wollen beim immer hingerisseneren Lesen, wird dabei klug, wie die Bewunderer jener eitlen schönen junge Dame, von der es anfangs heißt, sie sei von Natur aus Schauspielerin, »sie spielte sogar sich selbst, und zwar so gut, daß sie nicht einmal wußte, daß es genau sie selbst war«. Viele Schicksale (hingenommene, verwünschte, beklagte; liebende, betrügerische, vergeblich strebende, mörderische) verweben sich miteinander, beschränken sich, brechen aus oder bleiben (gefangen, verwurzelt, sich anpassend) in den Grenzen des Gemeinwesens, das so allmählich farbig vor uns lebendig wird aus dem Grau der Vergangenheit dieses fernen Mittelenglands im endenden ersten Drittel jenes romanseligen Jahrhunderts – das ist eines dieser fast übermenschlich unabsehbar sich dehnenden Erzählwerke, aus denen selbst die leichtsinnigsten Götter dann einst, wenn sie uns alle haben vergehn lassen, errötend oder bleich geworden ersehn werden, um wieviel umgänglicher und eigentlich wohl auch liebenswürdiger wir waren als sie, jedenfalls damals.

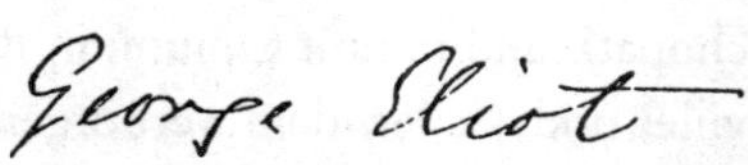

1870

Das Geheimnis des Edwin Drood

Orig. *The Mystery of Edwin Drood*

von Charles Dickens
(1812–1870)

Carlo Fruttero/Franco Lucentini:
Die Wahrheit über den Fall D.
Das berühmte Turiner Autorenduo hat
Dickens' Fragment weitergeschrieben

In diesem Jahre stirbt Charles Dickens und nimmt, für immer (wie man wohl doch, bei aller Hoffnung, sagen muß), das Geheimnis des Edwin Drood mit sich ins Grab, ins dunkle wenn auch ehrenvolle, in Westminster Abbey, am 14. Juni. Edwin ist ein junger Mann, der nun doch nicht, wie ihre Väter noch wollten, seine Rosa heiraten will, darin sind die beiden sich einig. Rosa wird vom Kantor Jasper begehrt, den sie aber nicht mag, kein Wunder, er ist ein Psychopath und nimmt Opium; in Rosa echt verliebt ist Neville; und Jasper, dem verborgen geblieben ist, daß sein Neffe Edwin lediglich befreundet ist mit Rosa, hetzt nun seinen Neffen und Neville gegeneinander auf – und dann plötzlich ist Edwin verschwunden, um die Ecke gebracht, wie man da wohl sagen darf: aber um welche? von wem?

Der Roman beginnt zweimal: erst in einer grausam tristen kleinen englischen Opiumhöhle, worin einer durch den Nebel seines Innern den Turm einer Kathedrale sieht, umtost von zehntausend Türkensäbeln und ebensovielen weißen Elefanten; zweitens mit dem Bild eines nächtlichen Rabenschwarms, aus dem zwei sich abtrennen, als hätten sie ein Geheimnis zu klären unter sich. Beide Anfänge, rabendüster doch im Grund, hat Dickens in jenem trügerisch gemütlichen Ton gehalten, der alle seine späten Bücher so sonderbar undurchdringlich macht – fast, als traute er weder der Welt mehr, noch so recht auch sich selber. Selten war ein Autor prädestinierter als dieser späte Dickens für das Schreiben, nun ja, nicht eigentlich von Kriminal-, sondern von wirklichen Verbrechensromanen, deren Aufklärung dann viel mehr noch als ihre Entdeckung ein Gehen ins immer Dunklere der menschlichen Seele ist. Ist aber das Dunkel hier das opiumpfeifenrauchgeschwängerte, aus dem Jasper da geschwankt gekommen ist? Oder lauert es irgendwo in einer Seele, in der sich sogar die schöne Rosa gern spiegeln würde? Wo ist Edwin denn überhaupt? Ehrlich tot? Droben wissen sie's nun alle, ärgerlich bloß, daß man, will man's selber ebenfalls wissen, auch hinauf muß, und für immer, und ohne Wiederkehr und Weitererzählen; bleiben wir also lieber unten, und weiter im Dunkeln; hier unten bleibt alles dunkel.

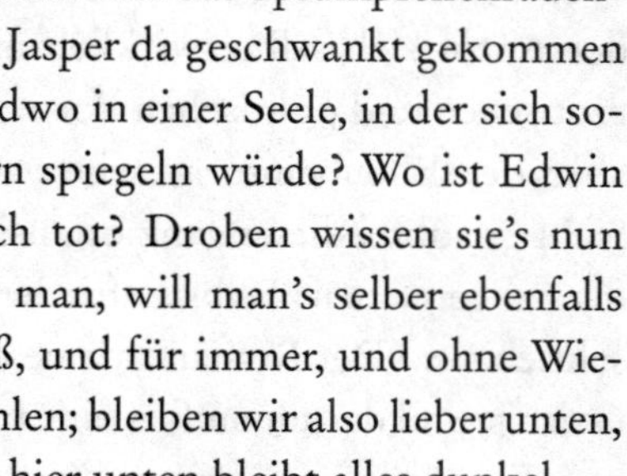

SIEHE BILDTAFEL 7

1869

Die Erziehung des Herzens

Orig. *L'éducation sentimentale. Histoire d'un jeune homme*

von Gustave Flaubert
(1821–1880)

Als George Sand den neuesten Roman ihres Freundes Flaubert las, beunruhigte sie zweierlei: der eisige Glanz, den dieses in seiner desillusionierenden Kraft fast unnahbare Buch ausstrahlte, und die Empörung, die sie bei jenen Lesern voraussah, die zwar spüren würden, daß der Autor sich selber wirklich nicht schonte bei diesem erotischen und politischen Porträt seiner Generation, daß aber der Elfenbeinturm seiner großen Kunst ihm eine Sicht erlaubte, die er ganz offensichtlich dem süßen Flair der allgemeinen Selbstzufriedenheit vorzog. Und so schrieb sie: »Der Roman ist eine neue Errungenschaft des Geistes, und darum muß er eine freie Errungenschaft bleiben. Er würde seine *raison d'être* an dem Tag verlieren, an dem er den Strömungen der Epoche nicht folgte, die darzustellen oder anzudeuten er bestimmt ist… Der Roman ist *das* neutrale und unabhängige Terrain.«

Leicht fiel ihr das nicht, denn sie selber, ihrem Herzen nach, dem sie gern folgte, wäre lieber gut als wahr gewesen – nicht, daß Flaubert ein Unmensch war gegen sie, aber er (das wußte sie) würde, wenn die schöneren, das heißt die genaueren (das heißt eben: die schöneren) Sätze eher in der Nähe der Wahrheit als des Guten möglich wären, die Schönheit immer der Güte vorziehen. »Er reiste«, schreibt er am Ende über seinen Helden. »Er lernte die Schwermut der Schiffe kennen, das kalte Erwachen unter Zelten, die Betäubung von Landschaften und Ruinen, die Bitternis jäh zerrissner Zuneigungen. Er kehrte wieder zurück… Jahre gingen hin, und er ließ seinen Verstand in Müßiggang und sein Herz in Trägheit verharren.«

Vielleicht hilft ja nichts gegen ein solches Schicksal, wenn seine Beschreibung uns treffen soll; wenn aber überhaupt etwas helfen könnte, dann diese genaue Beschreibung. Genau heißt: Der Glanz der Beschreibung soll uns die widerstrebenden Augen öffnen.

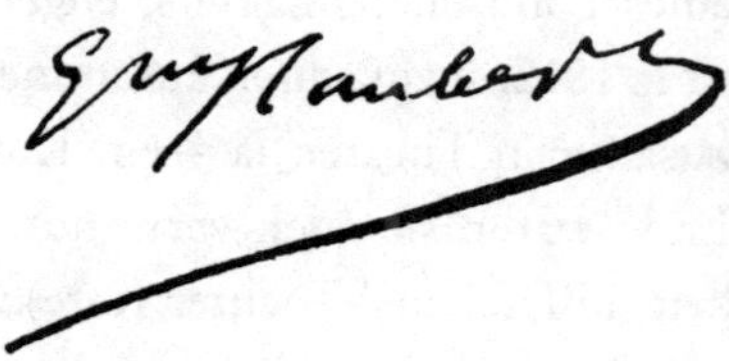

1868

Der Monddiamant. Ein Criminalroman

Orig. *The Moonstone*

von William Wilkie Collins
(1824–1889)

Wir wollen nicht dauernd diesen Streß mit der hochklassigen Literatur, wir wollen was Luftig-Leichtes. Gibt's denn in unsres Vaters großem Hause nicht auch schöne Ferienwohnungen? Hier eine gute Adresse: Wilkie Collins. Collins, 1824 in London geboren als Sohn eines Landschaftsmaklers, enger Freund Dickens' (Jahrgang 1812; sie machten zusammen Theaterstücke, spielten zusammen Theater, ja – ein Kuß gibt den andern –, am Ende waren sie auch verwandt, Collins' Bruder Charles kriegte Dickens' Tochter Kate), schrieb mindestens zwei von Anfang an berühmte und mit Recht berühmte Kriminalromane, *Die Frau in Weiß* von 1860 und unsern *Moonstone* von 1868.

Kriminalfälle waren in dieser Zeit Mode, wenn die Autoren Publikum wollten, man denke an Dostojewski, man denke eben an Dickens' späte Sachen – kein Wunder natürlich bei soviel Verwandtschaft; nur war Collins der Liebenswürdigste für uns heute, er benutzte den Kriminalfall nicht als heimtückischen Vorwand (oder wollen Sie wirklich Dostojewski lesen?), sondern der Fall ist schon die Sache bei ihm, es sei denn, wir lesen diese Bücher, ganz in seinem Sinne dann ebenfalls, auch als Liebesgeschichten: Dann ist die Liebe der schöne Grundton der Welt, und vorn auf den Gartenfenstervorhängen malte der Mond aus allem da draußen und dem Nachtwind dazu seine gespenstischen Arabesken. Auch dieses Buch, wie *Die Frau in Weiß,* arrangiert Collins aus Aufzeichnungen und Erzählungen verschiedener Beteiligter, die jeder ihren ganz eignen Duktus in ihre Texte bringen. Der Leser sitzt cool dabei und weiß, daß sich am Ende dann schon alles klären wird; verliert er den Faden in der Sommerglut, wird er auch nicht weiter bestraft – ihren Höhepunkt haben diese Romane ja ohnehin dann, wenn keiner mehr weiß, was los ist, außer den Liebenden. »Rachel kam einen Schritt näher und sah mich sonderbar an«, heißt es da; oder, vorher schon, als es um einen Brief geht: »Wenn er ihn haben will, muß er zurückkommen und ihn bei mir holen, sagte sie und ging weiter« – da ist Musik drin in solchen Sätzen, und es steckt was dahinter, aber wir wissen nicht was, doch wüßten wir's irgendwie grausig gern, nicht?

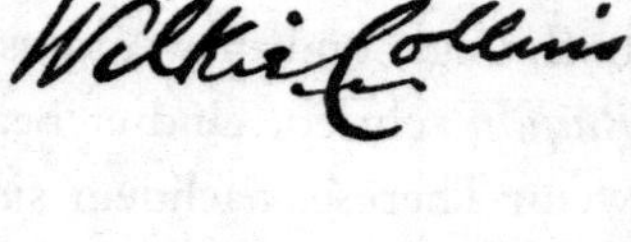

1867

Thérèse Raquin

Orig. *Thérèse Raquin*

von Émile Zola
(1840–1902)

Soll der Leser nach dem Lesen eines Romans, der hoffnungs- und ausweglose Schicksale erzählt, selber von jener Hoffnungs- und Auswegslosigkeit erfüllt sein, von der ihm erzählt worden ist? Soll, was die Gelesenen in den Tod getrieben hat, den Leser wenigstens soweit treiben, daß er glaubt, so sei auch seine Welt? Und die Kunst nichts als die Ausweglosigkeit noch einmal, ein Lesen ohne Hoffnung: Vielleicht aus Gerechtigkeit den gelesenen Toten gegenüber? Darf es der Leser denn gut haben, darf er frei sein im Reiche des kunstvoll Geschriebnen, während drunten die, von denen er liest, ohne Freiheit untergehn? – Alle diese furchtbaren Fragen beantwortete, wie mit der Axt, der siebenundzwanzigjährige Émile Zola, als er den hoffnungs- und ausweglosesten aller Romane, die *Thérèse Raquin* schrieb. Und er beantwortete sie schreibend so: wenn Thérèse, nachdem sie mit ihrem Liebhaber ihren Mann umgebracht hat, später, den Toten gleichsam zwischen sich und ihm, mit dem Liebhaber so wenig Lust haben kann wie er mit ihr, und sie sich in tiefer Verzweiflung dann beide umbringen, soll der Leser nicht glauben, er könne sich heraushalten aus solchem Schicksal, urteilend etwa, räsonierend, oder einfach nun nach lesend ausgestandnem Schicksal frei davon für sich.

Die Brüder Goncourt waren da mit ihrer *Germinie Lacerteux* von 1864 – bloß drei Jahre vorher also – nur ahnungsvolle Waisenkinder gewesen; sie hatten, mit ihrem Dienstmädchenroman, einen (wenn auch wegweisenden, schneisenschlagenden) Anschlag auf das Gewissen der Literatur gewollt. Aber ein Attentat auf die Freiheit des Lesers – das traute sich erst dieser entsetzliche junge Mann, der eben an einen Freund geschrieben hatte: »Wohl weiß ich, daß Zurückhaltung höher im Kurs steht und würdiger ist; doch wir sind Kinder eines Zeitalters der Ungeduld, wir bersten vor Verlangen, uns zu unsrer vollen Größe aufzurecken, und Sie dürfen es mir glauben: wenn wir nicht die andern unter unsre Füße treten, werden die andern ihrerseits über uns hinwegschreiten…« Émile Zola, ein Genie wahrhaft zum Fürchten, aber ein Genie zweifellos, vielleicht mit etwas großen Füßen.

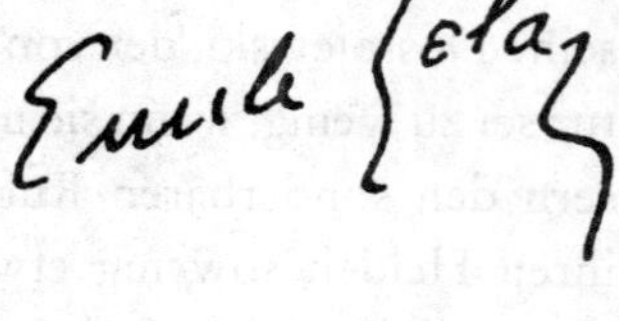

1866

Verbrechen und Strafe

Orig. *Prestuplenie i nakazanie*

von Fjodor M. Dostojewski
(1821–1881)

Der geradezu kindisch ungerechte Nabokov, den sein Freund Wilson bei solchen Gelegenheiten dann ganz vergeblich zur Vernunft der Erwachsenen mahnt, hat Dostojewski für einen drittklassigen Schriftsteller gehalten, und von einer der für besonders grandios geltenden Szenen aus *Schuld und Sühne* – so der gängigere Titel unsres Buchs – (wo Sonja die Hure dem Mörder Raskolnikow bei sibirischem Kerzenlicht etwas schwer Erbauliches – Lazarus glaub ich – aus der Bibel liest) hat Nabokov gemeint, sie suche an Stupidität ihresgleichen in der ganzen erzählenden Literatur. Darf man so ungerecht sein? Dostojewski, der von der Idee besessen war, Literatur sei zu wenig, wenn sie nur Literatur sei, hat seinen Lesern den sonderbaren Ruf verschafft, man dürfe gegen ihren Helden sowenig etwas sagen wie gegen das Idol einer religiösen Minderheit. Und ist nicht, wer sich so tausendseitig wie Dostojewski von der bohrenden Macht des schlechten Gewissens überzeugt zeigt, moralisch tiefer angelegt als der, der, wie etwa Maugham (oder Ambler, oder ich), kühl die Welt betrachtet und feststellt, daß Übeltäter sehr viel weniger Gewissen haben, als die Freunde ihrer Opfer so gern glauben? Das Vorbeilesen an Dostojewski scheint dann darin zu bestehen, daß wir uns von ihm nicht dazu überreden lassen, im tiefsten und nur dem schärfsten (im Grunde göttlichen) Auge unverborgenen Innern unsrer Seelen jene Größe zu sehn, die auch der schlechteste Mensch habe. Unsern Blick scharf und göttlich zu machen, damit er sieht, wie enorm wir sind, das macht den mitreißenden Schwung dieses Romans aus. Nur, wenn wir am Ende womöglich doch nichts sehn, dann wollen wir uns nicht sagen lassen, unsre Seelen hätten eben nicht die Schwingen, die sie haben sollten. Nabokov wollte Schmetterlinge und Falter sammeln – du liebe Güte, was gehn denn die Schmetterlinge, was gehn denn die Falter die Abgründe an, die wir, die wir nicht einmal fliegen, nicht einmal flattern können, da unten in unsern bodenverhafteten Seelen haben sollen?

1865

Witiko

von Adalbert Stifter
(1805–1868)

Es klang fast wie Gesang von Lerchen / Sie waren sorglos und fröhlich / Es war ein großer Saal / Es weheten die Banner / Der Schein ging über Feld und Wald« – ist das Poesie? Ist das Kitsch? Nein, das sind die Überschriften der ersten fünf Kapitel von Stifters *Witiko.* Wie, Sie kennen Stifter nicht? Dann hier das Ende des *Witiko,* mit der alten deutsch-österreichischen Lieblingsbeschäftigung: »Er hatte in seinen späteren Jahren noch eine große Freude, als sein Sohn Witiko auf dem Fels der krummen Au, die nun zu Witikos Stamme gehörte, eine Burg zu bauen begann« – nun, immer noch keine Lust? Dann legen Sie den Schinken einfach wieder weg und lesen Sie, und Sie werden einen erfrischenden neuen Autor entdecken, die frühen Fassungen seiner längeren Erzählungen und kleinen Romane: die *Feldblumen,* die *Mappe,* den *Abdias,* die *Narrenburg, Brigitta,* den *Hagestolz,* alle aus der ersten Hälfte der vierziger Jahre – was für ein wunderbarer junger Mann in diesen Zeiten, werden Sie sich sagen, wie schwungvoll! Witzig! Und die Schwermut, wenn sie nun einmal eingebrochen ist in diese Schicksale, bleibt eine Bewegung der Seele, und ist noch nicht erstarrt zu diesem Steine sammelnden, Burgen bauenden Stil des Seins, der alles Wehen des Lebens, daß es ihn nur nicht knickt, fernhalten muß von sich. Denn es muß ja nicht traurig stimmen, was aus einem Autor, warum auch immer, später dann geworden ist – solange uns keiner sagt, das spät Gewordene sei das Wahre, und solange wir nach Herzenslust und -laune diesen jugendlich-frühen Stifter zu dem unsern machen und in seinem *Kondor* mit ihm, dem heimlichen Bruder von Jean Pauls Giannozzo, hinauffahren dürfen über die nächtliche Erde in einen Himmel voller Sterne, die uns ängstigen könnten, wenn nicht die Sprache ihren schrecklichen Glanz so mildern würde, daß wir ihn, so werden sie das dann später ausdrücken, grade noch ertragen.

Adalbert Stifter

1864

Renée Mauperin

Orig. *Renée Mauperin*

von Edmond de Goncourt
(1822–1896)

und Jules de Goncourt
(1830–1870)

Am Anfang, man merkt das aber erst nach einigen Minuten, in denen sie sich mit einem jungen Mann über Ferien und Pariser Theater unterhält, schwebt die junge Titelheldin im Wasser der Seine, sie hält sich an einem Schiffstau fest, neben ihr schwebt ihr Bekannter, sie paßt ein bißchen auf, daß ihre beiden von der Strömung bewegten Körper sich nicht berühren – mit dieser Szene voll heiterer Verfänglichkeit beginnt die kleine Romanstudie, die die Brüder Goncourt 1864 anfertigten, als ein Bild moderner junger Menschen; jeden Leser erinnerte der Name der Titelheldin an Théophile Gautiers so überaus bezaubernden erotischen Roman *Mademoiselle de Maupin* von 1835 (Gautier lebte noch, ihm widmeten die Brüder das Buch) und an Camille Maupin, jene unvergeßliche Figur in Balzacs Roman *Béatrix* von 1839 (den Namen hatte ihm Freund Gautier geschenkt; um 1700 herum hatte es eine Mlle. de Maupin gegeben, die einmal ein Kloster anzündete, um an eine Geliebte zu kommen, und ein paar Männer im Duell abtat), in der Balzac George Sand verewigt hatte, und auch die Sand lebte noch; und so schwebte nun die kleine Renée Mauperin der Goncourts auch ganz und gar in dem wundervollen Gewebe, das die Romankultur da gesponnen hatte, ununterscheidbar aus Büchern und ihren Autoren. Leider ist ihr Bruder ein Dummkopf, der einen falschen Adelstitel stiehlt; sie, in ihrer Leidenschaft fürs Wahre, deckt das auf, es gibt ein Duell, der Bruder fällt; Renée, die sich nun die Schuld daran geben zu müssen meint, stirbt, wenngleich langsam, dann im 54., dem vorletzten Kapitel, an gebrochenem Herzen: ich glaube, man kann das schon so sagen. Wunderschön habe sie ausgesehn, sagen die Goncourts, »der Tod nahte sich ihr wie ein Licht.« Aber damals, im Wasser der Seine, schwebend, hatte sie, noch schöner eigentlich, verschwenderisch gelebt.

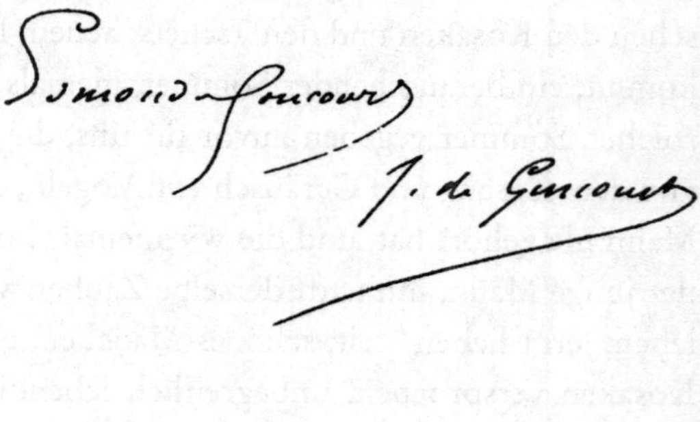

1863

Die Kosaken

Orig. *Kazaki*

von Leo Tolstoi
(1828–1910)

Wir haben diese ausladenden Werke Tolstois gesehn, *Krieg und Frieden, Anna Karenina,* aber davor, in seinen Anfängen, hatte er ein ebenso phantastisches Werk über den Kaukasus geplant, den wilden Süden Rußlands; übriggeblieben ist davon ein kleiner Roman, *Die Kosaken.* Ein junger Adliger fährt aus dem Moskauer Winter in den Frühling am Terek, dem Grenzfluß zwischen den Kosaken und den Tschetschenen. Der Sommer kommt, ein berauschender Sommer, niemals hat es einen solchen Sommer gegeben zuvor für uns, die Luft ist voll von dem Gesang und Geräusch von Vögeln, die der junge Mann nie gehört hat, und die wir niemals hören werden; der junge Mann, ihn trifft derselbe Zauber wie uns, lernt leben, lernt lieben – ein schönes Mädchen, einem jungen Kosaken versprochen, unbegreiflich lebendig aber auch ihm gegenüber, sieht für ihn aus wie alles, was seine Welt an Hinreißendem nicht mehr hat. Ein Tschetschene wird erschossen, als er über den Fluß will, seine Leute, entsetzlich ruhig, holen den Leichnam ab; bald darauf geht eine

Gruppe junger Kosaken, darunter der Freund des verführerischen Mädchens, über den Fluß, gegen die Tschetschenen; sie gehn dorthin wie in alten Geschichten diese das Leben verlachenden jungen Helden hinübergehn zu den andern, ehe die andern, genauso kommen werden. Es gibt ein schreckliches Gemetzel, die Kosaken siegen, aber der junge Mann jener Schönen ist tot. Man bringt ihn zurück, das junge Mädchen zeigt nun, daß sie nur diesen Einen wollte. Es wird Herbst, der junge Mann aus Moskau geht wieder zurück – dies war das Leben (und ist es für uns), aber seines (wie unsres, wenn wir nicht lesend die Wahrheit finden) ist ein andres. Niemals wird er, niemals werden wir das Schreien der fremden Vögel in den wollüstig einschläfernden heißen Mittagsstunden am Terek vergessen, unter den Bergen des Kaukasus diese mond- und sternbeschienenen Nächte, und dieses schöne Mädchen aus der andern Welt.

1862

Dominique
Orig. *Dominique*

von Eugène Fromentin
(1820–1876)

Eugène Fromentin wurde 1820 in La Rochelle geboren, bei La Rochelle auch starb er 1876, zu Lebzeiten war er als Maler, als Kunst- und Reiseschriftsteller berühmt. Als junger Mann, ehe er reiste, liebte er eine verheiratete Frau, vergeblich, wenn man bloß an das Leben denkt; aber sicher ist, wer so liebt (unendlich eingeweihter ins Leben als der, der gar nichts davon ahnt), wird, wenn er sich Zeit nimmt für den Schmerz, ein wunderbares Buch darüber schreiben können, wenn er schreiben kann, und er wird es gern schreiben, denn das ist nun sein Leben. Fromentin läßt sein Buch (es ist, leicht auszudenken, sein einziger Roman) in der weichen melancholischen Landschaft seiner Heimat spielen, die Erzählung ist indirekt: Der Ich-Erzähler des Buchs hört sich die Liebes- und Lebensgeschichte seines Freundes Dominique an, der sich einst, noch unbewußt, in die schöne Kusine seines Freundes verliebt hat. Als er sie wiedersieht und weiß, daß er sie liebt, ist sie verheiratet; sie ist nicht glücklich; er geht in ihre Nähe; und sie nun, mitfühlend mit seiner Liebe, deren Ursache sie ist, beginnt, erst unbewußt auch, ihn zu lieben. Sie verzichten dann beide, sie finden, sie sollten verzichten, und Fromentin sagt auch, daß das richtig so ist. Aber das Buch (sein wahres Leben) sagt etwas anderes, nämlich, daß die Liebenden (und sie wissen das beide insgeheim) das Glück versäumt haben: und von diesem (soll man sagen: süßen?) Schmerz, der, indem er die moralische Schönheit des Verzichts als einen eher traurigen Trost erscheinen läßt, aller Vernunft (oder was die Welt dafür nimmt) die Waage hält, mindestens die Waage hält, ist die ganze Erzählung nun durchdrungen. So sehr, daß Leben und Kunst keine Grenze mehr gegeneinander haben. Balzac, bei einem ähnlichen Thema, in der *Lilie im Tal,* einem Phantasiestück für ihn, schreibt nur einen Roman – Fromentin, ein Dilettant gegen ihn (ein Liebhaber eben, rein ein Liebhaber), das Buch seines Innern. So sehn Lieblingsbücher aus, die einer haben könnte.

1861

Grosse Erwartungen

Orig. *Great Expectations*

von Charles Dickens
(1812–1870)

In diesem vorletzten seiner fertiggeschriebenen Romane (es folgte nur noch *Unser gemeinsamer Freund)* geht Dickens im ersten Teil – man wird das Buch weiterlesen, muß das aber nicht tun – wie niemals zuvor aufs Ganze: Rein aus der Sicht eines wenngleich recht aufgeweckten und furchtlosen Jungen baut er eine Welt, die sehr leicht etwas Unbegreifliches an sich haben könnte. Da ist ein Friedhof in den wenig anheimelnden, eher für sich schon unheimlichen Marschen der Themse, auf dem Friedhof eines Tages ein entsprungener Sträfling, dem der Junge die Ketten lösen muß. Dann ist da ein halbverfallenes Haus, mit einer alten Dame und einem süßen kleinen Mädchen, aber die alte Dame ist halb verrückt, seit Ewigkeiten ist im großen Saal eine Hochzeitstafel gedeckt (die ihre, aber der Bräutigam ist nicht gekommen, seither ist sie ein wenig verbittert), und das kleine Mädchen ist gefühllos und soll, so die alte rachelüsterne Dame, alle Männer hassen und bloß mit ihnen spielen. Groß ist nun, wie Dickens den Jungen nicht wirr werden läßt inmitten dieser Wirrnisse, samt ihren Rätseln, sind nichts als die andre, dunklere, geheimnisvoll-schönere Seite seiner Welt: er lebt dort, nur wir rätseln.

Hätte Dickens es bei diesem Teil belassen, so würden ihn alle längst hoch emporgehoben haben in den ja immer erwartungsvoll offnen Vorläuferhimmel der gefeierten Literatur unsres Jahrhunderts. Aber dann hat eben doch der damals grassierende böse Teufel der Trivialität den großen Mann am Himmelstor vorbeigeritten: Der Junge, ein junger Mann dann, kriegt viel Geld, er denkt, von der alten Dame, wir aber, herausfallend aus der nebligen Beschwörung des Anfangs, ahnen richtiger, daß der Sträfling dahintersteckt; er tut's auch, und doppelt: das jetzt schöne große Mädchen ist seine Tochter. Und sie, erst hoffärtig und dumm verheiratet, entdeckt in sich die, die sie besser gleich geworden wäre (aber nicht konnte, wegen der sitzengelassenen Alten), sie kriegen sich, und alles ist gut. Klar, sie hätten sich nicht unbedingt kriegen müssen; aber wenn Dickens nun einmal weitergelesen werden wollte nach dem ersten Teil, dann können sie sich ruhig auch kriegen.

SIEHE BILDTAFEL 7

1860

Max Havelaar oder Die Kaffee-Versteigerungen der Niederländischen Handelsgesellschaft

Orig. *Max Havelaar of de koffijveilingen der Nederlansche Handelmaatschappij*
von Multatuli
eig. Eduard Douwes Dekker
(1820–1887)

und

Die stille Kraft

Orig. *De stille kracht*
von Louis Couperus
(1863–1923)

Multatuli (lat.: ich habe viel ertragen müssen) ist der *nom de plume* Eduard Douwes Dekkers, der (er lebte von 1820 bis 1887) in den vierziger und fünfziger Jahren ein hoher Kolonialbeamter der niederländischen Verwaltung auf Java war und wegen seiner wirklichen Anteilnahme am Schicksal der javanischen Bevölkerung regierungsseitig tief in Ungnade fiel. Sein Buch, das die Mißstände der Kolonialpolitik anprangert, erregte gewaltiges Aufsehn, und dies ungeachtet seiner verwirrend schönen artistischen Schauseite – Multatuli schreibt auf verschiedenen Wahrnehmungsebenen in ganz verschiedenen Stilen, und man merkt gar nicht genau, ob nun gerade deshalb oder ob trotzdem sein polemischer Impetus so unüberhörbar ist; man weiß am Ende nicht einmal genau, ob das ganze wundervolle Durcheinander nun Raffinesse oder die Naivität der großen Leidenschaft war. Das ist eines dieser Bücher, die in unserm Kopf alles in Unordnung bringen, was wir uns so zu unsrer Bequemlichkeit zurechtgebaut haben, alles kriegt gewissermaßen Löcher und Risse und wird durchsichtig – ja, für was nun: für die Wahrheit? für eine Schönheit, die beunruhigender ist, als wir dachten? Schwer zu sagen, was Kunst eigentlich tut, was Lesen wirkt.

Noch einmal aufregend ist dann ein Vergleich, nämlich mit dem Roman *Die stille Kraft* von Louis Couperus aus dem Jahre 1900; Couperus (er lebte von 1863 bis 1923) war nicht selber auf Java tätig, sondern wuchs bequem als Sohn eines dort tätigen hohen niederländischen Kolonialbeamten auf, und sein Buch, ein schönes Beispiel des damals allgemein beliebten Exotismus, schildert, ästhetisch nun relativ herkömmlich, die – offenbar berechtigte – Angst der Europäer vor dem, was unter der tropischen Ruhe dort in Java sich an alten furchtbaren Kräften verbirgt. Selbst die stärksten Männer gehn da unter, und die schönsten Frauen fliehn, und wenn sie klug sind, verehren sie Wagner dann doch lieber wieder in Bayreuth statt in Batavia.

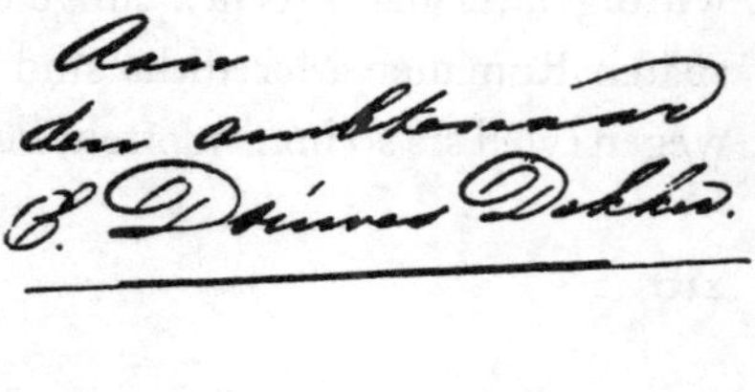

1859

Richard Feverel. Eine Geschichte von Vater und Sohn

Orig. *The Ordeal of Richard Feverel. A History of Father and Son*

von George Meredith
(1828–1909)

Einst war George Meredith, der 1828 als Sohn eines Marineuniformschneiders in Portsmouth geboren wurde, dann acht Jahre lang bei uns in Neuwied zur Schule ging und 1909 im schönen Surrey starb, einer der berühmtesten der großen englischen Romanciers, als sein Meisterwerk galt *Der Egoist,* den Hans Reisiger auch wunderbar übersetzt hatte. Anfang des Jahrhunderts hatten auch Fischer und ein Verlag Brunsin Minden Auswahlausgaben der Romane – dort, in Minden, gab es die erstaunliche *Diana,* deren Übersetzer, Paul Greve, sich in einem recht verblüffenden Vorwort eigens zur Wehr setzt wegen Schwierigkeiten seiner Diktion, die aber doch eben die des Originals sei, offenbar könne man beide hierzulande nicht würdigen (er hatte recht): einige der schönsten unter den späten Romanen Merediths sind eben solcher Probleme wegen (weil sie so im Endeffekt keiner kaufen mochte) nie übersetzt worden – heute, glaube ich, würden wir gerade diese Sachen als verwirrend unsrig (und modern und postmodern) empfinden. *Richard Feverel* ist Merediths erster Roman, sein Thema ist ein Vater-Sohn-Verhältnis (»Was sollen Liebende auch Höheres erstreben als ein Leben in Saus und Braus?« fragt Meredith einmal den Leser für den Sohn und gegen den Vater), die Machart ist ein wenig emphatisch, wenn man sie neben seine späteren, so genial durchreflektierten Romane hält, zugleich aber sehr viel geradliniger und abschweifungsfreier (Meredith war ein großer Liebhaber Jean Pauls): so daß wir dieses frühe Buch nun einerseits ganz leicht lesbar finden, andererseits aber auch nicht richtig sehen können, worin eigentlich die so unvergleichliche Eigenart und Stärke dieses Autors besteht. Meredith hatte im Alter einen ganz bezaubernd kleinen Kopf, seine Gedanken, so sagte Virginia Woolf, waren so rasch, daß er mit ihnen kaum Schritt halten konnte, und er war stocktaub, so daß er, wenn er Besuch hatte, so die Woolf, »sich rückhaltlos den Freuden des Selbstgesprächs hingeben konnte«, bis auf die Landstraße habe man seine Stimme gehört, sagt sie.

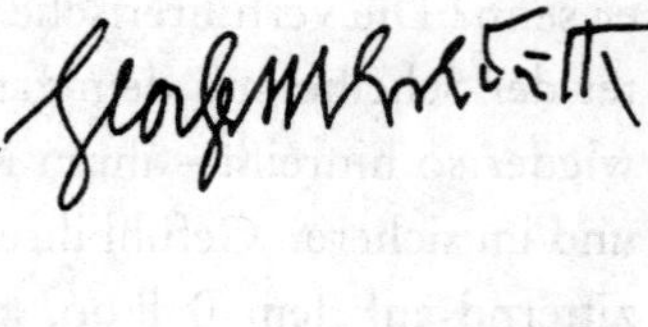

1858

Fanny
Orig. *Fanny. Étude*

von Ernest Feydeau
(1821–1873)

Vater Feydeau (denn erst sein Sohn schrieb diese heute noch gespielten Komödien) war der namhafteste Totenkultforscher seiner Tage (und was soll der Sohn eines Totenkultforschers anderes schreiben als Komödien?), er beriet Flaubert bei der *Salammbô*, Flaubert schrieb ihm wunderschöne Briefe aus Afrika und beriet ihn seinerseits bei seiner *Fanny*, denn Feydeau hatte da ein Problem: In seinem Büchlein liebt ein junger Mann eine sehr schöne verheiratete Frau, und um ihr ganz nah zu sein, mietet er das Nebenhaus und klettert über seinen Balkon auf den ihren, spätabends, aber, mein Gott, was muß er sehn? Die verführerische Angebetete verführt da, hinter der Scheibe, mit dem ganzen Können, das ihn immer wieder so hinreißt – ihren Mann, und offenbar mit Lust und im sicheren Gefühl ihres Erfolgs; und der Liebhaber, zitternd auf dem Balkon, kuckt durch die Scheibe. Ein Esel, wer sich nicht traue, diese Szene zu schreiben, befand Flaubert, schenkelschlagend; und so haben wir sie nun. In einem mitabgedruckten späteren Vorwort (nur wenn er über das Dichten redet, redet Feydeau immer ein bißchen geschwollen, schon den Brüdern Goncourt war er damit auf die Nerven gegangen) erzählt Feydeau, jetzt aus der Realität schöpfend, von einer schönen verheirateten Frau, die mit dem anmutigsten Gewissen von der Welt eine unaufhörliche Reihe von sehr zufriedenen Liebhabern hatte – Feydeau war ein bißchen etepetete, er dachte, wenn er diese Geschichte nicht erzähle, würden die Leser ihn selber, den seriösen Totenkultforscher, für einen halten aus der Reihe solcher erfahrener Liebhaber, und er wollte doch bloß gedichtet haben. Wir aber, auf diese (und mit den Augen des Sohns gesehen: sehr komische) Art, haben nun zwei bezaubernde Geschichten, nämlich dieses (hoffentlich wenigstens sommerliche, daß er nicht auch noch friert) Nachtstück mit Liebhaber auf dem Balkon, und dann (noch schöner fast, nur muß man sie sich selber dichten, denn trocken geschrieben ist sie schon ein bißchen) diese wahre Geschichte (oder hat er sie doch hinter die andre ganz raffiniert einfach noch hinterhergeschwindelt?) von jener Schönen, die wir fast noch lieber als die erste hinter der Scheibe hätten kennenlernen mögen, denn das hätten wir doch können, die erste war ja wirklich bloß erfunden.

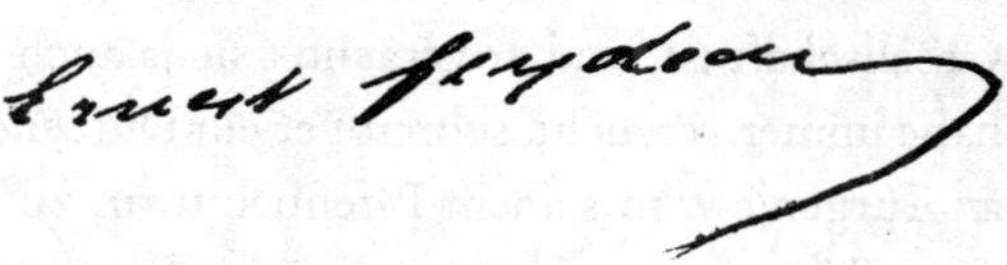

1857

Madame Bovary. Ein Sittenbild aus der Provinz

Orig. *Madame Bovary. Mæurs de province*

von Gustave Flaubert
(1821–1880)

Feydeaus *Fanny* mochten die Leser damals ungeheuer, das Buch verdrängte ganz rasch Freund Flauberts *Madame Bovary.* Natürlich ist Flauberts Buch viel bessr, aber folgende Frage erhebt sich doch: Müssen eigentlich in dem Maße, in welchem die Romane besser werden, die Affären der Frauen verhängnisvoller für sie sein?

Emma, schön, elegant und den Kopf voller romantischer Träume, liebt außerehelich erst einen tollen Gutsherrn, dann einen kleinen Angestellten (wo sie wohnt, gibt es nur diese Typen), dann macht sie Schulden, und dann vergiftet sie sich. Natürlich, Flaubert zeigt, wie stupide die Gesellschaft ist, und er verachtet sie ja auch gründlich (er habe immer versucht, schreibt er ein Dutzend Jahre später an Turgenjew, in seinem Elfenbeinturm zu leben, aber – seine Worte – eine Flut von Scheiße brande nun so an die Mauern, daß er einzustürzen drohe): Muß aber deshalb jetzt die gute Emma dran glauben? Balzac läßt die Frauen lieben, daß es eine Lust für die Welt ist, und wenn sie wollen, läßt er sie wundervoll in Reue vergehen, aber dann sind sie noch einmal so schön. Aber dann so allmählich, bei Balzacs Nachfolgern, wird aus dem Roman große Kunst, und wer muß es büßen (und Buße ist finster, Reue ist sexy)? die Frauen – erst erwischt es Emma, dann Claríns so hinreißende Präsidentin, schließlich auch noch, als wär's deren Patin, und Emmas Kusine, Effie Briest. Die Männergesellschaft ist schuld, klar; aber können deshalb nicht im Roman die Frauen wenigstens überleben? Nein, sagt Flaubert, als hätte er einen gewaltigen Drehwurm im Kopf, Emma ist auch selber schuld, denn als sie noch keine Männer wirklich kannte, hat sie so viele, ja: Romane gelesen, daß ihr die ganze Seele ins Rauschen geraten ist. Und was taten die Frauen jetzt, kaum war der Skandal um seine Emma vergessen? Sie griffen (als ginge es um ihr Leben oder wenigstens um ihre Seele) nach Feydeaus Fanny, dieser glücklich Liebenden mit dem Schmachtenden noch dazu auf dem Balkon! Armer Flaubert! Alles umsonst.

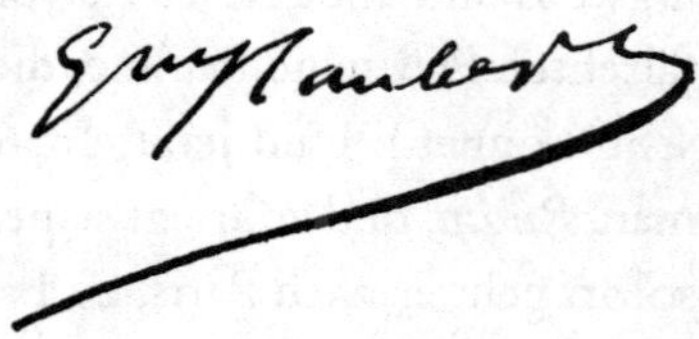

1856

Rudin

Orig. *Rudin*

von Iwan Turgenjew
(1818–1883)

Turgenjew, sechsunddreißig jetzt, hatte sehr viel Zeit schon im westlichen Ausland verbracht, auch seine ewige (zeitlich gab es andre) Liebe hatte er schon lange gefunden, die Sängerin Pauline Viardot (eine Freundin von George Sand, Vorbild für deren seinerzeit berühmteste Romantitelheldin *Consuelo,* von 1843). Er hatte Theaterstücke und Erzählungen geschrieben; 1852 hatte er sich durch einen Gogol-Nachruf politisch mißliebig gemacht, er wurde auf sein Gut verbannt, 1853 durfte er wieder wenigstens im Lande reisen (davor hatte er nur mit einem gefälschten Paß seine Pauline, die dort gastierte, in Moskau sehn können). Und jetzt, 1856, erscheint sein erster Roman, *Rudin,* und er kriegt seinen Auslandspaß wieder, und sofort geht er nach Paris, zu Pauline, wirft sich wieder ins freie literarische Leben. Die wilde Sand hatte er schon früher ein bißchen kennengelernt (1845 bei Pauline; dennoch hatte Turgenjew sie nie vergessen, wie Flaubert ihr dann berichtet); ein paar Jahre später lernt er Flaubert kennen, so sehr, als hätten sie sich gesucht, als dritte im Bunde kommt dann die Sand dazu, und zwischen diesen dreien (*Rudin*, daß wir das nicht vergessen, ist ein wunderschöner kleiner Roman: »Es war ein stiller Sommermorgen« – so der erste Satz; der zweite: »Die Sonne stand schon ziemlich hoch, aber die Felder blitzten noch im Tau« – nun, Lust?), zwischen jenen dreien also gibt es jetzt wunderbare Briefe. Es macht nichts, daß Proust fand, Flaubert schreibe enttäuschend in seinen Briefen (denn in ihren Werken sind diese Leute immer wirklich besser als sie selbst, aber in Briefen? Flauberts Briefe sind schön, weil sie darin enttäuschen). Alle schreiben sich jetzt, hin und her, so zauberhaft, so lebendig, daß wir beinahe den *Rudin*, die ganze *Consuelo*, die halbe *Salammbô* hergäben für diese Briefe.

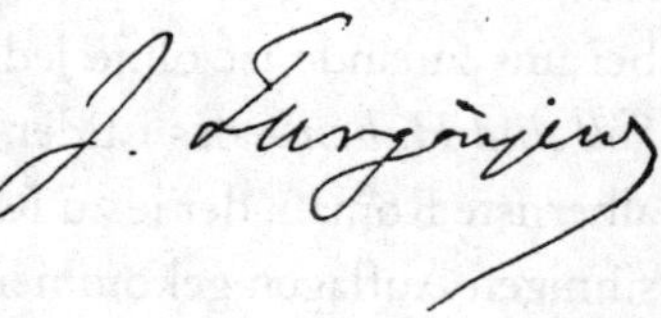

1855

Soll und Haben

von Gustav Freytag
(1816–1895)

In den allermeisten Fällen sind berühmte Romane tatsächlich lesenswert, sie sind so, wie Gerard Manley Hopkins in seinen Tagebüchern einmal von den berühmten Sehenswürdigkeiten sagt: sie sind wirklich das Schönste. Wie immer gibt es Ausnahmen, die größte Ausnahme bei uns zulande ist ohne jeden Zweifel Gustav Freytags *Soll und Haben* – das ist der langweiligste, dümmste und albernste Roman, der je zu Ruhm und Ansehn und wahnsinnigen Auflagen gekommen ist. Es ist alles furchtbar in diesem Buch, besonders furchtbar ist, daß der Held (Anton Wohlfahrt – was für ein Name! In Romanen können die Leute was dafür, wie sie heißen), obwohl er das lebendigste Mädchen trifft, natürlich doch das richtigere heiratet, denn es ist das bessere, wartendere. Freytag gab seinerzeit mit Julian Schmidt zusammen die Zeitschrift *Der Grenzbote* heraus, dieser Schmidt war ein Literaturhistoriker, der etwa fand, Goethe, in seinem *Wilhelm Meister* (das ist ein Kaufmannssohn, an den Freytag, wenngleich mehr auf die Ehre des Kaufmannsstandes bedacht als Goethe, natürlich ständig denkt bei seinem blöden Anton), habe sich mit Frauenfiguren wie Mariane und Philine bedenklich dem literarischen Schmutz genähert. Freytag hat nicht einmal diese kleine Tugend auch schlechterer Autoren, doch wenigstens heimlich zu lieben (und den Leser lieben zu lassen), was er offiziell nicht lieben darf: Freytag liebt auch heimlich nur, was er lieben soll, oder wie bei Heinrich Mann einmal jemand sagt, ein früher Untertan: Er habe sich nie eine Meinung gestattet, die er nicht auch höheren Orts hätte aussprechen können. Im Grenzland, wohin es den Helden dann verschlägt, sind die Polen schmutzig und die Deutschen haben alle eine Schwarzwälder Uhr, eine tickende, und sogar ein Dutzend Bücher auf einem Regal (wahrscheinlich von Julian Schmidt gereinigt, ihre Kinder werden dann Freytags *Ahnen* lesen). Und sogar die schlimmsten Juden, sonst weitgehend ohne Gemüt und Moral, wie Antons Jugendgespiele Veitel Itzig, holen gegen ihr Ende hin aus ihrem Innern dann doch noch soviel Gewissen (diese Innenstütze der Gesellschaft – Freytag war 1854 Hofrat geworden), daß sie wenigstens, solang kein andrer sich da verantwortlich fühlt, sich selber umbringen. *Soll und Haben* ist übrigens ganz humorfrei; wenn Freytags Leser Humor wollten, lasen sie die *Hosen des Herrn von Bredow* von Willibald Alexis (der sonst aber ein feiner Mann war).

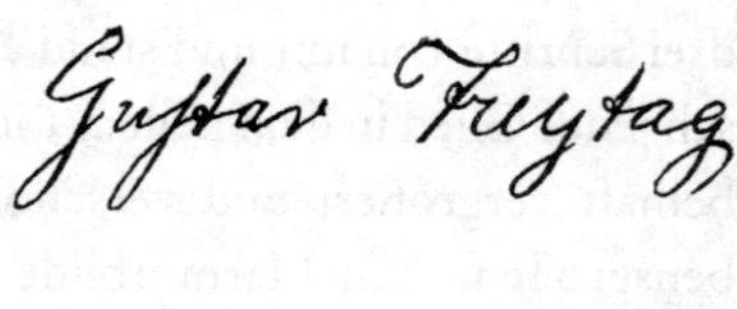

1854

Der grüne Heinrich
von Gottfried Keller
(1819–1890)

Nur durch einen dünnen Faden von der blühendsten Wirklichkeit geschieden« ist Heinrich, als er mit Judith Ariost liest, den verführerischsten aller Dichter; dann gehn sie beide in die schöne Nacht hinaus, hinein in die schöne Nacht im Grund, Judith verschwindet, da ist ein Bach, dann kommt sie wieder, sie war, sagt Heinrich, (viermal sagt er *jetzt*) »sie war bis unter die Brust im Wasser; sie näherte sich im Bogen und ich drehte mich magnetisch nach ihren Bewegungen. Jetzt trat sie aus dem schief über das Flüßchen fallenden Schlagschatten und erschien plötzlich im Mondlichte; zugleich erreichte sie bald das Ufer und stieg immer höher aus dem Wasser und dieses rauschte jetzt glänzend von ihren Hüften und Knien zurück. Jetzt setzte sie den triefenden weißen Fuß auf die trockenen Steine, sah mich an und ich sie; sie war nur noch drei Schritte von mir und stand einen Augenblick still; ich sah jedes Glied in dem hellem Lichte deutlich; aber wie fabelhaft vergrößert und verschönt, gleich einem überlebensgroßen alten Marmorbilde. Auf den Schultern, auf den Brüsten und auf den Hüften schimmerte das Wasser, aber noch mehr leuchteten ihre Augen, die sie schweigend auf mich gerichtet hielt. Jetzt hob sie die Arme und bewegte sie gegen mich …«

So steht das in der ersten Fassung, aber dann verläßt Heinrich Judith und geht allein zugrunde. In der zweiten Fassung fehlt die schöne Stelle – nichts, kein Mond, kein Fluß, kein Schimmern, keine leuchtenden Augen; aber später geht Heinrich nicht zugrunde, und sogar kommt Judith zu ihm zurück. Nur: was, wenn Heinrich gar nicht weiß, wer sie war, was kommt sie dann eigentlich zu ihm, was kommt sie zu uns zurück, diese gar nicht wirklich Dagewesene nun? Und erleichtert nehmen wir wieder die erste Fassung zur Hand.

1853

Dein Roman. 60 Spielarten Englischen Daseins

Orig. *My Novel, or Varieties in English Life*
(deutsch von Arno Schmidt)

von Edward George Bulwer-Lytton
(1803–1873)

Edward George Bulwer, ein Wunder an Unermüdlichkeit in Politik und Literatur, wurde 1803 in London geboren, Sohn eines Generals und einer geborenen Lytton – reich und mit dem Familiensitz Knebworth versehn (Edward George erbte alles, als er vierzig war). Er war Diplomat, Abgeordneter erst der Liberalen, dann der Konservativen, in dieser Zeit auch einmal Kolonialminister. Er schrieb in sämtlichen Sparten, sein großer Bestseller waren die seit 1908 pausenlos verfilmten *Letzten Tage von Pompeji.* In seinem Riesenbuch *My Novel, Dein Roman* baut er, ganz wie dann ein paar Jahre später in *Was wird er damit machen?*, eine gewaltige Fülle von Figuren auf und stellt gewissermaßen die viktorianische Gesellschaft nach, seine Welt. Er erzählt ganz ruhig, fast als gehe ihn das alles nichts an, schreckt aber in der Sache vor nichts zurück, wird niemals sentimental wie der frühe Dickens gern und will auch das Gute nicht so unbedingt finden wie der Kollege Thackeray. Ein glänzender Autor, dieser Bulwer-Lytton, der auch niemals etwas hermacht aus seinen Klugheiten und Einsichten – er legt sie andern in den Mund und überläßt es uns, sie für weise oder nicht so weise zu halten. Bis in unser Jahrhundert hinein gehörten seine Bücher zur selbstverständlichsten europäischen Lektüre – Ernst Jünger erwähnt in seinen späten Tagebüchern Bulwers frühen *Pelham* wie andre etwa den *Dorian Gray* oder früher den *Werther.* Im Deutschen haben wir überdies das Glück, daß Arno Schmidt die beiden Großromane Bulwers übersetzt hat – die Viktorianer werden kaum geredet haben wie jetzt die Figuren Schmidts, aber die viktorianische Leselust an Bulwer wird ähnlich groß gewesen sein wie die Lust, die wir jetzt an Schmidts Übersetzung haben. Bulwer-Lytton starb neunundsechzigjährig im damals mondänen Torquay, er wurde in Westminster Abbey beigesetzt.

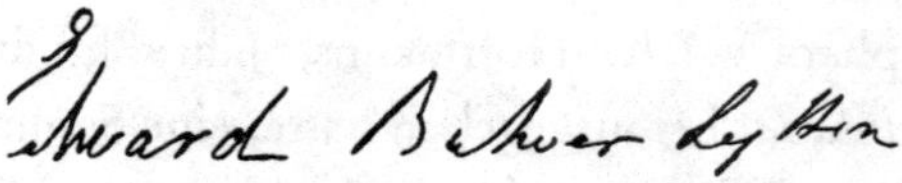

1852

Ruhe ist die erste Bürgerpflicht

von Willibald Alexis
eig. Willhelm Häring
(1798–1871)

Was ich an Gustav Freytag habe sündigen müssen, mache ich jetzt an Willibald Alexis wieder gut. Zwar hat der die *Hosen des Herrn von Bredow* geschrieben, an denen ich mich sehr leicht wieder versündigen könnte, dann aber, nach dem sehr interessanten *Haus Düsterweg* von 1835, *Ruhe ist die erste Bürgerpflicht*, einen mächtig dicken, doch sehr spannenden und gut geschriebenen Roman aus dem Berlin des damaligen Jahrhundertanfangs. Alexis, der zusammen mit Hitzig, dem Biographen E.T.A. Hoffmanns, Jahre hindurch den *Neuen Pitaval* herausgegeben hatte, eine Sammlung großer Kriminalfälle, baut, für die Liebhaber ausufernder Kolportagen im Stile des älteren Dumas und Eugène Sues (dessen *Geheimnisse von Paris* waren gerade zehn Jahre alt), in sein großes Panorama aus Politik und Gesellschaft noch eine sehr gute Mord- und Kriminalgeschichte ein. Als Mörder entpuppt sich eine Dame der Gesellschaft, deren Inneres so glänzend analysiert wird wie das einer jüngeren und strahlenden Lady, die eine unbändige Lust an Grausamkeiten hat – solche Züge, die so scharf weder Dumas noch Sue (sie sind beide da etwas altmodisch) und schon gar nicht Leute wie unser Freund Bulwer-Lytton haben, werfen dann plötzlich unvermutet grell flackernde Lichter auf diese gar nicht so recht gemütvolle Berliner Szene.

Alexis war vierundfünfzig, als er das Buch schrieb, vier Jahre später erlitt er einen Gehirnschlag, Fontane hat ihn in Arnstadt an der Gera besucht: »Er war müde geworden, er sehnte sich nach Ruhe. Wer damals, um die Sommerzeit, nach Arnstadt kam und an stillen Nachmittagen unter den Bäumen des Park spazierenging, der begegnete einem Wägelchen, drin ein Kranker langsam auf und ab gefahren wurde: ein alter Herr, das Haupt entblößt und auf die Seite geneigt, das Gesicht interessant, trotz aller Zeichen des Verfalls. Dieser Kranke war Willibald Alexis. Manches Auge ist teilnahmvoll diesem stillen Gefährt gefolgt.« Das schöne Haus, das Alexis sich hier gebaut hatte (»ein bequem eingerichtetes Haus, das, mit der Rückseite an eine schöne Lindenallee lehnend, die Aussicht hatte auf freundliche, bis in den Spätherbst blühende Gärten und grüne Berge im Hintergrund«, schreibt Fontane), steht noch, auch ein Denkmal für Alexis gibt es in Arnstadt.

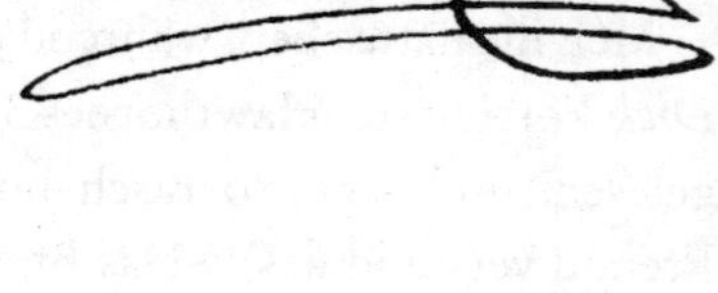

1851

Moby Dick

Orig. *Moby-Dick; or, The Whale*

von Herman Melville
(1819–1891)

Nathaniel Hawthorne und Herman Melville hatten sich angefreundet und lebten, nur ein paar Meilen trennten sie, fast nebeneinander im Hügelland von Massachusetts – Jean Giono, nachdem er Melville ins Französische übersetzt hatte, hat Melvilles Übersiedlung dorthin, nach einer wunderlichen amourös erleuchteten Englandreise des schon berühmten Autors, sehr anmutig beschrieben. »Kommen Sie«, lockt Melville jetzt, 1851, seinen Freund (es ist Winter, als er das schreibt): »Sie können tun, was Sie wollen – sagen oder nicht sagen, was Ihnen beliebt. Und wenn Sie Lust haben, können Sie Ihren ganzen Aufenthalt im Bett zubringen, jede Stunde des Tages. Beim Glühwein können wir Weisheiten austauschen, bei Toast und Butter uns Geschichten erzählen, uns Witze erzählen und Gläser leeren vom Morgen bis Mitternacht«.

Melville hatte eben, während er die Fahnen seines *Moby Dick* korrigierte, Hawthornes *Scharlachroten Buchstaben* gelesen, und sagt (so rasch konnten sie lesen, und der Freund verstand das): »Das Buch hat uns entzückt; es hat uns gereizt, es noch einmal zu lesen; es hat uns einen ganzen Tag geraubt und hat uns Stoff zum Nachdenken für ein ganzes Jahr geliefert«. Wir, für den *Moby Dick,* brauchen schon ein paar Tage mehr, aber dann macht dieses wunderbarste aller Bücher uns für ein Weilchen zu andern Wesen; der ungeheure Rhythmus, mit dem da Erzählung, Hymnus, Walfangtechnik sich abwechseln, die Spannung dann zwischen dem einfachen Bericht einer langen Walfangreise und einem großen individuellen Schicksal (Ahab und sein weißer Wal) mit einem ganzen Bündel wer weiß ob beantworteter oder nicht beantworteter Fragen – das alles betäubt uns und macht uns zugleich doch wacher als wir je waren vor diesem auch rätselhaftesten aller Bücher. Wir bringen und bringen nicht heraus, welches nun das so bannende Geheimnis ist an diesem Buch, keine Einzelheit gibt das Geheimnis preis, und im Ganzen ist es auf keinen Begriff zu bringen – und so greifen wir immer wieder nach dem Buch, einmal wird es uns vielleicht doch gelingen, aber das ganze Rätsel liegt wahrscheinlich versteckt darin, daß wir nicht aufhören können zu lesen.

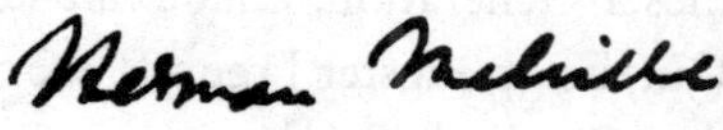

1850

Die Ritter vom Geiste

von Karl Ferdinand Gutzkow
(1811–1878)

Gutzkow, einem der geistvollsten Schriftsteller jener Jahre, war im Jahre 1848 die Frau gestorben (sie hatte sich den Tod geholt am Trauerzug für die Toten der Revolution), er war traurig. Aber er hatte sich (die Verwandtschaft kümmerte sich rührend um den großen Witwer) rasch mit einer nahen Verwandten der Toten getröstet, 1849 schon: und im Schwung des neuen, des doch noch wiedergewonnenen Glücks, beflügelt geradezu, schreibt er nun, neunbändig zwar, aber mit wunderbar leichter Hand, die *Ritter vom Geiste,* einer der schönsten aller Romane: worin zum Beispiel (und da zeigt sich, gerade eben in einem Scherz, sehr schön das Unprovinzielle dieser Generation, Laube mit seinem *Jungen Europa* war Gutzkows engster Freund), worin also eine schöne Dame der Gesellschaft, als sie aus Paris nach Berlin kommt, hübsch angeregt berichtet: Balzac habe versprochen, über sie alle einen Roman zu schreiben. »Auch zum Lesen gehört Virtuosität«, heißt es dann von einer andern sonst sehr charmanten jungen Frau, die solche Virtuosität nicht hat, »ein Schriftsteller mußte sie sogleich auf der ersten

Seite ergreifen, anders konnte sie ihm nicht folgen, erst ihn gewähren lassen, erst lauschen, wohin er uns wohl führen würde, das ermüdete sogleich ihre Spannung...« – und Gutzkow nun eben, wenn wir ihn nur gewähren lassen, führt uns so souverän durch sein Berlin und einige deutsche Landschaften, daß wir, je länger alles währt, desto bezauberter und hingerissener sind von den wunderlichen Bekanntschaften, die er uns machen, ja von den dauernden Freundschaften, die er uns schließen läßt unter den Figuren seines Buchs. Aus der Titelheldengruppe, um einen Prinzen herum, der regieren lernen will zwischen sich erhebenden Arbeitern, immer selbstbewußter werdenden Handwerkern, einem reaktionären Adel, und, solang es gutgeht, umgeben von denen, die ihn lieben, kommentiert einer sich einmal, als er seine Visitenkarte überreicht, mit diesen Worten: Er sei »ein obscurer, junger Mensch, Prätendent des Glücks, wo er es findet, ein junger Jurist, Bürger kommender Jahrhunderte« – das lesen nun wir hier, Bürger der wirklich gekommenen Jahrhunderte, und das Glück, das sie fanden damals, sagen wir uns, waren am Ende wohl diese Bücher, worin sie es suchen.

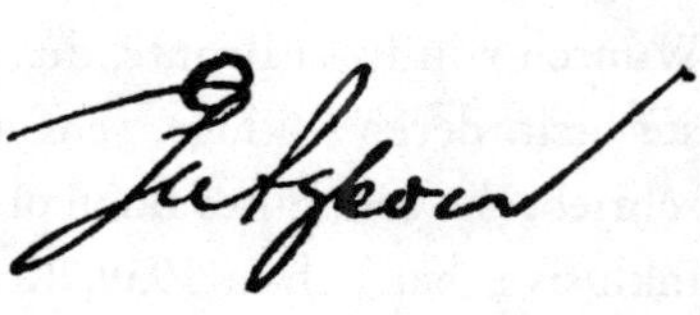

1849

Shirley

Orig. *Shirley*

von Charlotte Brontë
Pseud. Currer Bell
(1816–1855)

Emily war das Genie unter diesen wunderlichen Schwestern, sie starb mit dreißig und schrieb leider nur ein einziges Buch, die *Sturmhöhen.* Anne, die jüngste, wurde nur 29 und schrieb zwei Bücher, über die wir mit ihr nicht rechten wollten. Charlotte, die älteste (und dann gab es noch einen leidlich malenden Bruder), wurde beinahe vierzig, war Gouvernante, Lehrerin, heiratete sogar, sie lernte Thackeray kennen und jene Elizabeth Gaskell, eine sehr gern gelesene Autorin (*Cranford* von 1853 ist ihr beliebtestes Buch geblieben), die dann im Jahre 1857, auf Wunsch von Papa Brontë, der seine Charlotte für die beste hielt, deren – kluge, sehr sehr diskrete – Biographie schrieb. Ein sehr gutes Buch über die ganze Familie, Sohn inklusive, hat, schon 1939, Robert de Traz geschrieben, zweiter fast nicht mehr gewollter Sohn einer jungen Französin, die einen sehr viel älteren Genfer Aristokraten geheiratet hatte, einen kultivierten Eisenbahnmagnaten, sie hatte wohl eher an Lokomotiven gedacht als an mehr als das Pflichtkind; dieses zweite Kind, Robert (der später dann, eine gelungene Revanche, eine sehr schöne und sehr reiche Frau heiratete), veröffentlichte übrigens 1917 – es war sein viertes Buch – einen außerordentlich bezaubernden Roman *La puritaine et l'amour (Genfer Liebe 1913),* darin verliebte sich die unbescholtenste und klügste aller Frauen für ein Weilchen in den blödesten aller jungen Männer; de Traz starb 1951 in Nizza, fünfundsechzigjährig.

Charlotte schrieb dreieinhalb Romane, ihre *Jane Eyre* erschien im Geschwisterwunderjahr 1847 zusammen mit Emilys *Sturmhöhen* und Annes *Agnes Grey,* unsre *Shirley* hier ist das mittlere ihrer Bücher, am Ende dort wird, im Tagebuch ihres Anbeters, die Titelheldin geschildert: »In ihrem weißen Abendkleid, mit den langen, üppig flutenden Locken, dem lautlosen Schritt, den bleichen Wangen und den nachtschwarzen blitzenden Augen sah sie aus wie ein Geist, dachte ich, ein Kind von Wind und Feuer, die Tochter von Licht und Regen, ein Wesen, das keiner je einholt, fängt und fesselt«. So, meint de Traz, sehr klug glaube ich, habe Emily, die im Jahre davor gestorben war, ausgesehn in den Augen Charlottes.

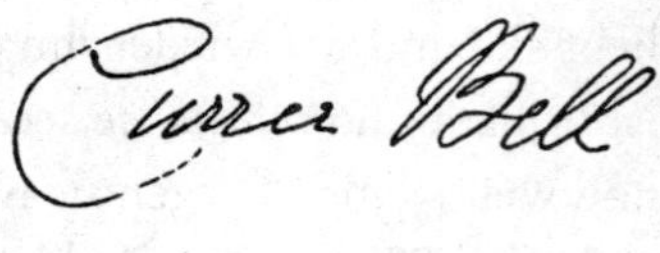

1848

Jahrmarkt der Eitelkeit. Ein Roman ohne einen Helden

Orig. *Vanity Fair, or, a Novel without a Hero*

von William Makepeace Thackeray
(1811–1863)

In diesem berühmtesten seiner Romane (später hat er glaube ich noch bessere geschrieben, aber andrerseits keinen mehr mit einem so großartigen Titel: *Jahrmarkt der Eitelkeit* – ein Weltentwurf in einem Wort) schildert Thackeray die Lebenswege zweier junger Frauen aus der besseren Gesellschaft. Die eine hat einen schönen Charakter, eine mitfühlende Seele, und wenn das Schicksal ihr nicht wohlwill, wartet sie bescheiden ab, und der Autor liebt sie, und wir wieder ihn dafür, das ist klar. Die andre ist brillant und schön, sie setzt sich um jeden Preis durch, und wenn jemand gegen sie ist, sucht sie sich als Abenteurerin den Weg zu den Zielen, die sie will, und Thackeray wäre ein übler Autor, wenn er sie nicht liebte, und dafür wieder lieben wir ihn, fast noch mehr als vorher, denn das war kein Kunststück. Mehr aber liebt Thackeray doch die stille Schönheit, den inneren Glanz: und mit unendlicher Gelassenheit (als ganz junger Autor war er blendend ungeduldig, dem alten später verdunkelt sich dann ein wenig der Blick) kundschaftet er nun für uns aus, und besonders eben für die demütig liebe Amelia, wie Gott es wohl fertigbringt, daß zwar das Böse Raum in der Welt gewinnt, das Gute aber auch nicht untergeht (Thackeray war ein Schiller-Fan). Becky, die schöne Abenteurerin, erbt schließlich und kriegt was sie will; Amelia die liebe Gute verliert zwar ihren Mann (der ohnehin ein Schuft war, ein heimlicher, wie Becky ihr dann verrät), kriegt dafür aber ihren treuesten Anbeter, einen etwas älteren Typ, das schon, aber mit Seele. Dickens, der ebenfalls diesen Hang zu blonder Seelenschönheit hatte, wenn auch daneben nicht ganz jene Empfänglichkeit für den erotischen Glanz, ging seit diesem Buch ein wenig auf Distanz zu seinem Freund: Er gönnte ihm Erfolg, gewiß, aber nicht so einen gewaltigen, fast schon gottlos ihm abträglichen womöglich.

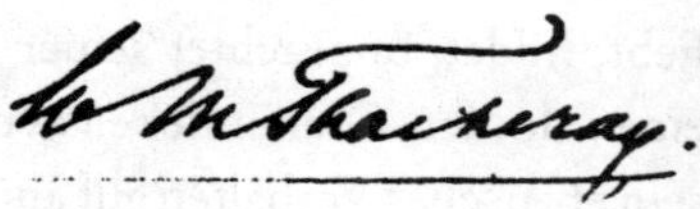

1847

Eine alltägliche Geschichte

Orig. *Obyknovennaja istorija*

von Iwan A. Gontscharow
(1812–1891)

Diese »alltägliche« oder »gewöhnliche« Geschichte ist auch ganz einfach zu lesen. Ein junger Mensch mit schönen Träumen kommt vom Lande ins prächtige St. Petersburg, er hat da sogar einen reichen Onkel, und noch mit einer anmutigen Frau, die selber noch träumen kann. Ans Dichten denkt der junge Mann, an die Liebe, und er dichtet, und liebt. Der Onkel ist ein sogenannter Realist, er findet Dichten blöd und schlecht fürs Leben, und die wundervolle junge Dame, in die sich der junge Mann verliebt, findet, ungeachtet seiner völlig unpoetischen Seele, einen doofen Grafen liebenswerter, der besser reitet und sein erotisches Verhalten auf andre Dinge als bloß die Seele gründet. Was seine berufliche Ausbildung angeht, ist der junge Mann faul. Als er ein Mädchen findet, das ihn liebt, langweilt er sich; dann verbrennt er seine Dichtungen und geht zurück aufs Land. Da ist auch nicht mehr los, er geht wieder in die Stadt – und als wir ihn da, nach Jahren, wiedersehn, ist er wie sein Onkel geworden, aber ohne Spuren etwa von Resignation (resigniert hat bloß die anmutige

Tante; wenigstens aus dem Neffen, wird sie geträumt haben, hätte doch ein Mensch werden können), sondern vergnügt und verheiratet. Die *éducation sentimentale* des gewesenen fatalen Schwärmers ist geglückt, als ob nun sein wahres Innere ans Licht der gleichartigen Welt gekommen wäre; ja, der junge Mann von einst, jetzt ganz abgerichtet, ist ein glücklicher Mensch geworden. Vielleicht mag auch Gontscharow die anmutige Tante, er überläßt es uns, eine angenehmere Gesellschaft zu ahnen, als es gegen jene, aus der der junge Mann stammt, die nun ist, in der er dann so angepaßt landet; er überläßt das uns, selber erzählt er ganz unvoreingenommen, ruhig, klug und gelassen eine Geschichte, aus der in größer denkenden Zeiten ebensogut eine Tragödie oder so etwas hätte werden können. Aber lohnt so ein junger Mann eine Tragödie? Aber genau das ist natürlich schon eine traurige Geschichte; und es ist nun doppelt bewundernswert, wie ruhig, wie cool Gontscharow dabei bleibt.

1846

Glanz und Elend der Kurtisanen

Orig. *Splendeurs et misères des courtisanes*

von Honoré de Balzac
(1799–1850)

Jetzt kommen für uns (für ihn enden sie) die Jahre Balzacs – daß Balzac nicht vollständig, auch nicht entfernt vollständig deutsch zu haben ist, gehört zu den verlegerischen Eigenarten der eher scheußlichen Art (aber Balzac wird bei uns kaum richtig gelesen). 1846 erscheint, etwas bilderbogenmäßig betitelt, *Wohin schlechte Wege führen,* das ist, nach *Wie leichte Mädchen lieben* und *Was alte Herren sich die Liebe kosten lassen* und vor dem abschließenden ganz überwältigenden *Letzten Abenteuer Vautrins* (von 1847; aber auch hier in unserm Roman hat Balzac das ganze Erzähltempo schon merklich beschleunigt) der dritte Teilroman vom *Glanz und Elend der Kurtisanen:* Dieser Großroman erzählt die Geschichte jenes ehrgeizigen schönen jungen Lucien weiter, dessen frühere Schicksale Balzac in dem andern großen Mehrteiler geschildert hatte, den *Verlorenen Illusionen.* Der Geheimnisvolle, der ihn dort am Ende vor dem Selbstmord bewahrt, ist jener Vautrin, der ihn hier, im Kurtisanen-

Zyklus, mit der süßen Esther verkuppelt, die dann unbedingt *(Was alte Herren sich die Liebe kosten lassen)* der alte Bankier Nucingen haben will; Esther bringt sich um, daraufhin auch, verzweifelt, weil er wegen Mordes angeklagt wird, Lucien; den wieder hat einmal eine der schönsten Frauen Balzacs geliebt, die hinreißende Diane de Maufrigneuse – und es ist einer der ganz großen Einfälle Balzacs, uns zusehen zu lassen, wie diese Frau sich ankleidet, als sie ins Gericht eilt, wo ihr einstiger Geliebter gefangen ist, und wie sie dann außer sich gerät, ohne alle Koketterie, als sie von seinem Tod erfährt. In der Anordnung seiner Romane in der *Comédie humaine* hat Balzac dem *Glanz und Elend der Kurtisanen* unmittelbar einen ganz kurzen Roman folgen lassen, *Die Geheimnisse der Fürstin von Cadignan* – diese Cadignan ist eben jene schöne Maufrigneuse, die nun ihre letzte große Liebe Daniel d'Arthez schenkt, dem Schriftsteller, in welchem zweifellos sich Balzac selber geliebt wissen wollte von einer solchen Frau, und niemals begreift man ihn besser.

1845

Erzählungen in der Urfassung

von Adalbert Stifter
(1805–1868)

In der ersten Hälfte der vierziger Jahre schrieb Stifter für Zeitschriften und Almanache die jetzt so genannten Urfassungen der später in den *Studien* überarbeitet und veröffentlichten berühmten Erzählungen und Kurzromane. Die *Schwestern* (*Zwei Schwestern* dann später) gehören zu den letzten dieser frühen Stücke, fast schon auf der Kippe zu jener Epoche, in welcher Stifter dann, umschreibend, zu sich selber gefunden zu haben glaubte – zu uns, heute, nach einhundertfünfzig Jahren, findet er leichter mit jener ersten Hand, die er damals, bei den *Schwestern*, grade noch schrieb. Und groß ist da, wo er noch nicht diesen nachsommerlichen Wert auf die moralische Schönheit des richtigen Lebens legt, eine Wanderung, eine ewiglange Wanderung, die der Erzähler im Bergland des nördlichen Gardasees macht, auf der Suche nach jenen Mädchen, die er einst gesehn hat. Stifter erfindet die Gegend, er bildet nichts Seiendes ab, einsame Bergplateaus, Felsen, Hänge und unten das Wasser und die untergehende Sonne und die einfallende Nacht sind lauter Ideen des einsamen Wanderns; der Rhythmus des Gehens und des Suchens nach dem, wovon man kaum noch Ahnungen hat – er ist es, der die Gegend erst schafft, die es nun gibt in diesen Sätzen, die damals noch bei Stifter jenen wunderlichen *swing* haben, den dann später, als er nur noch wollte, was er doch schon viel besser gekonnt hatte, jenes Gleichmaß ablöste, zu dessen Genuß wir weiser sein müssen, als wir sein möchten. Ein sehr merkwürdiges Erlebnis beim Lesen dieser frühen *Schwestern* ist die Nähe dieser dunkel-schwingenden Sätze des Dahinwanderns zu der Prosa, die heute ein Mann wie W. G. Sebald schreibt, nicht erst in den *Ringen des Saturn,* sondern schon etwa in *Schwindel. Gefühle* – und dort, merkwürdig ist das, besonders in Passagen, in denen sein Reisender sich ebenfalls am nördlichen Gardasee aufhält, bei Riva, dem wirklichen, bei dem Stifter damals mit dem Erfinden der Landschaft seiner Seele begonnen hatte; als ob die Gegend jetzt, für uns oder mit uns, so geworden ist, wie er sie damals erdachte, und wir jetzt sehen können, was er erfand.

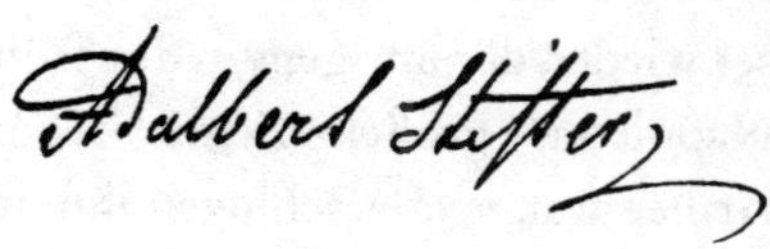

1844

Die drei Musketiere

(Ungekürzte Übersetzung aus dem
Französischen von Bernd Hagenau)
Orig. *Les trois mousquetaires*

von Alexandre Dumas Père
eig. Alexandre Davy de la Pailleterie
(1802–1870)

Es gibt Romane, denen die Kritik nichts, ja, denen selbst die Zeit nichts anhaben zu können scheint, eine stille Unverwüstlichkeit ist um sie, dieser seltenste Schutzengel des Schönen. Dem Hause Dumas scheint er besonders gewogen gewesen zu sein, nämlich dem Vater Alexandre, Sohn eines Generals von Santo Domingo (dieser wieder, der übrigens in den frühen neunziger Jahren zu Napoleons großen Zeiten Kommandeur der Alpen-Armee war, später schlugen ihn die Neapolitaner in Kerkerbande, war der natürliche Sohn eines französischen Marquis und einer eingeborenen Schwarzen – Engel sind vorurteilslos), und dann auch noch dem Sohne, der ebenfalls Alexandre hieß, offenbar hatte der Vater – wenn's nicht die Mutter war – dynastische Ambitionen. Diesem Sohne verdanken wir (wenn ich jetzt einmal ein himmelnäheres Wort für die Unverwüstlichkeit nehmen darf) die unsterbliche *Kameliendame* von 1848; jenem Vater Alexandre aber (und jetzt nehmen wir wieder das andre irdischere Wort) die wahrhaft unverwüstlichen *Drei Musketiere.*

Lauschen Sie diesem Satz: »Es war ungefähr Mitternacht. Die abnehmende, von den letzten Spuren des Gewitters blutrot getränkte Sichel des Mondes ging über der kleinen Stadt Armentières auf und zeichnete mit ihrem matten Glanz die finsteren Schattenrisse ihrer Häuser und die Silhouette ihres hohen, abgeflachten Kirchturms vor den dunklen Horizont…«; oder folgen Sie d'Artagnan, wenn er in einer andern Nacht, aber vielleicht ist es auch dieselbe Nacht (alle Nacht ist eigentlich immer dieselbe Nacht des endlich einmal abenteuerlichen Lebens), sich einer dunklen kleinen Hütte nähert: »Er klopfte ein paarmal gegen das Fenster. Nichts rührte sich« – Nichts rührte sich: da hebt der Engel der Unverwüstlichkeit seine unsterblichen Schwingen; es rührt sich nichts, noch nicht: aber dann hat der Greis in der Hütte doch alles gesehn, und nun ist es an d'Artagnan und seinen Freunden, dafür zu sorgen, daß der Mond nicht alle Lesenächte hindurch so blutrot getränkt die Städte Frankreichs bescheinen muß.

1843

Wie Anne Bäbi Jowäger haushaltet und wie es ihm mit dem Doktern geht

von Jeremias Gotthelf
eig. Albert Bitzius
(1797–1854)

Gotthelf war nicht sein Name, sondern sein Programm. Eigentlich hieß er Albert Bitzius, er lebte von 1797 bis 1854, und sein Ziel war die Hebung des moralischen und des Niveaus der sonst dareinschlägigen Kenntnisse unter der bäuerlichen Bevölkerung der Schweiz – wir fern aus den Flußtälern und allenfalls Mittellagen sind kaum befugt, mitzureden bei diesen Hochgebirgsproblemen der Vergangenheit. Die Sache war nur, daß Bitzius sich bei der Lösung seiner Probleme nicht auf seinen Beruf (er war Pfarrer, Schulkommissär und Schulgründer) und auch nicht ausschließlich auf sein Programm (Gott werde oder möge doch wenigstens helfen) verließ, sondern das Romaneschreiben zum Mittel seines Metiers machte, und unter dem Mantel biederer Redlichkeit das doch sehr bedenkliche Gewand eines moralischen Jakobiners verbergend dann zwischen Feierlichkeit und finsterer Drohung (oder, wie seine Freunde sagen: zwischen homerischer Einfalt und biblischer Wucht) Sätze dieser Art aufschreiben konnte: »Wie hoch einer auch begabet sei und hervorragend in der Reihe der Geister, er bleibet dennoch untertan eines Gedankens Macht, und diese Macht begrenzet der Herr und nicht der Mensch« – das ist unter tausend Metern doch allenfalls erbaulich, und wer erbauen will, schreibt Trivialliteratur, auch wenn er denkt, er wäre ein anderer. Im Falle dieses Romans hier (*ihm* im Titel übrigens ist schweizerisch, die Titelfigur ist eine Frau) sollte Gotthelf im Auftrag der Gesundheitsbehörden etwas gegen den gebirgsbäuerlichen Hang zu den Kurpfuschern tun, er muß aber sehr darüber hinausgewachsen sein, denn die Behörde war gar nicht zufrieden mit dem Werk, und Walter Muschg, der es herausgegeben und bevorwortet hat, findet, er, Gotthelf also, habe überhaupt gar nichts Vollendeteres geschrieben als den Anfang des zweiten Bandes.

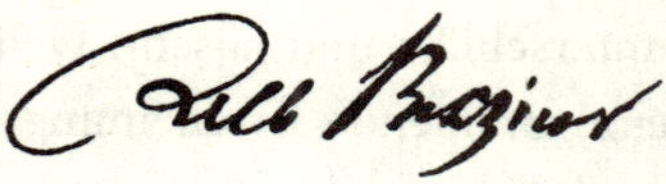

1842

Albert Savarus und Erinnerungen zweier junger Ehefrauen

Orig. *Albert Savarus und Mémoires de deux jeunes mariées*

von Honoré de Balzac
(1799–1850)

Albert Savarus: eine entsetzliche Siebzehnjährige, die einen glänzenden Mann will – eben Albert, Schriftsteller, Politiker –, richtet, als er sie nicht will, ihn zugrunde, namentlich dadurch, daß sie seine Korrespondenz unterschlägt und fälscht. Denn seine wahre große Liebe, eine strahlende Erscheinung der großen Welt (und dennoch liebt sie ihn, das ist es), sieht sich nun verraten, und was tun die großen Verratenen? Sie wenden sich ab, und für immer. Und der Betrogene? Geht in ein Kloster.

Erinnerungen zweier junger Ehefrauen: Louise, deren Mama selbst noch schön und begehrenswert ist, setzt ihr Sein ganz auf die Karte der großen Leidenschaft, und zweimal sticht das Blatt, einmal mit einem spanischen Granden, der sommerlich Bäume vor ihrem Haus ersteigt, so will er sie, und leider nach ein paar Jahren Glücks stirbt; und dann ist es ein junger Dichter, und wieder währt das

Jahre, diesmal in wundervoller Zurückgezogenheit, und dann geht alles zugrunde, durch Louisens Schuld, die Leidenschaft hatte sie verblendet, und so stirbt ihr Liebster an ihr, die doch sein Leben war. Indes ihre Freundin Renée, weit weg im harten Süden des Landes, unter einer anderen Idee des Lebens die Leidenschaft, die ihr vielleicht auch hätte blühen können, einem Ehemann zugute kommen läßt, der, ein Veteran, und ohne sie vielleicht am Rande des Lebens geblieben, nun wieder erstarkt, eine schöne politische Karriere macht und in das ganze Tal, das sonst steinig geblieben wäre und staubig, Reichtum, Ansehn, ja Glück bringt. Balzac mußte in kein Kloster, er schickte den Albert Savarus hinein; und auch die Memoiren der beiden jungen Frauen (beide Romane erschienen im selben Jahre) haben dies Große an sich (das sie mit so vielen großen Romanen teilen): Sie hier, Leserin, Leser, müssen sich nicht entscheiden zwischen solchen Richtungen des Lebens, Sie sind Louise, Sie sind Renée, Sie sind der Grande, der Dichter, der umsorgte Ehemann, Sie haben alles, lesend; freilich: ganz dieselbe, ganz derselbe sollten Sie nicht bleiben wollen, wenn Sie solche Sachen lesen, für manchen wird die Welt beim Lesen größer und riskanter, als sie bis dahin für sie oder für ihn und die ihren und die seinen war. Balzac ist schuld, aber das kümmert ihn nicht. Und uns? Auch nicht.

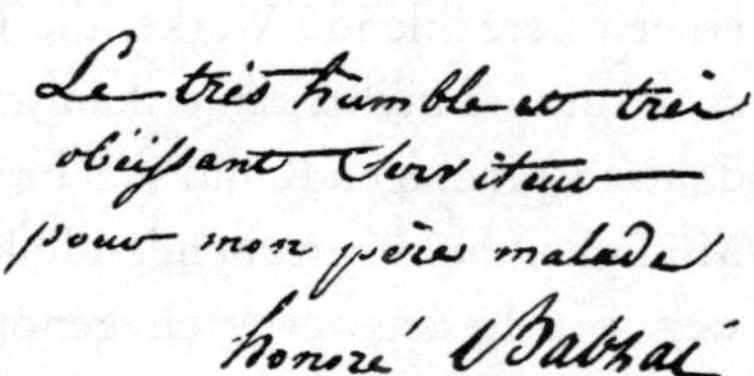

1841

Das Kajütenbuch

von Charles Sealsfield
eig. Karl Anton Postl
(1793–1864)

Charles Sealsfield, einer der rätselhaftesten aller Romanciers, wurde 1793 in Mähren geboren, wurde Ordensgeistlicher, 1823 flüchtete er, es ist nicht ganz genau klar wovor, über die Schweiz in die USA, er wurde Amerikaner (daher dieser unösterreichische Name), führte bis in die dreißiger Jahre hinein ein wechselvolles Leben zwischen Diplomatie und Journalismus, ansässig war er zwischendurch in Louisiana (dem Traumland des jugendlichen, romantisch europamüden Chateaubriand fünfundzwanzig Jahre zuvor, eine Liebende bei Sealsfield zitiert einmal hübsch schwärmerisch den Schwärmer), schließlich ließ er sich, ein Unbekannter, bei Solothurn nieder, er starb 1864. In den Jahren von 1828 bis 1842 veröffentlichte er neun erzählende Werke, die in ihrer lässigen Erzählstruktur und in ihrer amerikanisch aufgefrischten, aller im deutschsprachigen Raum sich breitmachenden epigonalen Müdigkeit hohnsprechenden Diktion zum ebenso Kühnsten wie Lesenswertesten gehören, das es damals gab. Ganz wagemutig (und lässig bis zur Bedenkenlosigkeit) wird Sealsfield in den außerordentlich witzigen *Deutsch-amerikanischen Wahlverwandtschaften* von 1839/40 und dann besonders in *Süden und Norden* von 1842, einem dicken Roman, der in seinen phantastischsten Teilen wie ein fast außerirdischer Drogentrip klingt. Zeitlich zwischen diesen Büchern, und inhaltlich an die früheren, realistisch-farbenreichen Erzählungen anschließend, ist das *Kajütenbuch* (seit Jahrzehnten das einzige Werk von Sealsfield, das auf dem Markt ist) die ausbalancierteste Zusammenfassung dessen, was ihn groß macht – Landschaften, die beinahe Visionen sind, eine packende Handlung in wunderbar gebrochenen Perspektiven, und aus den erstren hervorkommend und letztre vorantreibend glänzende Figuren, deren mitunter ans Bedenkliche grenzenden Charakterzügen Sealsfield unerschütterlich gelassen und weltläufig begegnet. Der Teufel hole die sämtliche europäisch-moralische Kleinkariertheit, sagt man sich beim Lesen, hier ist das Leben, und hier ist einer, den dieses Leben bis in die Sprache hinein kurierte.

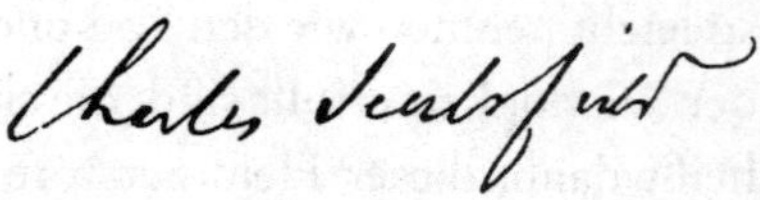

1840

Ein Held unserer Zeit
Orig. *Geroj našego vremeni*

von Michael Lermontow
(1814–1841)

Ganz in der Nähe von Tolstois wunderbaren *Kosaken* spielt dieses Buch, im Kaukasus, aber eher dort, wo er damals, unfern der Wildnis, mondän war, in Pjatigorsk. Und sowohl in die Steppenwildnis als auch ins mondäne Leben der sonst Untätigen versetzt uns Lermontow in diesem kleinen Roman, der selber nur aus einigen Erzählungen besteht. Es heißt immer, sein Held sei ein überflüssiger Mensch, aber beim Lesen wünscht man, es gäbe welche davon auch unter uns – Leute, die das Leben so leicht nehmen wie den Tod und nicht fortwährend von der Wichtigkeit erfüllt sind, die sie für die Welt hätten. Es heißt dann, dieser Held zerstöre alle Fühlenden um ihn durch seinen gleichsam todgetränkten Egoismus – aber gerade die Schönen und Guten lieben ihn, und wenn sie dann leiden an ihm, so doch an etwas, woran zu leiden das Leiden vielleicht glückseliger gemacht hatte als das oft so schale Vergnügen, das sie an nützlicheren Menschen gehabt hätten. Am Ende gibt es irgendwo ein ganz unnützes Duell, und zwar gerade dort, wo dann nicht lange danach, als hätte er das ganze Buch aus dem vorweggenommenen Himmel geschickt (denn in den richtigen, den man nicht vorwegnehmen kann, wäre er ja ohnehin nicht gekommen), Lermontow selber in einem unnützen Duell starb. Diese ganze strahlende Romantik im Buch und um den Autor herum ist unnütz und bringt nichts für das Leben, das ist klar, und Tod und Leben leicht nehmen soll man ja nicht, und am Leben geblieben, hätte Lermontow vielleicht darüber noch wichtige Romane geschrieben. Aber es ist, für ihn damals, anders gekommen, zum Glück für uns, sein Buch verzaubert ohne alle späteren Bedenken und wirft, wie das leichtgenommene Leben seines Autors, auf die Welt einen Glanz, den sie nicht hätte ohne Leute, Helden oder nicht, die mit der Welt und dem Leben nur spielen, in wunderbarer Verschwendung; Lermontow war noch nicht siebenundzwanzig, als er starb.

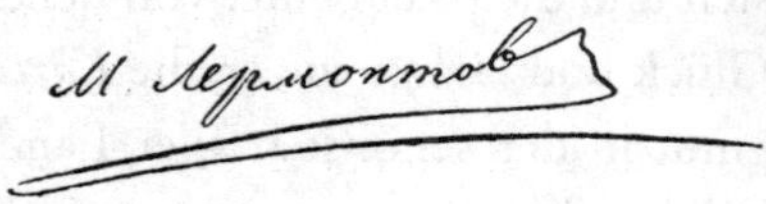

1839

Die Kartause von Parma

Orig. *La chartreuse de Parme*

von Stendhal
eig. Marie Henri Beyle
(1783–1842)

Stendhal wollte das Glück, da kannte er keine Bedenken, er wollte es auch in der Kunst (er liebte Rossini), und nach Mozart und Rossini konnte die Kunst für ihn – und kann sie's anders für uns? – nirgendwo so wundervoll bedenkenlos sein wie im Roman. Und so schrieb er für sich und die paar Leute, von denen er glaubte, sie liebten Glück und Glanz wie er, die *Kartause von Parma.* Er beginnt in der schönsten aller Landschaften, an den oberitalienischen Seen, ein romantischer und ins Glück verliebter junger Mann wächst auf, ihn liebt eine wunderbare Frau, er aber, eingesperrt in den unvergeßlichsten aller Festungstürme, verliebt sich in die schöne Tochter des Festungskommandanten – so ist das Leben, wenn es die Mühe wert sein soll. Napoleon ist verloren (die Schlacht von Waterloo tauft gewissermaßen den jungen Mann), der Held, jetzt wo die Welt sich verdunkelt, sucht den Ruhm als Kirchenmann; und nichts ist schöner, als wenn wir dann aus der geistlichen Welt, die die Seelen lenkt, und aus der großen prangenden Welt, in der alle Schicksale gesteuert werden, den Helden hinabsteigen sehn in die Nacht, zu seiner Geliebten: Die hat geschworen, daß sie ihn nicht wiedersehn wird, nun lieben sie sich im Dunkel, dem dennoch prangenden dieser großen italienischen Nächte.

Immer das, wovon die Befangenheit des Geschmacks, wie ihn die übrige Kunst uns gelehrt hat, sagt: das kann er doch nun wirklich nicht tun – genau das tut Stendhal in diesem Buch; und nun reißen uns das Tempo, der Glanz und die Schönheit des Lebens hinweg über alle Befangenheiten. Und die Kunst? Sie wird vielleicht darin bestehn, daß wir das Buch nicht mehr unterscheiden vom Leben, daß wir sie beide ineinanderwerfen und, indem wir uns lesend selber vergessen, dem schöneren Leben hier ablesen, wozu wir dasein könnten, und in der Vergessenheit des Lesens sind.

1838

Arthur Gordon Pym

Orig. *The Narrative of Arthur Gordon Pym of Nantucket*

von Edgar Allan Poe
(1809–1849)

Nicht lange vor seinem Tod (er starb – arm, sein letztes Honorar reichte nicht für das Wirtshaus, und vermutlich im Delirium – vierzigjährig in Baltimore) schrieb dieser große Mann an einen Freund: »Verlassen Sie sich darauf, Thomas, am Ende ist doch die Literatur der edelste Beruf, fast der einzige, der für einen Mann taugt. Ich jedenfalls werde mein ganzes Leben ein Literat sein, und nicht für alles Gold Kaliforniens würde ich die Hoffnungen hergeben, die mich immer noch vorwärtstreiben.« Neben Melvilles *Moby Dick* (von 1851, zwei Jahre nach jenem armen Tod) und einigen Sachen Conrads ist Poes *Arthur Gordon Pym* (old Coopers *Pilot* von 1824 in allen Ehren) das herrlichste Seestück in der erzählten Welt, und das hinausführendste über alles, was wir sonst von ihr wissen: denn nicht bloß strandet der Held mit den Seinen auf einer erstaunlichen Insel im schlimmen Herzen der Antarktis (weiße Riesenvögel schreien fliegend Tekeli-li), sondern später, wenn er und ein Freund als einzige der mörderischen Natur der Einwohner entflohen sind, treiben sie, ganz hinaus aus aller Erdenklichkeit, auf immer heißerem Wasser auf etwas zu, das wie eine menschliche Riesengestalt dort hinten zu stehen scheint. In mittelalterlichen Romanen steuern manche den sagenhaften greifenbewohnten Magnetberg an (sechzig Jahre nach dem *Pym,* in einer amüsanten Weiterschreibung dieses Romans, hat Jules Verne in seiner *Eissphinx* Poes Vision als den Magnetberg identifiziert), der voller Geheimnisse sein soll – bei Poe ist er (wenn er's also ist, aber er wird eben etwas ganz ganz anderes gewesen sein, ein Jenseits) das Geheimnis selber schon; und deswegen können wohl die Alten, selber zauberkundig, wieder heil zurückkehren vom Magnetberg und weiterleben in der gewöhnlichen Welt, nicht aber Arthur Gordon Pym. Er kommt nach Hause, schreibt sein Abenteuer auf, er schreibt es auf bis zu dem Punkt, an dem die große weiße Gestalt erscheint; aber als er weiterschreiben will, stirbt er (ein Schicksal, vor welchem Verne sich schlau in jene alten harmlosen Überlieferungen flüchtet), das Wort des Geheimnisses schreibt er nicht mehr hin.

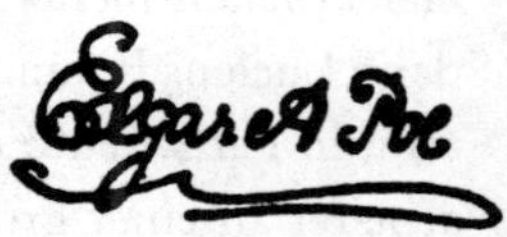

1837

Verlorene Illusionen

Orig. *Illusions perdues*

von Honoré de Balzac
(1799–1850)

Dieses herrliche Stück ist der Anfang der großen *Verlorenen Illusionen* – noch sind die Köpfe der jungen Leute voll davon, hier in Angoulême, einer dieser Provinzstädte, in deren Beschreibung Balzac immer seine ganze Bravour entfaltet. Romane leben ja auch davon, daß sie uns fremdes Leben nahebringen (denn was ist schon das eine, das wir zu leben haben – es sei denn eben, wir lesen), also auch in andern Städten andre Milieus, andre Gewerbe: Und gerade in diesem Buch verblüfft es erst, und dann fasziniert es als ein glänzender Griff, wenn Balzac auf vielen Seiten nichts schildert als eine alte Druckerei, die dann Luciens Freund (Lucien ist später dann der große Literat in Paris, sein Freund, auf seine Weise auch ein Poet, arbeitet an einer großen Erfindung in der Papierherstellung) von seinem trinkenden und geizigen Papa übernehmen muß – Balzacs Seiten riechen nach Druckerschwärze und Papier, man möchte selber beinahe ein Drucker sein, ganz wie das kleine Mädchen bei Achim von Arnim unter dem Lesen alter Geistergeschichten einmal sagt: »Ich bin heute bei meines Vaters Büchern gewesen und habe da so schöne Geschichten gefunden, daß ich gern ein Gespenst werden möchte.« Der Freund heiratet dann Luciens Schwester, sie werden ein treues Paar; Lucien leiht sich Geld von ihm und begleitet von Angoulême weg die Frau, in die er sich verliebt hat, nach Paris, ins wahre Leben, in die große Welt. Das ist eine gewaltige Stimmung, als er geht; er wird am Ende ins Unglück rennen, das ist sicher, in ein größeres Unglück, als Angoulême ihm je hätte bieten können – aber da liegt es, das ist es; lieber ein Knecht auf der Erde als ein König in der Unterwelt, sagt der weise Odysseus da unten, aber Lucien lebt noch, er will lieber den großen Untergang in Paris als das kleine Dasein in Angoulême, und Balzac gibt ihm, was er will, darin ist er noch einmal groß.

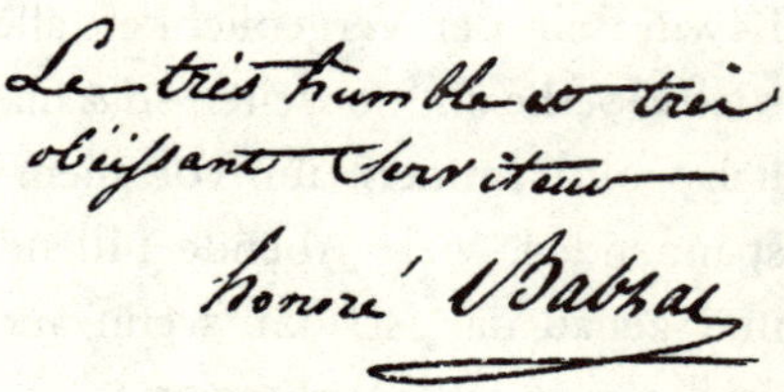

1836

Die Epigonen. Familienmemoiren in neun Büchern

von Karl Leberecht Immermann
(1796–1840)

Man darf sich nicht abschrecken lassen durch das Gerede (auch Immermanns eignes Gerede) um diesen Roman herum: als sei er eine große Dichtung im Bewußtsein der Vergeblichkeit allen Tuns und Treibens, nach Goethe und so weiter – das mag alles sein, aber natürlich wollte Immermann vor allem und trotz allem einen spannenden, viele Abende füllenden Roman schreiben, und genau das ist ihm, wenn auch ganz anders, als er wollte, wunderbar gelungen.

Politik, Polizei und Familie, Adel und Bürgerlichkeit, Agrarier und Industrielle geben einen schönen Welthintergrund, auf dem sich ein junger Mensch entwickeln soll, bloß weiß er nicht wozu und wohin. Die Konfusionen, in die er gerät, sind grenzenlos, auch der vernünftigste Freund, den sich der junge Mann nur immer unter uns Lesern wünschen kann, verliert sich hier, und verliert sich mit dem Helden dann gänzlich in dessen bis in den schwarzen Wahnsinn hinein wirren Liebesgeschichten. Hat er nun mit der Schwester geschlafen? Wird Immermann so weit gegangen sein? Und wenn sie's nicht war, erstens: Wer war dann die glorreiche Beischläferin? Und zweitens: Wer die, die dann vielleicht doch nicht seine Schwester ist? Hier geht das romantische Toben eine sonderbar wollüstige Verbindung mit einer Wirklichkeitsnähe ein, worin sich Autor und Held aber ebensowenig zu Hause zu fühlen scheinen wie bei jenem Toben. Immermann glaubte zu wissen, wie er sich da schreibend hindurchschlängeln, und wie er schreibend seinen Helden an ein schönes Ziel bringen könnte; aber nicht was Immermann wollte, macht das Buch nun groß, sondern was ihm unterlief, als er dann zu machen glaubte, was er wollte, und als er eben den Schwierigkeiten, deren er Herr sein wollte, viel schöner zum Opfer fiel, als er je hätte triumphieren können. Ein wunderliches Buch von einem sehr klugen Mann, aber wer es liest, riskiert ein kleines bißchen den klaren Kopf.

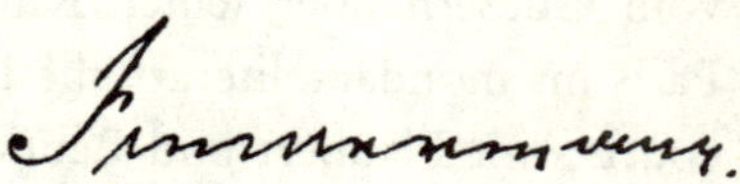

1835

Mademoiselle de Maupin und Reise in Andalusien

Orig. *Mademoiselle de Maupin*
und *Tra los montes*

von Théophile Gautier
(1811–1872)

Théophile Gautier wurde 1811 in Tarbes geboren, am Ufer des Pyrenäenflusses Adour, nachdem dieser jenes träumerische Kampanertal durchflossen hat, aus welchem die Schönen bei Jean Paul sich in einem Ballon in den Abendhimmel fahren lassen, während ihrer Unterhaltungen über die Unsterblichkeit. Gautier selber, unbefangen vom Glitzern über seinen Kindertagen, stürzte sich in Paris ins mondäne literarische Leben, war mit den Goncourts, mit Flaubert und Baudelaire befreundet, schrieb Novellen und Gedichte von gleicher Eleganz, und formulierte, wie auf der faszinierenden Oberfläche eines leichtgenommenen Lebens, die Doktrin von der in sich ruhenden Schönheit, der *l'art pour l'art.* Auf die Balance der Geschlechter übertragen und auf ein Leben, wie es wohl nur in der Kunst sein kann, verwirklichte er seinen Glauben (seine Träume) in einem der erotisch verwegensten und zugleich doch auch leichtesten und wieder rätselvollsten Romane jener Zeit, der *Mademoiselle de Maupin* (Alastair, das ist der seinerzeit als Zeichner hochberühmte Hans-Henning von Voigt, hat dieses Buch 1926 ganz hervorragend übersetzt; das Buch selbst nannte noch Swinburne das »vollkommenste und köstlichste Buch unsres modernen Zeitalters«).

Gautier, leidenschaftlich neugierig auf alles Leben auch, das er selbst nicht leben konnte (die meisten Romanciers sind so), reiste gern und war (wie so viele seiner Kollegen) ein großer Beschreiber dessen, was er dann sah. Eines seiner kecksten frühen Reisebücher (damals war er dreiunddreißig, die *Maupin* hatte er mit vierundzwanzig geschrieben) behandelt, durchsetzt mit klugen Bemerkungen über das Reisen und ihn und uns, seine andalusischen Abenteuer – wer die *Mademoiselle de Maupin* nicht zur Hand hat, der kann hier auf diesem kleinen Nebenmeer des großen Meers der Romane schon einmal ein bißchen von dem Sommerwind spüren, der aus den Ländern der Freiheit herweht.

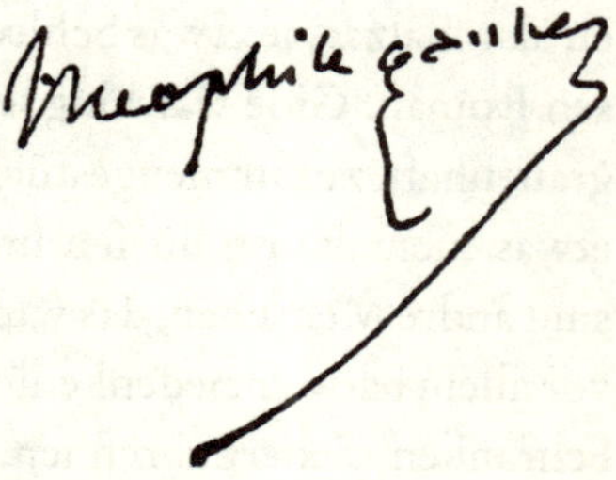

1834

Die Frau von dreissig Jahren

Orig. *La femme de trente ans*

von Honoré de Balzac
(1799–1850)

Immer wieder zwischendurch las Gide Balzac, den er natürlich längst kannte von früher – wollte er sich Balzacs vergewissern? seiner selbst? wer er geworden war seither? und wo Balzac abgeblieben war? Als er weit über siebzig war, las er wieder einmal die *Frau von dreißig Jahren,* zum letzten Male wohl, und vielleicht ein bißchen zu spät (Balzac war gute dreißig beim Schreiben gewesen). Nach dem Lesen jedenfalls notierte er ins Tagebuch: Balzac sei ein unerklärliches Rätsel, und er frage sich, ob er, also Balzac, je etwas Schlechteres gemacht habe als diesen Roman. Gide war klug, er hat recht, dieser Roman ist grauenhaft zusammengestückt, er selber, Gide, hätte so etwas niemals tun dürfen und niemals getan. Leser aber sind andre Menschen, das wußte Balzac wieder besser, und vor allem hatte er Bedenkenlosigkeit und Feuer genug, alle Schranken niederzubrennen, die die Kunst dem Romancier sonst so gerne setzt.

Hier heiratet eine junge Frau den falschen Mann, im schöneren Alter dann verliebt sie sich, aber es wird nichts draus, danach, im noch schöneren Alter (beglückte Leserinnen! und erst beglückte Liebhaber!) verliebt sie sich wirklich ernsthaft; an diese Liebe nun hängt Balzac (und man sieht, ohne ihm doch recht geben zu wollen, was Gide meint) entsetzliche, tragische Auswirkungen. Da bewegen wir uns, aber wir tun es mit Lust, hart an den Grenzen der schlimmsten Kolportage, immerzu ist Nacht mit Degenklirren und Räubern und Betrogenen und Rächenden, dann landen wir schließlich auf einem Piratenschiff, mit einer Frau wiederum darauf, wie gebettet auf Perlen und Gold und die Liebe des Piraten, es ist fast eine Schande, das alles schön zu finden – wir aber brauchen kein andres gutes Gewissen als das, das uns das über alle Bedenken hinwegreißende Erzählfeuer Balzacs gibt, und sind (wir können ja hinterher wieder Gide lesen) in den anständigen Grenzen der Kunst, fürs erste ganz und gar und solang das Buch dauert die glücklichsten aller lesenden Menschen in diesen etwas ruhig billigen Paradiesen der Leselust und unsrer ebenso erregten wie dann gestillten Phantasie.

1833

LELIA

Orig. *Lélia*

von GEORGE SAND
(1804–1876)

Schön, mondän, klug, Männer und Frauen bezaubernd, fasziniert vom Leben und der Liebe (so etwas wie die Françoise Sagan ihrer Zeit, aber wandelbarer, und doch aus festerer Materie, so daß sie sich fast ein halbes Jahrhundert lang hielt) – das war George Sand, damals, Anfang der dreißiger Jahre. 1832 hatte sie *Indiana* geschrieben, eine großartig gefühlvolle Geschichte voller Liebe und Exotik, jetzt, und nun kam der Skandal hinzu, brachte sie *Lelia* heraus, einen fast unverstehbar komplizierten Roman, aber so voller Leidenschaft und Aufbegehren gegen alle Konventionen des Lebens, der Liebe, des Glaubens, und wenigstens nach der Meinung der Eingeweihten so sehr nach dem wahren Leben der vielberedeten Autorin geschrieben, daß er nun doch ganz einfach schien; denn wie immer (damals, als Goethe den *Werther*, noch mehr, als Schlegel die *Lucinde*, und eben, als dann die Sagan ihr *Bonjour tristesse* schrieb) träumten alle jungen Frauen und Mädchen mehr als sie hätten dürfen, und keine noch so komplizierte Kunstform (die uns Spätere nun schrecken kann) machte es ihnen schwer, ihre kühnen Träume hier klarer fast als ihnen lieb war wiederzufinden. Die Sand hat niemals wieder etwas Vergleichbares gemacht, ja, sie hat hinter den sich wandelnden Botschaften, die sie dann schreibselig gerade auch unter das minder träumende Publikum bringen wollte, beinahe absichtsvoll vergessen gemacht, was in ihr selber einst gegärt hatte; und erst wenn wir nun heute diesen wenngleich also mit den Jahren halb esoterisch gewordenen Roman lesen, kann uns dämmern, was für eine leidenschaftlich Schreibende auch all ihre späten Geschichten im Innern noch bewegt, und wir verstehn Flaubert besser, der seine für ihn jugendlich gebliebene Freundin so verehrte, und wir verstehn jenen Kustos in Nohant, der noch heute, wenn er die Besucher durchs Schlößchen führt, überall jene wunderbare Frau zu sehen scheint.

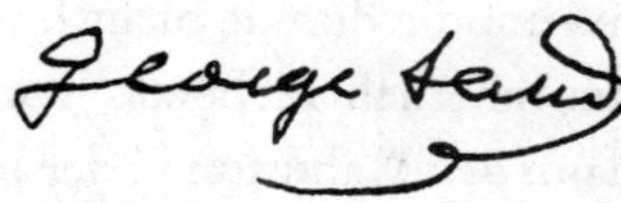

1832

Maler Nolten
von Eduard Mörike
(1804–1875)

Das sind die schmerzlichsten aller Romane, wenn also ein Mann wie hier Mörike in diese Form, wie er sie vorhanden sieht, nun einmal alles hineingießt, auf einmal alles, wovon sonst nur Bilderchen, Details die Gedichte machen: Wunder schon auch sie (gerade sie für uns), aber doch nur Einzelheiten vielleicht für ihn, und nun, sagt er sich, will er einmal das Ganze. Und er gibt wirklich alles hinein: die dunkle nicht loslassende Zigeunerin, dagegen die innerlich Liebende, vorwiegend innerlich jedenfalls, dann den Wahnsinn in der Familie, einen schlimmen Verwandten, einen ewig bloß an den notdürftigen Rändern der Realität entlangschauspielernden Schauspieler, und mitten darin sehn wir nun das sicherlich in solchen Turbulenzen unhaltbare Ich des jungen Künstlers, und wirklich denn auch: erst geht die innerlich Liebende, dann geht er zugrunde, oder auch beide zugleich, an sich selber, aneinander, an der Welt – »der Mensch rollt seinen Wagen, wohin es ihm beliebt, aber unter den Rädern dreht sich unmerklich die Kugel, die er befährt«. Man fragt sich nach diesem Buch, welche ungeheuerliche Art von Resignation den Autor dann zu jener Frömmigkeit geführt haben kann, in deren weniger schwarzem Schatten er weiterdichten, weiterleben mochte; zumal es, ganz am Ende damals, 1832, in dem Roman noch geheißen hatte, als sprächen wir miteinander, Sie und ich (es müssen nicht Männer sein, auch Frauen schweigen ja, und eigentlich schöner): »Die beiden Männer sahn sich lange schweigend an und blickten in einen unermeßlichen Abgrund des Schicksals hinab«, unten also mit Nolten darin, dem Gescheiterten. Doch auch Orplid (»mein Land, das ferne leuchtet…«) taucht in einem kleinen Zwischenspiel schon auf, von ferne: »Gehab dich wohl, du wunderbare Insel! Von diesem Tage lieb ich dich…« – erst abschiednehmend lieben können: so ein Pech, so ein Schmerz.

1831

Der Glöckner von Notre-Dame

Orig. *Notre-Dame de Paris. 1482*

von Victor Hugo
(1802–1885)

Goethe las den Roman noch (und fand ihn abscheulich), er wurde gleich im Erscheinungsjahr übersetzt, in den Jahren 1836, 47 und 64 gab es Veroperungen, und zum Beweis seiner wirklichen Unverweslichkeit seit 1905 regelmäßig alle zwei, drei Jahre eine Verfilmung, bis heute. Hugo, damals neunundzwanzig, Liebhaber großer Attitüden, Vergewaltiger allen Geschmacks im Namen des Erhabenen, beschwört in seinem Buch das Spätmittelalter, er beschwört gruseligdunkel eine Großstadt der Vormoderne, ein Paris, dessen gotische Größe er fackelsüchtig illuminiert. Er läßt (Anwalt aller Außenseiter, aber sie müssen ans Herz gehn) einen Verwachsenen eine feengleiche Zigeunerin lieben, die ihrerseits das Begehren jenes Priesters weckt, der den Verwachsenen zum Glöckner gemacht hat (ähnlich tragisch verwickelt – aber rein aus romantischem Kalkül – ist später dann die schöne Esmeralda nicht bloß die Tochter einer berühmten Hure, sondern entdeckt in einer Einsiedlerin, zu der sie geflüchtet ist, eben diese Mutter wieder, oder sie in ihr die Tochter, fehlt bloß, daß der Dichter selbst ihr Vater war). Der Priester bringt die sein Begehren frustrierende Zigeunerin an den Galgen, sein Glöckner stürzt ihn dafür oben vom Turm hinab, selber geht er dann zur toten Zigeunerin, und so ruhn sie dann Bein an Bein, eine grausigschöne Parodie der Goetheschen Wahlverwandten – hier Goethes letzter Satz: »...und welch ein freundlicher Augenblick wird es sein, wenn sie dereinst wieder zusammen erwachen«, und hier Hugos: »Als man sein Gerippe von demjenigen trennen wollte, das er umschlang, zerfiel es in Staub.« Hundertmal legt man das Buch weg bis zu diesem Schluß, aber immer wieder liest man weiter, nicht weil es gut wäre, denn das ist es nicht, aber es bannt das arme lesende Gemüt; man bringt sich nicht weg von dem Buch; nun gut, sagt man sich endlich, nun gut: ein Roman eben – und ist jetzt gewappnet gegen alle weiteren Schandtaten dieses scheußlichen Genres.

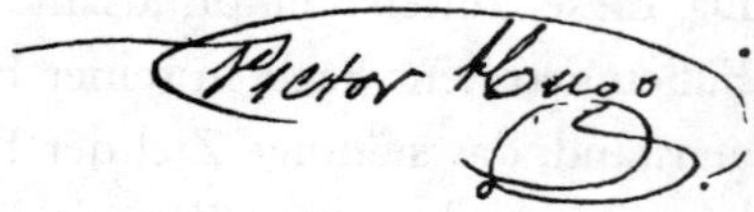

1830

Rot und Schwarz

Orig. *Le rouge et le noir. Chronique du XIXe siècle*

von Stendhal
eig. Marie Henri Beyle
(1783–1842)

Julien«, sagt Stendhal einmal über seinen Helden, »ist ein kleiner junger Mann, schwächlich und hübsch, mit schwarzen Augen, mit einer leidenschaftlichen Vorstellungskraft. In der Kunst, die Axt zu handhaben (der Vater Sorel hat ein Sägewerk), ist er seinen Brüdern und seinem Vater unterlegen und wird von ihnen deshalb verachtet… Da diese zutiefst empfindsame und unaufhörlich mit Füßen getretene Seele in seiner Familie der ständige Gegenstand, das ständige Ziel der Faustschläge und Witzeleien ist, wird sie argwöhnisch, jähzornig, mißgünstig all den Glücksumständen gegenüber, deren sie sich barbarisch beraubt sieht, überdies stolz…« – und dieser hübsche Junge, leidenschaftlich und dann willensstark rein aus Stolz, ein Napoleon für sich, erobert nun die Welt: erst die Provinz und die schönste und reinste Frau dort, dann Paris und dort das eleganteste und modischste Mädchen, Tochter eines Ministers. Auf den allerletzten Seiten (wie nur drangehängt vom Autor, ein Schluß, den die Welt setzt, nicht er) ist Julien so gut wie am Ziel, als seine Braut ihm einen Brief zeigt, in dem seine schöne Provinzliebe ihm attestiert (ihr jesuitischer Beistand hat ihr den Brief diktiert, sie ist unschuldig), nur auf Geld und Macht aus zu sein, und Frauen nur zu diesen Zwecken zu benutzen. Julien wird ärgerlich, als die eben eroberte Welt ihm so wieder zu entgleiten droht, er fährt in die Provinz und schießt in der Kirche auf die ehemalige Geliebte; diese, getroffen, aber nicht so schlimm, will Gnade für ihn, aber er wird hingerichtet; und die Braut, stolz auf eine neue Rolle, und nun liebt sie ihn beinahe wirklich, nimmt seinen abgeschlagenen Kopf mit in ihre Kutsche. Julien beschwört in seinen letzten Augenblicken die fast von ihm erschossene Liebe, am Leben zu bleiben, aber sie stirbt drei Tage nach ihm. »Eines Tages«, schreibt Stendhal, »wird dieser Roman ein Gemälde vergangener Zeiten sein« – und er wußte natürlich, daß Gemälde auch deshalb für spätere Zeiten so ansehenswert bleiben, weil der Beschauer hinter allen so anderen Umständen doch immer die Seele wiedererkennt, die damals wie heute das Glück will, und ohne Mühe imstand ist, auch die zu lieben, die damals am Rande des Glücks zugrundegingen.

1829

Die Chouans

Orig. *Le dernier Chouan ou La Bretagne en 1800*

von Honoré de Balzac
(1799–1850)

Balzac war in seinen pseudonymen Anfängen beklagenswert erfolglos, mit Recht, möchten wir sagen, aber wir wissen, wie gut sich schlimmeres Zeugs von andern oft verkauft hat; da Balzac aber reich werden wollte wie eben diese andern, wechselte er nicht ganz das Genre, aber die Funktion, und wurde Unternehmer, er druckte Bücher. Auch damit waren andre reich geworden, er aber war nach kurzer Zeit völlig pleite, und im Grunde auf Lebenszeit verschuldet. Beim Bücherschreiben hatte er wenigstens nicht bankrottiert, und wer weiß, wird er sich gesagt haben, vielleicht war er ja auch doch dafür eher geboren als fürs Drucken, jedenfalls schnitt er wieder Federn und schnitt sich Papier, kochte Kaffee für die Nacht, putzte die Lampe und schrieb. Und jetzt ernsthaft und nach vorangegangnen Studien, historische Studien, denn er wollte jenen Markt erobern, auf dem, wie das Beispiel des marktbeherrschenden Scott zeigte, mächtig Geld zu holen war, auch Ruhm natürlich (Ruhm: schöner Lockvogel des Geldes; Prosper Mérimée war auf eben demselben Weg und brachte jetzt die glänzende *Bartholomäusnacht* heraus) – schrieb also einen großen historischen Roman aus dem revolutionären Frankreich (runde vierzig Jahre zurück: Scotts Rezept), über den Kampf der Königstreuen gegen die aufständischen Bauern in der Bretagne; ein spannendes Buch, voll von den dunklen Nächten mit schleichenden Schemen draußen und lüsterbeleuchteten Geheimversammlungen drinnen, und Männer mit großen Seelen und tapferen Herzen kämpfen für die eine und die andre Sache, besonders der eine, der schönste der Königstreuen: auf ihn aber hat Fouché, die polizeigewordne Bosheit der neuen Republik, eine wunderschöne Abenteurerin angesetzt. Die kalte Bosheit hat es an sich, daß sie nicht mit der Liebe rechnet, die der Romancier und der Leser aber brauchen – doch leider, wenn sie dann kommt, und sei sie auch, wie es so schön heißt, stark wie der Tod, bezwingen Bosheit und Tod sie: so auch hier; und wie von allem so gewaltig Rührenden, wenn wir weder wissen können noch wollen (wer könnte das aber auch, selbst wenn er wollte, und wer wollte es, wenn er könnte?), ob es Schund ist oder groß, sind wir wunderbar bewegt und würden, sagen wir uns, auch damals schon wie die andern frühen Bewunderer, allen voran die schöne Hanska, gesehn haben, daß hier ein großes Genie sein Feld gefunden hat, egal, ob Verlangen nach Ruhm oder bloß kein Geld die Wegweiser waren.

1828

Wilhelm Meisters Wanderjahre oder Die Entsagenden

von Johann Wolfgang von Goethe
(1749–1832)

Goethe war jetzt neunundsiebzig und hatte (nur der rätselschöne *Faust II* war noch nicht fertig) eigentlich alles gemacht, Sachen darunter, an die keiner auch nur gedacht hätte außer ihm, abgesehn also von allem, was sonst kaum einer für möglich gehalten hätte, und schon gar nicht für vollendbar. Über ein halbes Jahrhundert zurück hatte er seinen Wilhelm ins Romandasein gerufen, zwanzig Jahre später war ein großer Roman daraus geworden, ein glanzvolles Gemisch aus Liebe und Theater und Italien und Bürgerlichkeit und Adel und allem. Zehn Jahre später hatte er weitergemacht, hatte für ein Dutzend Jahre wieder aufgehört, dann, jetzt acht Jahre zurück, war so etwas wie ein Anfang einer Fortsetzung erschienen; nun hatte er das Gewebe wieder aufgelöst (ein Gewebe jetzt mehr aus Erzählhaltungen und Textsorten als über dreißig Jahre vorher dies Gemisch aus erzählten Sachen), und dann, eben in den letzten Monaten des Jahres, hatte er es, endgültig nun, wieder zusammengesetzt, ergänzt, weitergesponnen, neu verknüpft – eine Lebensgeschichte derart, daß man denkt, der Roman überhaupt, als Gattung, fange, noch einmal nach Laurence Sterne, mit der reinsten und verwirrend-schönsten und zugleich völlig durchsichtigklaren Unmöglichkeit an, überhaupt loszuerzählen wie alle andern davor und vor allem dann danach: Das hat den Roman am stärksten am Leben gehalten, daß seine Unmöglichkeit sein Leben war (sagt man sich dann). Am Schluß von Goethes Roman jetzt fällt einer von einem abbröckelnden Flußufer samt Pferd herab ins Wasser, Wilhelm (es ist sein Sohn, der da herabkommt, später umarmen sie sich, »wie Kastor und Pollux, Brüder, die sich auf dem Wechselwege vom Orkus zum Licht begegnen«), Wilhelm also, Arzt jetzt, öffnet ihm, der wie tot daliegt, mit einer Lanzette die Ader, und das Blut, so heißt es nun, »sprang reichlich hervor und mit der schlängelnd anspielenden Welle vermischt folgte es gekreiseltem Strome nach« – wie auserzählt mischt er sich da schlängelnd spielend gekreiselt weg aus dem Roman, aber wenn der stromab gelockte Leserblick wieder zurückkehrt, steht und liegt der junge Herabgefallene doch wieder schön da, seine Wangen röten sich, und nur der Roman ist zu Ende; freilich, nur dieser eine.

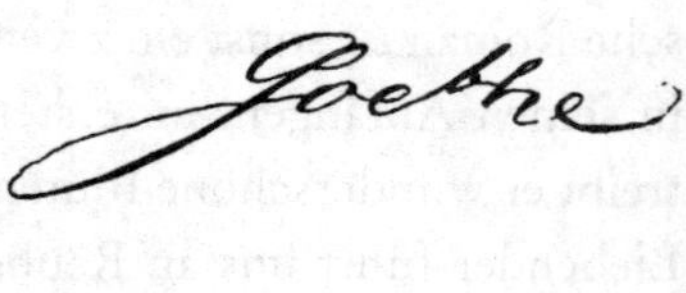

1827

Die Verlobten

Orig. *I promessi sposi. Storia milanese del secolo XVII, scoperta e rifatta*

von Alessandro Manzoni
(1785–1873)

Der gewöhnliche Leser (ein schöner Ausdruck Virginia Woolfs; sie meint uns), der gewöhnliche Leser hat oft große Angst vor Büchern, die er nach Meinung aller Autoritäten gelesen haben muß, um auch nur vor sich selber mitreden zu können über was groß und schön ist. Trotzt er dann aber einmal allen Autoritäten und vertraut der eignen Kraft und liest solche Sachen einfach, dann entpuppen sie sich oft als ganz hinreißend schön und wunderbar verständlich und bezaubern auch seine eigne mit sich selber redende Seele. Manzonis *Verlobte* ist ein solches Buch. Es spielt am Comer See, in Mailand, in Bergamo, die Zeit ist das frühe 17. Jahrhundert (der historische Roman ist sonst ein zweifelhaftes Gebilde, aber hier, in seinen Anfängen, im ersten Drittel des Jahrhunderts, treibt er wunderschöne Blüten), und das Schicksal zweier Liebender führt uns an Räubern und schlimmen Tyrannen, am hohen Klerus und an wahrhaft beseelten Geistlichen, an Helden und an geduckten Kleinbürgern vorbei in Kriegs- und Friedenszeiten hinein, in die Schrecken der Willkür, und dann, und gerade auch dafür ist das Buch berühmt, in die große Pest von Mailand, in der sich dann alle Knoten lösen (wer anderswo oft sieht, wie gern und beinahe leichtfertig viele Romanciers Krieg und Pestilenz benutzen, um billige Figuren loszuwerden, mit denen sie sonst große Probleme kriegen würden, der weiß den Mut zu schätzen, mit dem ein Mann wie Manzoni, durchaus eingedenk des Risikos, hier auf die Pest losgeht; es ist genau dieser Mut, der die großen Romanciers ausmacht; sehr keck und hübsch unbedacht sagt Renzo einmal, im Kapitel 33 – Renzo ist der Liebende, seine Verlobte heißt Lucia: »Wenn ich eine so schöne Gelegenheit vorübergehen lasse – die Pest! … – so eine kommt nicht wieder!« und darauf, sofort, greift dann der Autor ein und sagt: »Wir wollen es hoffen, mein lieber Renzo«).

Manzoni erzählt oft sehr bedächtig, als ob wir unendlich Zeit hätten, wie früher vielleicht; aber wenn wir uns einlassen auf ihn, enthüllt auch die Zeit, die wir haben, ganz ungeahnte Dimensionen, und füllt sich so unmerklich auf, daß wir von ihr Mengen gewinnen, an die wir vor diesem Erzählen niemals geglaubt hätten.

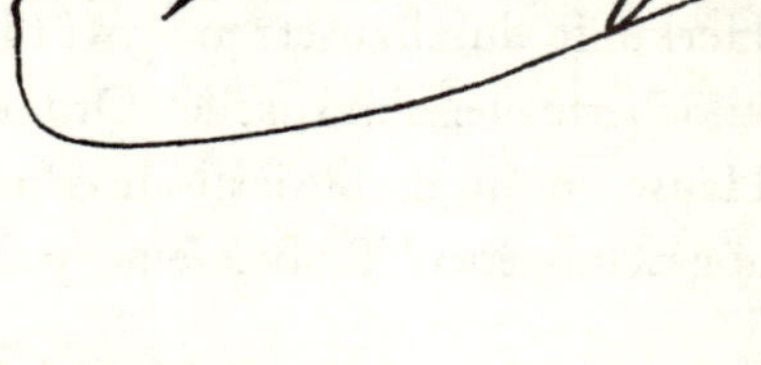

1826

Metamorphosen der Gesellschaft

von Achim von Arnim
(1781–1831)

Einer, später wird er Minister, hantiert in seiner Wohnung etwas lässig mit einer Pistole, ein Schuß löst sich, natürlich ist keiner getroffen, dies ist ein Roman der Konversationen, aber durchs offene Fenster geht der Schuß drüben durch ein weiteres Fenster in eine Kirche, natürlich ohne einen Getroffenen auch dort, außer der hölzernen Taube über dem Altar, die nun mitten in den Gesang der Gemeinde hinabstürzt. Im Hause wird nach wie vor geredet, alte Lieben erstehn wieder dabei, neue Lieben entstehn; falsche Frömmigkeiten werden besprochen, und gegen halb anarchische, halb revolutionäre und dazu noch halbherzig liberale Tendenzen, wie sie der hingenommene Zeitgeist mit sich gebracht hat, beginnt sich erst gesprächsweise, dann aber in ersten realen Schritten die Vernünftigkeit einer Staatsidee eher legitimistischer Herkunft durchzusetzen – würde sich gegen eine verknöcherte legitimistische Ordnung in einem andern Hause und in enthusiastischer Frömmigkeit und bei unabgeschossenen Tauben eine politisch andre Dämmerstunde ereignen, dann hätte Arnim die Geschichte vielleicht nicht erzählt, aber wenn er sie erzählt hätte, dann ganz sicher in dieser selben lakonisch-melodischen Diktion, die er jetzt hat, und die (eine verwegene Synthese aus dem, was Jean Paul konnte, und dem, was Goethe dann wollte) das erzählende Parlando bei uns auf eine Höhe brachte, die es vorher nicht haben konnte und danach niemals mehr hatte (abgesehen von Gutzkows beinahe gewalttätigen Aufschwüngen im *Zauberer von Rom*). »Aber jener Mondschein eben war es«, schreibt er einmal, als eine Frau mit einem großen Leuchter ein nur von einer »aussterbenden Astrallampe« matt erhelltes Zimmer betritt, worin Liebende sind, »jener Mondschein eben war es, der die beiden Liebenden so dreist gemacht hatte, unter dessen Schutze sie sich einander mit ernsten Schwüren zueigneten, Gelübde, von denen jene Küsse eigentlich nur die Siegel unter das Blankett waren, worauf sie nun kreuz und quer, wie es ihnen einfiel, die näheren Bedingungen des Glücks eintrugen. Eben wollte Eduard mit einem neuen Kusse das Datum unterzeichnen …« – aber da kommt der Leuchter, und hier der Schluß unsrer Miniatur.

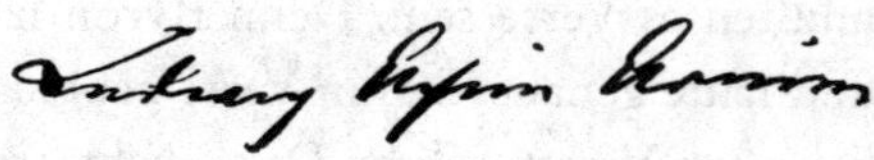

1825

Eugen Onegin. Roman in Versen

Orig. *Evgenij Onegin*

von Alexander S. Puschkin
(1799–1837)

Tatjana ist hinter Onegin her, der tanzt mit der Schwester, und zwar so sehr, daß deren Verlobter ihn fordert, ganz schnell, und Onegin tötet den Freund im Duell (so wild ist das Leben, so schön ist der Stoff im Umkreis von Puschkin und Lermontow!). Die Schwestern heiraten anderwärts, und Onegin schenkt jetzt Tatjana sein Herz, jetzt endlich, doch selbst wenn Tatjana noch will: die Chance ist vorüber – die Zeit steht nicht still! Das alles hätte sich leichterhand in Prosa erzählen lassen (befand, fürs eigene Dichten, schon Heine) allein: seit Byron mußten es Verse sein. Denn Byron hatte es vorgemacht und hatte genauestens in Verse gebracht, was eben förmlich nach Versen schrie: Duellsucht, tragische Ironie, ironische Tragik der Seelen (nicht bloß der beschriebenen: auch der schreibenden). Groß, fast unwiderstehlich, ist dieser swing – gleichwohl ein hybrides Zwitterding (besonders bei Byron und Puschkin); und dann, zurückgekehrt und wieder im Bann erzählender Prosa (die unsere

Gunst durch ihre zurückgenommene Kunst der Beschreibung auch solcher Seelen gewinnt, die heimlich nicht minder gebrochen sind) beschließen wir wieder, den Vers zu fliehn; und können uns dennoch nicht entziehn dem gedankenraschen blitzenden Wesen jener geistvollen Dichter, wenn wir sie lesen, fernab vom diskursiven Getrabe schwerfälliger Prosa mit ihrem Gehabe (dies wird dann, nach all den Spielerein, wieder Gangart der weisen Kollegen sein). »Und ein Roman im alten Stil wird meines Lebensendes Ziel«, schreibt Puschkin, unverbesserlich: »vielleicht besinnt der Himmel sich und läßt mich nicht mehr Verse schreiben«. Indes, wir können gelassen bleiben, es zwingt uns keine Macht der Welt, zu sagen, was uns besser gefällt: die Prosa hier, Lord Byron dort (und jetzt eben Puschkin). Mit einem Wort: das Mittlere gleichsam, worin dann beschwingt das Genre die großen Taten vollbringt, ist eben das Wahre erst samt den Exzessen, in denen wir, sonst zwar auf Prosa versessen, die Taten noch einmal sich brechen sehn, und das fast ehe sie geschehn.

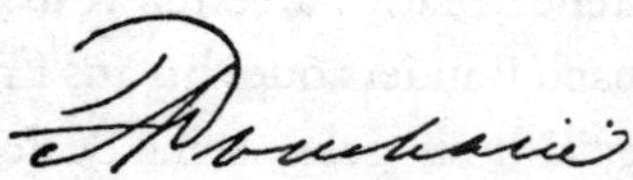

1824

Bruchstücke aus dem Tagebuch eines Dorfküsters

Orig. *Brudstykker af en Landsbydegns Dagbog*

von Steen Steensen Blicher
(1782–1848)

Es war mir, als flöge ich mit ihr durch die Luft«, schreibt der kutschierende junge Bedienstete, als er das herrschaftliche Fräulein vor sich auf dem Schlitten hat, zwischen seinen zügelhaltenden Armen, an die sie immer wieder schwankend auf dem Schlitten stößt, »es war mir, als flöge ich mit ihr durch die Luft, und ehe ich es mich versah, waren wir bei Fussingoe. Hätte sie nicht gerufen: ›tenez Marin! arrestez vous!‹ wäre ich weitergefahren bis nach Randers oder bis ans Ende der Welt« – und er hält an, er läßt sie gehn, seine Seele entwickelt sich schön unter dem reinen Druck der Liebe, nur eben Sophie, so heißt sie, läßt sich dann verführen von Martins Freund, der kaum eine Seele hat, aber eine Seele war eben genau nicht das, was Sophie wollte. Sophie geht mit dem andern weg, sie verkommt irgendwann (später, in seiner *Marie Grubbe*, hat Jens Peter Jacobsen dieselbe wahre Geschichte noch einmal erzählt, da entwickelt Sophie dann ich weiß nicht ob eine Seele in jenem Sinne, aber doch ein Selbstbewußtsein, das sie rettet), Martin wird fromm, wird Dorfküster, seine Seele nähert sich Gott, aber wenn er in seiner Erzählung auf Sophie zu sprechen kommt, dann hört sich das oft an, als hätte er doch die ganze Zeit über (denn wer überhaupt eine Seele hat, hat dann gleich mehrere Seelen; was wäre sonst dabei, eine Seele zu haben?), als hätte er eben doch die ganze Zeit über fast noch lieber als schließlich den Weg zu Gott damals den zauberischen genommen, den nach Randers oder bis ans Ende der Welt.

Blicher, ein schlechtbezahlter und schlechter Landpfarrer, sagt Walter Boehlich in seinem Nachwort, habe diese Geschichte aus Geldmangel aufgeschrieben und veröffentlicht – ganz wie sein Held die schöne Sophie hätte er sicher viel lieber rein das Geld gehabt als eben dann bloß dieses Buch gemacht. Wir nun, ohn alle Mühen, haben das wunderliche Buch, nur das Herz zittert uns, wenn wir Blicher seinen Helden hinschreiben lassen sehn, als er, ohne nach Randers gekommen zu sein, in den Krieg und in die Ferne zieht: »Herr, mein Gott, wie wunderbar sind deine Wege!«

1823

Lederstrumpf

Orig. *The Pioneers, or, The Sources of the Susquehanna; The Prairie; The Pathfinder, or, The Island Sea; The Deerslayer, or, The First Warpath; The Last of the Mohicans*

Von James Fenimore Cooper
(1789–1851)

In diesem Jahre 1823 erblickte Natty Bumppo das Licht der lesenden Welt, ein nordamerikanischer Jäger, ein alter Kerl, häßlich und alles, ein Ausreißer in die Wälder – aber als *Lederstrumpf* einer der legendärsten aller Menschen, ein Mythos geradezu, ein »Archetyp wie Faust, Parcival, Ewiger Jude«, sagt Arno Schmidt, der begnadetste unsrer Cooper-Übersetzer. Zwanzig Jahre hindurch und über vier Romane hinweg lebte Cooper mit Natty Bumppo, die Welt, wenn auch eher die ganz jugendliche, tut es immer noch, tat es wenigstens bis unlängst. Einige der ersten großen Angetanen von Lederstrumpf waren Balzac und Goethe; jener vergleicht seinen großen Wucherer Gobseck einmal mit Bas-de-Cuir; und Goethe las den ersten Lederstrumpfroman Anfang Oktober 1826, er war gerade siebenundsiebzig geworden (Cooper war ziemlich genau vierzig Jahre jünger). Grillparzer, in Coopers Alter ungefähr, weilte damals gerade in Weimar, er besuchte den schwärmerisch verehrten Goethe (er weinte richtiggehend dabei), er beschreibt ihn: »Das Alter war nicht spurlos an ihm vorübergegangen. Wie er so im Gärtchen hinschritt, bemerkte man wohl ein gedrücktes Vorneigen des Oberleibs mit Kopf und Nacken… Sein Anblick in dieser natürlichen Stellung, mit einem langen Hausrock bekleidet, ein kleines Schirm-Käppchen auf den weißen Haaren, hatte etwas unendlich Rührendes. Er sah halb wie ein König aus und halb wie ein Vater…« – das waren also damals die Lederstrumpf-Leser; Goethe notiert für diesen Tag: »Den Cooperschen Roman zum zweitenmal angefangen und die Personen ausgeschrieben. Auch das Kunstreiche daran näher betrachtet… Mittags große Gesellschaft. Herr Grillparzer und an ihm teilnehmende Freunde…« – man wüßte gern, ob er sich Mühe gab, Herrn Grillparzer Natty Bumppo nahezubringen. Am nächsten Tag las Goethe weiter, und, halb König, halb Vater und das Käppchen auf dem weißen Haar, in den Wochen danach noch den *Letzten Mohikaner*, den *Spion* und den *Lotsen*. Aber man muß bedenken: das ist jetzt alles einhundertsiebzig Jahre her.

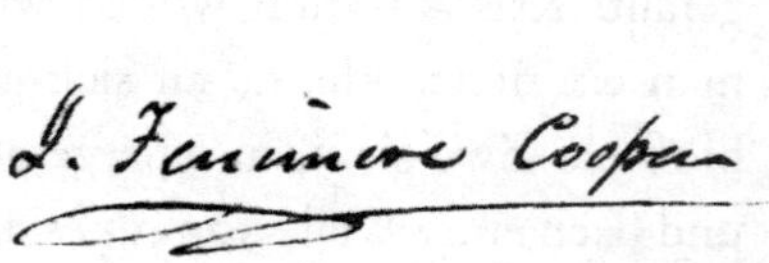

1822

Über die Liebe
Orig. *De l'amour*

von Stendhal
eig. Marie Henri Beyle
(1783–1842)

Stendhal, als zu seinem Leidwesen Napoleon gescheitert war, ging nach Mailand und verliebte sich, des Glücks wegen, weswegen sonst; aber die Schöne machte nicht mit, und so schrieb er, anders hätte er vielleicht sofort mit dem Romanschreiben angefangen, zuerst ein Buch über die Liebe. Die berühmte Hauptthese ist darin diese: Kaum hat dir jemand auf jene Art gefallen, von der du dann später sagen wirst: ich habe mich verliebt, da beginnt deine Phantasie zu arbeiten, und du schmückst den, in den du nun schon verliebt bist, mit allem aus, was dir gefällt: Kristallisation wollen wir das nennen; also: wie man ein nettes kleines an sich ganz dummes Zweiglein, bloß ein Zweiglein, in eine gesättigte Salzlösung taucht, und nach einer Weile kommt es dann heraus voll mit Salzkristallen wie mit glitzernden Diamanten: So hast du beim Lieben den, den du haben wolltest (die Mailänderin) in deine Phantasien getaucht, die doch bloß darauf gewartet haben, sich endlich einmal so schön zu vergegenständlichen. Das Wichtigste ist also diese wunderbare Aktivität des Liebenden: denn eigentlich ist nun der Geliebte, ist die Geliebte das Werk dieser Liebe. Ein paar sentimentale Kritiker haben gefunden, Stendhal bedenke hier zu wenig die Mitmenschen, das Du, und so weiter – aber das sind natürlich moralische Kindereien, hier geht es aber um ernste Sachen, um Wahn und Wahrheit und Leben. Das Große ist nämlich, daß Stendhal jetzt, wo er eben gerade keinen Roman schreibt, sondern einen Essay, einen Essay über das Leben, daß er gerade jetzt über die Liebe redet, als wäre sie die Leidenschaft aus den Büchern; sonst, für den, der das Leben nicht mit den Romanen verwechselt, wären Romane doch der Raum, in dem er lesend und wenigstens also in der Seele ausleben kann, was im Leben nicht sein darf; aber Stendhal, und nicht einmal hochmütig eigentlich, sagt dagegen: nein, der wirkliche Roman beschreibt das wahre Leben, nämlich für die wenigsten, die was davon verstehn – und hier habt Ihr's vorweg, das Leben, und die Romane dann später. Stendhal war klein und dick, sein Kopf war rund, niemand hätte vermutet, und schon gar nicht die Mailänderin, was darin vor sich ging, aber es war eben einfach das Leben.

1821

Lebensansichten des Katers Murr, nebst fragmentarischer Biographie des Kapellmeisters Johannes Kreisler in zufälligen Makulaturblättern

von E.T.A. Hoffmann
(1776–1822)

Mancher zieht, wenn es um Hoffmann geht, diesem *Kater Murr* schließlich doch die so hinreißenden *Elixiere des Teufels* vor, sie haben so etwas Dämonisch-Schauerliches, und bei allem turbulenten Durcheinander lesen sie sich süffig und leicht weg, und vor allem ist ein von diabolischen Elixieren Getränkter doch immer ein glänzender Held. Ein Kater dagegen kann mißlich sein, wie so viele erzählende Tiere, vielleicht muß man einen eignen lebendigen lieben, wie Hoffmann das eben tat (er starb ihm, auch Murr geheißen wie jener, 1821, ganz wie der im Buche im Nachwort des fiktiven Herausgebers; im Jahre darauf starb Hoffmann, und die versprochnen nachgelassenen Lebensansichten Murrs blieben ungeschrieben: so sehr griffen hier alle Tode ineinander, die menschlichen und tierischen). Und dann war Hoffmann auch sonst wunderbar verrückt und durchwirkte die Ansichten Murrs mit der Lebensgeschichte des genialen Musikers Kreisler, und zwar so, daß auf halbbedruckten Wegwerfblättern einer Lebensgeschichte dieses Mannes nun Murr seine Ansichten niederschreibt, und dies wieder so, daß Kreislers Leben, so zufällig verwendet, kaum Ordnung und scheußliche Lücken hat – wir lesen nun also ein bißchen Murr, satirisch-langweilig mitunter, aber natürlich auch witzig und brillant, dann die damit hinten beschriebenen Kreisler-Blätter, und diese nun, zerstückt ohnehin durch Murrs dauerndes Dazwischenschreiben, also auch noch bis zum Zerreißen fragmentarisch, und als ob an überhaupt kein zusammenhängendes Leben des Kapellmeisters je zu denken wäre, ganz abgesehen von irgendeinem auch nur entfernten Zusammenhang mit den Ansichten dieses verfluchten Katers: außer man beginnt irgendwann große Lust zu empfinden daran, wie hier ein Roman, den ein willkürlich herbeigedichteter Zufall (der Kater mit diesen Makulaturblättern, in Laurence Sternes *Empfindsamer Reise* gibt es ein ähnliches Motiv) fast sinnlos in Stücke reißt – wie ein so in Stücke zerrissener Roman also das ganze sonst überall doch für natürlich hingenommene ordentliche Erzählen von Ansichten und Lebensgeschichten einmal ganz gewaltig unterläuft, fast als sollten wir nun auch noch überlegen, ob nicht das Unzusammenhängende und Zerrissene wahrer ist als was wir sonst gern über uns und die Welt wüßten.

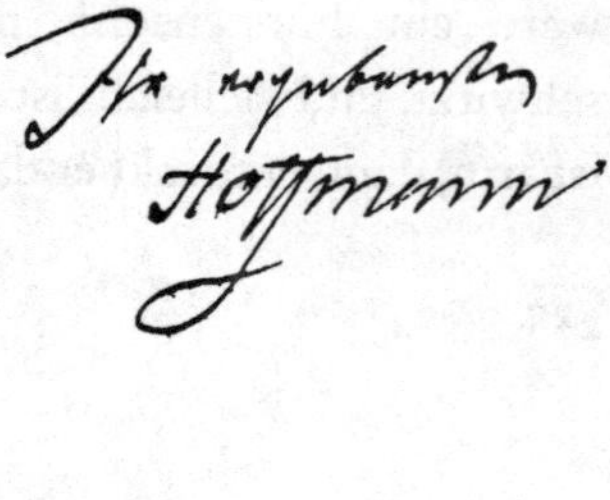

SIEHE BILDTAFEL 8

1820

Der Komet oder Nikolaus Marggraf. Eine komische Geschichte

von Jean Paul
eig. Johann Paul Friedrich Richter
(1763–1825)

Im neueren Roman (also Cervantes mit seinem *Don Quichotte* und den großen Rabelais jetzt einmal fortgelassen) gibt es nach dem *Tristram Shandy* des verrückten Laurence Sterne nichts auch nur annähernd so Wahnwitziges mehr wie Jean Pauls *Kometen*, diesen von ihm selber komisch genannten Roman, den er, wie das ganze Romaneschreiben, abbrach, als sein Sohn 1821 starb. »Der Tod meines Max«, notiert er sich, »macht mich bloß wilder gegen die ganze Welt, worin ich nun so wenig noch zu verlieren habe« – was er dann noch schrieb, war ein sehr eigenartiges Buch über die Unsterblichkeit der Seele, und er schrieb auch dieses Buch nicht zu Ende, diesmal starb er selber mittendrin.

Der *Komet* handelt von einem Apotheker, der denkt, er wäre ein Fürstensohn mit Heiligenschein, wenn er schwitzt, und vielleicht ist er wirklich ein Fürstenkind; er ist arm, dann entdeckt er das Diamantenmachen und zieht in die große Welt. Unterwegs begegnet er dem jungen dürren Jean Paul, der gerade das Wetter prophezeit – das war wirklich immer die große Leidenschaft Jean Pauls gewesen, und er hatte es darin, wenn man so sagen darf, wesentlich weiter gebracht als im Diamantenmachen. Der irre Apotheker hat einen wunderbaren Freund, Worble (Jean Pauls Bücher sind voll von den erträumtesten Freunden, die einer haben kann), dem kein Mensch reicht, wenn er nicht wenigstens eine Frau ist; er liebt eine Prinzessin, deren Wachsbild er heimlich anbetet; und eines Nachts, aus finsterstem Nebel (Jean Paul im Buch hatte hellste Sonne prophezeit) begegnet ihm der Ledermensch und hält ihm eine Rede, viel schlimmer noch als die seinerzeitige des toten Christus vom Weltgebäude herab (aus dem *Siebenkäs*); mitten in der Rede wird der Ledermann müde – Worble hat ihn in den Schlaf magnetisiert – und verkriecht sich in den Kamin und murmelt fast lieblich-wirre Sachen, so daß am Ende keiner weiß, ob man sich entsetzen soll vor ihm oder ihn lieben – verstehn kann man ihn ohnehin nicht. Wer den *Kometen* gern gelesen hat, oder auch nur überhaupt, dem macht kein Romancier mehr etwas vor, und auch sonst eigentlich keiner.

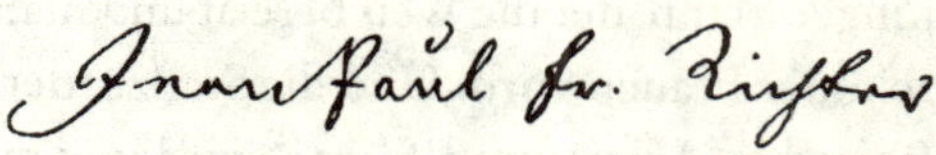

1819

Don Juan
(Orig. *Don Juan*)

von George Gordon
Lord Byron
(1788–1824)

Mir fehlt ein Held« – mit diesem Ausruf klingendster Verzweiflung beginnt Byron dieses große Projekt eines modernen Epos in Versen. Er ahnt (wie nach ihm dann Puschkin auch), daß, wer keine großen Helden mehr hat, auch mit den alten Erzählformen nicht mehr weiterkommt, so sehr er sie liebt: Ich finde, sagt er dann in der fünften Strophe, »ich finde keinen Helden heute, den ich für mein Gedicht gebrauchen kann, und nehme, wie gesagt, Freund Don Juan« – und der Scherz ist, daß Don Juan nichts als den Namen gemein hat mit jenem großen erotischen Helden, Don Juan hier bei Byron ist ein netter junger Mann, der die Welt bereist und manchmal die Beute schöner Frauen wird. Und die Stanze, der große Epenvers Bojardos, Ariosts und Tassos, wird nun mit einem solchen Helden für einen Dichter, der ihn fast gar nicht will, zum Gefäß letzter überschäumend witziger, satirischer, man möchte oft sagen: selbstzerstörerischer Ideen – jedenfalls vernichten sie (ganz wie der Dichter schon allen großen

Anspruch von Anfang an aufgibt) alle Heldengröße, allen Prunk. Und wenn sich, auf jenen ironischen Umwegen, die dann auch Heine so gut beherrscht, dennoch Pathos und irgendein Ton von Größe einschleichen, so sind es das Pathos des gewaltig Lächerlichen und der Ton der unmöglich gewordenen Größe. Tausendfünfhundert Strophen lesen sich auf solche Art unglaublich schön und leicht: Das geht also doch, sagt man sich fast, auch die neue moderne Welt läßt sich in solchen Versen einfangen; aber dann läßt Byron seinen jungen Mann ganz in die Gesellschaft eintauchen. Und wie er nun, ironisch und beißend satirisch, seine, also seines Freundes und damit die eigne Gesellschaft schildern will, funktioniert der Vers nicht mehr; das geschliffene Bonmot in genußreichen Reimen trifft nicht mehr, der Vers reicht nicht heran, reicht nicht hinab an die Gemeinheit des Alltags, er zerfällt (und nicht einmal immer gekonnt, das ist das Große) ins Schlottergewand gereimter Prosa. Und Byron zieht die großartige Konsequenz und bricht sein Epos mittendrin ab, genau dort, wo Leute wie Balzac dann weiterschreiben müßten, nämlich richtiggehende Romane in einer Prosa, an der keiner mehr irgendeinen Wohlklang vermißt. Kein andrer Schluß als dieses abrupte Ende mittendrin könnte geistvoller zeigen, was Byron meint, wenn er gleich sagt: mir fehlt ein Held.

1818

Frankenstein oder Der moderne Prometheus

Orig. *Frankenstein or, The Modern Prometheus*

von Mary Wollstonecraft Shelley
(1797–1851)

»Ich weiche nicht, bei den unsterblichen Göttern!« soll der große Peacock achtzigjährig ausgerufen haben, als seine Bibliothek in Flammen stand; seine wunderliche Schauersatire der *Nachtmahr-Abtei* ist derzeit leider nicht im Handel. Indes, Peacock war sehr befreundet mit Shelley, und dieser und Lord Byron und Mary, Shelleys zweite Frau (deren Mama war eine berühmte Frauenrechtlerin), erzählen sich am Genfer See nächtelang in diesen Jahren selbsterdachte, womöglich sogar selbsterlebte Schauergeschichten. Den finstersten Vogel dabei schoß Mary ab, als sie den beiden Lyrikern mit ihrem *Frankenstein* die Träume ruinierte. Macht nichts, daß Frankenstein nicht das Monster ist, wie sie immer sagen (»Du siehst aus wie Frankenstein«), sondern daß Frankenstein der Doktor heißt, der das Monster schafft, das arme Monster, das ja tausendmal bemitleidenswerter ist, als wir so denken:

macht alles nichts – Mary jedenfalls hat da einen scheußlich fruchtbaren Mythos geschaffen, und ganz wie die neuen Mythen so sind, wir sind ihnen ja schon manchmal begegnet: erschreckend unumwunden, grausig trivial, indezent direkt die Seele angreifend, und insgesamt von jener entwaffnenden Kraft getragen, die das Rätsel hat, wenn es sich freihalten kann von dem Takt, den früher das Denken hatte. Frankenstein, dieser Prometheus der späten Mary, stirbt zerknirscht und von Haß auf sein Monster erfüllt, das alles umgebracht hat, was Frankenstein liebte, das Monster wiederum beugt sich am Ende, ebenfalls zerknirscht, aber nun nicht mehr hassend, über den Toten, dann besteigt es ein Floß und geht klagend und unerlöst ab in den hohen Norden, dort will es sich einen Scheiterhaufen errichten (aus dem Floß wohl) und sich so völlig verbrennen, daß keiner es aus auch nur den kleinsten Resten noch einmal nachmachen kann. Leider wird es da allein sein, keine Senta und nichts dabei, was hätten wir sonst für Töne Wagners, wenn es sich da oben hoch im Norden aus der Welt heraus und in die eisig-flammende Erlösung hineinsänge und noch tiefer hinab in unsre arme Seele, als dies der guten Mary gelang, dieser Loreley des Grauens.

1817

Überredung

Orig. *Persuasion*

von Jane Austen
(1775–1817)

Wie jener Vogel, von dem Borges erzählt: er fliege rückwärts, denn er wolle nicht wissen wohin es gehe, sondern woher er komme – so gehn wir hier in die geschriebene Welt zurück: Und wenn uns einer stirbt, dann erst beginnen seine Jahre; so jetzt die Jahre Jane Austens, sie starb, einundvierzigjährig, 1817, und hinterließ (vermeiden Sie eine neuerdings fertiggeschriebene Version!) ein unfertiges Buch, *Sanditon*, witzig, temporeich, und mehr als ihre Romane sonst getränkt mit jener Ironie, deren fast verklärende Milde (als trage die Autorin eine dunkel getönte Brille, daß man nicht erkennt, wie schrecklich genau sie beobachtet) so elegant hinwegtäuscht über ihren profunden Sarkasmus; und hinterließ ferner ein fertiges Buch, das im Jahr nach ihrem Tod erschien, *Persuasion, Überredung* (mitunter deutsch als *Anne Elliot*). Bei Jane Austen, in deren Büchern auch sonst schon, ganz wie bei andern großen Porträtisten der Gesellschaft (denken Sie an Henry James, an Fontane), ein nicht einmal direkt ausgesprochenes Ja oder Nein mehr wiegt als anderswo

Ruin, Triumph und Mord und Jüngstes Gericht, bei Jane Austen ist hier die Zeit selbst für Ja und Nein schon vorbei: Eine junge Frau hat vor Jahren, als sie hätte ja sagen sollen, aus gesellschaftlichen Rücksichten nein gesagt zu einem Mann nicht ganz ihres Standes; aber dieser ganze Stand ist inzwischen endgültig tönern geworden, hohl, das ist ihr, sie ist unverheiratet geblieben, in den Jahren seither klar geworden. Nun trifft sie jenen Mann wieder, sie liebt ihn noch, er sie wohl auch, aber sie muß erst ganz allmählich wieder zu sich kommen, muß auch erst ganz allmählich ihr halb verblühtes Leben wieder zurückgewinnen, ihr Selbstbewußtsein auch, das fast verlorengegangne Gefühl ihrer Liebenswürdigkeit – ehe sie spüren kann, wie jener Mann auch wieder dahinterkommt, wer sie für ihn einst war und immer mehr auch wieder ist, und ehe sie dann (und dieser Schritt gehört bei Jane Austen immer zu den schönsten, den sie ihre Frauenfiguren machen läßt) den Geliebten dazu bewegen kann, ihr endlich zu sagen, daß er sie will. Das hätte ihr nicht unbedingt glücken müssen, alles hätte danebengehn können, aber wie es nun doch gelingt, das läßt besonders deutlich und deutlicher als die Verbitterung, wenn alles in Scherben ginge, das Schwankende erkennen in den Bedingungen unsres Glücks.

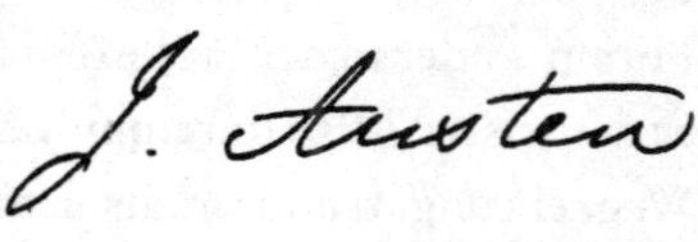

1816

Die Elixiere des Teufels. Nachgelassene Papiere des Bruders Medardus eines Kapuziners

von E.T.A. Hoffmann
(1776–1822)

Mein Gott, was ist das schön, und hätte das denn nun nicht bleiben können? Hören Sie nur – noch »dämmern in mir die lieblichen Bilder von dem Kloster und von der herrlichen Kirche in der heiligen Linde auf. Mich umrauscht noch der dunkle Wald, mich umduften noch die üppig aufgekeimten Gräser, die bunten Blumen, die meine Wiege waren ... nicht das Sumsen einer Fliege, nicht das Zirpen eines Heimchens unterbricht die heilige Stille ...« – schön, nicht? Aber der Mensch ist ein andrer: Und so sieht der Erzähler zuerst das gemalte Bild einer so hinreißenden Frau, daß er sie nun finden muß, egal ob im Himmel oder in der Hölle (es ist der Himmel, aber wie soll er das wissen? also durchmißt er die Hölle). Und dann, zur Wegzehrung, trinkt er aus dem Klosterkeller das Titelelixier, und nun ist die Hölle los. Er, Gott geweiht doch im Grunde und nichts wollend als die Frau seines Lebens, zieht die Spur eines Wüstlings durch eine Welt, die Wüstlinge ebenso haßt wie offenbar braucht; er mordet, er raubt, er gibt sich für einen andern aus (das schlimmste ist: er ist wirklich ein andrer, er hat, erregendste aller romantischen Heimsuchungen, einen Doppelgänger), er schläft als der andre mit der, die ihn, ja, für wen nun eigentlich nimmt? Und er bringt sie fast um, die er liebt; er flieht, geläutert hat ihn das Kloster wieder: Da kommt, außer sich in dem Wahn, der sich seiner statt seiner bemächtigt hat (bedenken Sie den, der er auch noch ist in dieser wilden Doppelgängerei! Und wie soll sich der Wahn auch nicht seiner bemächtigen in einer durch und durch von ihm beherrschten Welt?), der andre in die Kirche gerannt und bringt, als sie eben sich Gott hingeben will, denn sie tun hier ja alle das andre von dem, was sie wollen, nun vollends jene um, die sein besseres Ich von vornherein in der schöneren Welt (aber wo hätte er die suchen sollen?) hätte suchen sollen. Dies ist der verwegenste, wildeste, wahnwitzigste aller romantischen Romane, er zeigt (Balzac der Realist hat das gesehn und kaum einen so wie Hoffmann geliebt) die Nachtseite jener Realität, die der Roman uns sonst bei Tageslicht schildert. – Abends sitzt Hoffmann dann in Lutters Weinkeller und trinkt, mit ihm trinkt der wilde Freund, der Schauspieler Devrient (Hoffmann hat beide einmal gezeichnet, sich beide, wie man sagen möchte), Grabbe meistens schon betrunken kommt oft dazu, und die Großen bewundernd sitzt Heine dabei.

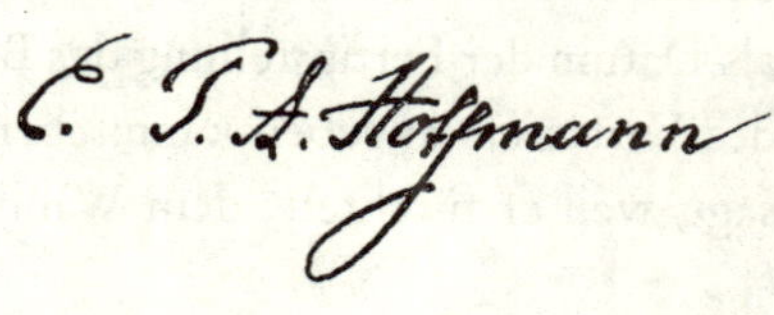

SIEHE BILDTAFEL 8

1815

Die Handschrift von Saragossa

Orig. *Le manuscrit trouvé à Saragosse*

von Jan Graf Potocki (1761–1815)

Jan Potocki, ein polnischer Graf, der zweiundzwanzigjährig, nach ruhmreich bestandenen Kriegszügen, eine der schönsten Frauen, wie es heißt, seines Landes geheiratet hat, ein großer Reisender und Beschreiber solcher Reisen (etwa durch Norddeutschland), ein berühmter Forscher (etwa der Urgeschichte Rußlands, der Geschichte der Slawen, mehrbändig), ein wissenschaftlich neugieriger Mann (er stieg in Blanchards Luftschiff), ein politischer Mensch (er ging 1791 zur Beobachtung der Revolution nach Paris und nahm an Sitzungen der Gesetzgebenden Versammlung teil) – dieser so ungemein vielseitige Graf schrieb nebenher, man nimmt an seit ungefähr 1800, einen gewaltigen Roman, dessen erste Teile 1803 erschienen, und dessen weitere Publikationsgeschichte so wirr ist, daß man als Datum der Fertigstellung des Buchs nur das Todesjahr des Verfassers angeben kann: eben 1815, denn da – man sagt, weil er fürchtete, dem Wahnsinn zu verfallen – erschoß sich Jan Potocki, mit einer silbernen Kugel, die er sich selber zu diesem unseligen Zweck zurechtgefeilt hatte.

Der gewaltige Roman erzählt die Erlebnisse eines Offiziers, der durch Spanien reist und der dabei nicht bloß in Abenteuer von sehr gespensterreicher und schauriger Art verwickelt wird, sondern fast noch mehr in die unendliche Erzählung von andern Abenteuern ähnlicher, häufig erotisch-übermenschlicher Natur. Alle diese tausend Geschichten sind ineinander verwoben und verschachtelt, er muß – und wir nun mit ihm –, um durch eine einzige hindurchzukommen, zehn andere hören, deren jene wiederum ein halbes Dutzend Geschichten mit sich trägt, ehe sie in jene Geschichte münden kann, die dann ihrerseits vielleicht einmal jene abschließen wird, die einer zu erzählen anfing, als der Held gerade mitten in einer ganz andern war. So wird die Geisterwelt, deren Mitglieder fast jede Geschichte regieren, immer kompakter und unentrinnbarer; und während jede neu auftretende schöne Frau, die sich einem der vielen Erzähler hingibt, immer wieder, und immer wieder vergebens, hoffen läßt, sie werde sich ein einziges Mal wenigstens nicht in Moder und Schauer auflösen, werden nun die Gespenster-, Geister- und uralten Engelsscharen aus Mythengewebe und Aberglaube immer unbleicher sozusagen, immer realer. Und je länger Potocki erzählt, desto überzeugter sind wir davon, daß die Luft über uns und unter dem Mond wirklich von einem wunderbaren geheimnisvollen Leben wimmelt.

1814

Ahnung und Gegenwart

von Joseph von Eichendorff
(1788–1857)

Eigentlich wollte der damals zweiundzwanzig-, dreiundzwanzigjährige Eichendorff diesen Roman gar nicht veröffentlichen, den er während seiner Studienjahre abends unter Mühen, etwa in ungeheizten Zimmern, geschrieben hatte – denn die heimischen Güter waren weg, und die reiche Erbin, die er hätte heiraten sollen, wollte er nicht; er wollte schreiben, für sich, und für das Leben lieber Beamter werden – das Innere der Dichter ist schön und unergründlich. Er hatte das Buch wohl Anfang 1813 fertig, dann ging er zu den Lützower Jägern (zu denen auch der übel begeisterte junge Körner ging, und zu denen Immermann wollte, doch der kriegte ein Nervenfieber und begnügte sich dann, weniger edel, aber auf seine Weise natürlich viel vernünftiger, mit Lützows Frau), und als der Krieg aus war, 1814, schickte Eichendorff seinen Roman bei seinen Freunden herum, bei Fouqué, bei den Schlegels, und er war mit Arnim, mit Brentano und allen befreundet. Alle waren sehr angetan, und wir sind es auch, wenn wir uns nur einmal den wunderlichen Landschaften hingeben, die Eichendorff da erdichtet, und seinen, vielleicht, wie wir ohne diese Hingebung sagen würden: mehr erschwindelten als erdichteten Träumen von der womöglich doch noch ganz heilen Welt und dem Glück eines aristokratisch oder wenigstens patriarchalisch und ebenso himmel- wie weltfromm geführten ländlichen Lebens. Wir würden vielleicht sagen, daß die blühende grüne Welt, die er liebt, zwar wunderschön, aber doch bestenfalls ein Fluchtort ist (also wenn wir mal ehrlich sind: dieses Argument, mit dem wir albernen Realisten immer so gern alle Romantik in ihre Schranken weisen); andrerseits steht ja nun wirklich sehr oft ein schöner Mond über kleinen bewaldeten Gebirgen und ihren süßen Tälern (außerdem ist das ja auch ein Buch, ein Roman, keine Anleitung zum Leben); und gut dann auch, wie den jungen Mann Frauen anderswohin locken wollen, als wo er meint sein zu sollen, dann folgt er »der Gräfin mit ihren herausfordernden Augen. Sie war schwarz angezogen und fast furchtbarschön anzusehen«, oder er muß irgendwann »mehr als einmal die fast unweibliche Kühnheit ihrer Gedanken bewundern, ihr Geist schien heut von allen Banden los«. Uns zögen vielleicht diese Frauen so an wie ihn die andern, aber wie ihn doch auch unsre ein Stück weit ziehn, können auch wir ihm leicht ein Stück weit, ein schönes Stück weit in seine ureignen Welten folgen.

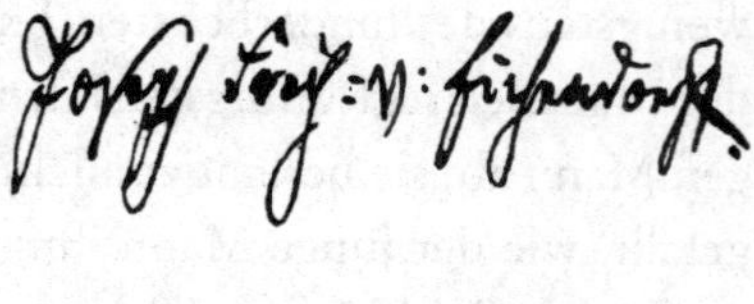

1813

Stolz und Vorurteil

Orig. *Pride and Prejudice*

von Jane Austen
(1775–1817)

Es sei ein Satz von allgemein anerkannter Wahrheit, daß ein Junggeselle, der ein gewisses Vermögen besitze, Ausschau nach einer Frau halten müsse – ungefähr so fängt dieser Roman an, und Jane Austen sagt auch bald, wie groß das Vermögen des jungen Mannes ist: Seine jährlichen Einnahmen daraus belaufen sich auf 10 000 £, und sie vergleicht diese Einnahmen dann mit denen andrer Leute in dem Buch, so daß wir uns ein Bild machen können. Der junge Mann hat katastrophale Vorurteile; das Mädchen dagegen, von dem wir denken, es passe zu ihm, ist schrecklich stolz, und die Liebe der beiden, denn sie lieben sich tatsächlich, segelt immer nur haarscharf an allen Riffen vorbei, an denen sie im Grunde ebensogut scheitern könnte. Irgendwann dann entledigt sich der junge Mann wenigstens des hinderlichsten Teils seiner Vorurteile, und das Mädchen legt wenigstens den Stolz gegen diesen jungen Mann ab; sie besichtigt auch seinen Landsitz, und ihr gefällt, wie der junge Mann ihn sich angelegt hat (daß er das nötige Geld hätte, wußte sie schon, das wäre es nicht).

Als beide so weit sind, überlassen sie der Liebe das Steuer: einer Liebe also, der sie beide immer vertraut haben, sonst wären sie nie hierhin gekommen, die aber erst dann eine Realtität vergleichbar jenen 10 000 £ wird, wenn sie sich mit Einsicht verbindet – diese wiederum wäre tödlich, wenn sie sich nicht, und vielleicht durch Liebe und Neigung, im selben Maße erst frei gemacht hätte von den trüben Verfestigungen allgemein gängiger gesellschaftlicher Konventionen. Wie die beiden Liebenden hier bei Jane Austen ihren verworrenen Weg finden zwischen den Konventionen, mit denen man sie plagt, und den Verblendungen, mit denen sie teilhaben an diesen Konventionen, und zwischen einer platten Realität, die nur aufs bloße Vernünftige aus wäre, und einer Liebelei, die sich um keine Einsicht scheren würde – das ist eine wunderliche Wanderung über Grate, die uns nur deshalb nicht so erschrecken, weil die Autorin, die uns so liebt wie ihre Figuren (wenn sie's nur irgendwie verdienen; von uns hofft sie das; ein bißchen vertrauen müssen wir ihr aber schon; und wir dürfen das), den Weg, den sie uns führt, wie einen schönen Park umstellt hat mit Landhaus und Natur, und wenn das Übel der Welt gar nicht mehr zu verbergen ist, mildert sie es durch Komik.

1812

Isabella von Ägypten. Kaiser Karl des Fünften erste Jugendliebe

von Achim von Arnim
(1781–1831)

Eine Novelle, höchstens ein Kurzroman, aber Achim von Arnim ist auf Gattungen gar nicht festzulegen, bei ihm geht alles ganz abenteuerlich durcheinander. Heine, auch kein sehr korrekter Mann, fand dieses Zigeunerstück fast am schönsten von allen Sachen Arnims, er erzählt es ein bißchen nach, und schon da ist es schöner als das meiste, was man sonst so erzählen hört. Der junge Erzherzog Karl liebt die schöne Zigeunerin Isabella; um den üblen Alraun irrezuführen, läßt er eine Golem-Bella herzaubern, eine verführerische aber bösartigkalte Doppelgängerin Bellas; aber wie bei guten Dichtern Gott dann tut mit denen, die sich auf Zauberei verlassen: so erliegt er selber der glitzernden Dämonin. Und einsam wieder irrt die wahre Schöne, und auch noch schwanger vom verblendeten baldigen Kaiser; und es dauert seine Zeit, bis alles gut wird, und Isabella als Zigeunerkönigin nach Hause kann, nach Ägypten. Wunderschön, und fast noch mehr für sie einnehmend als ihre Schönheit, mit der sie ja doch zu mancherlei Leidwesen nur einen angehenden Kaiser verlockt, ist die verwegene unablenkbare Art, mit der sie sich, unerachtet der eignen Schönheit, in geschriebene Bücher vertieft. Einmal trifft ihre alte Ziehmutter, kuppelsüchtig, sie über Büchern, und rät der nur unwillig wieder aus dem Geschriebenen Auftauchenden, sie solle sich zu dem glänzenden jungen Mann nachts ins Zimmer schleichen und sich in sein Bett legen: und entweder er laufe weg, nun gut, oder er bleibe, und alles sei gut; und Arnim schreibt: »Ja Alte, sagte Bella und las weiter, wie Du meinst, Du mußt das verstehen, ich weiß nichts davon. – Aber sag mir nur, wo Du das verfluchte Buch herbekommen hast, fragte die Alte weiter, wenn ich mit Dir ernsthafte Sachen rede, denkst Du an nichts, als an das Buch. – Ich habe es aus des Vaters Kammer geholt, sagte Bella, es liegen da noch mehrere, nimm Dir auch eins …« Diesen Vater, das erzählt Heine so schön, den Zigeunerherzog, unschuldig aufgehängt, haben seine Freunde nachts vom Galgen geholt, haben ihm einen Fürstenmantel umgelegt, eine Krone aufgesetzt, und haben ihn in die Schelde versenkt, »fest überzeugt, daß ihn der mitleidige Strom nach Hause bringt, nach dem geliebten Ägypten, … seinem heimatlichen Wunderland«, wie Heine dann sagt.

1811

Undine

von Friedrich de la Motte Fouqué
(1777–1843)

Ach, sagt der Mann, als Undine noch einmal zu ihm kommt, ehe sie endgültig von ihm geht – er hat sie verraten, aber ganz von dieser Welt war ja das Wassermädchen ohnehin nicht (kein Grund zum Verrat das natürlich, oder doch?), und sie muß nun wieder hinab ins Kühle, ja Kalte – ach, sagt er also, todtraurig nun doch, wie sie dann eben so werden, sentimental wie sie sind, und eingedenk doch auch der immer so unvergleichlichen und erinnert so wiederbegehrten Küsse, »ach, wenn ich sterben dürfte an einem Kusse von dir!« Er denkt sich, und er meint es auf seine Art ja auch ehrlich, mit dieser schönen Sentenz wär's getan. Doch bei denen im Wasser, diesen elementaren Wesen, sind Worte was andres, und sie sagt, »recht gern, mein Liebling« – wenn sie eine Seele hätte, wäre das bloß ein Wort wie das seine, jetzt klingt es nur noch so; denn die Seele hatte sie, als er sie liebend zu einem Menschen gemacht hatte, und sie hatte sie nur, solange sie liebten. Jetzt hat er sie verraten, sie geht zurück, traurig wohl, es war schön, eine Seele zu haben und geliebt zu sein; aber dafür sind ihre Worte jetzt wieder ohne Hintersinn und Vorbehalt, und sie sagt also, »recht gern, mein Liebling«, und umarmt ihn, und er stirbt. E. T. A. Hoffmann, den wir so gut kennen, daß wir ihn verstehn, hat aus Fouqués *Undine* eine Oper gemacht, 1816 wurde sie in Schinkels Dekorationen in Berlin aufgeführt, sie war ein Erfolg, aber nach einer schönen Reihe von Vorstellungen brannte bei der letzten das Opernhaus ab, und Hoffmann, den wir so gut zu kennen glaubten, stand in seiner Wohnung am Fenster (hätten wir das auch getan?) und schaute zu: eingeweihter wohl als Fouqué ins Bodenlose allen Beschwörens der Elemente, wenn sie dann in ihrer Wahrheit zutage treten; wen eben das Wasser noch nicht heilt, den muß das Feuer heilen, hätte Paracelsus gesagt. Denn Fouqué hatte vielleicht wirklich bloß ein liebes Mädchen im Sinn, etwas zum Weinen darüber und daß wir freundlicher werden; und eben erst die Eingeweihteren, nach Hoffmann dann gar Poe und Arno Schmidt und andre, sie alle sahen ins Märchen hinein, was, wie sie jetzt merkten, in ihnen selber lauerte, und wir mögen sie deshalb ja, denn auch in uns lauert es nun so schön, abgründig wie wir geworden sind, seit sie uns kennen, und wir uns endlich auch. Und nun ist Fouqués Seele, von der er noch gar nichts wußte, die unsre geworden, so sehr er sie vielleicht bei uns verkannt, verraten fühlen würde. Aber die Zeit ist kein Wasser, er kann nicht zurück.

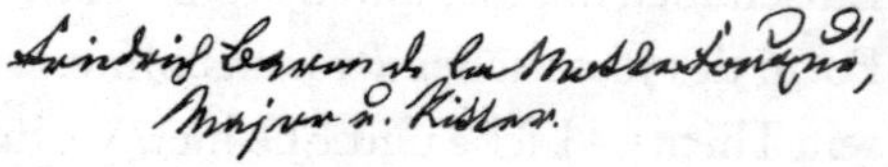

1810

Armut, Reichtum, Schuld und Busse der Gräfin Dolores

von Achim von Arnim
(1781–1831)

Die jungen deutschen Romantiker, als sie vor lauter Ideen und Schwung kaum wußten wohin, bildeten die erste Künstlergruppe, die, mit gewaltigem Erfolg, die eigne wild überbordende Wirrnis zum Programm erhob und die Form in der Kunst so definierte, daß sie alle machen konnten, was sie wollten, selbst da, wo sie wirklich alles konnten, was sie nur wollten. Eins der erstaunlichsten Beispiele solchen Tuns ist Achim von Arnims Roman über die schöne Gräfin Dolores. Arnim erzählt eine Ehe- und Liebesgeschichte, man hat oft gemeint, er knüpfe an Goethes *Wahlverwandtschaften* an, aber wenn, dann ist er als Romancier genial genug, sich das wirklich leisten zu können, er schadet keinem. In die Geschichte, die er erzählt, bringt er wahnwitzige Komplikationen hinein, das hatte Jean Paul aber auch schon getan; zusätzlich nun aber reichert Arnim sein Buch mit Dutzenden von Einschüben an, die, und das wäre nun das Programm, die Form des klassischen Romans öffnen sollen und zugleich sein Thema – Liebe und Ehe hier, Verführung und Irrtum:

so denkt eine, sie habe mit einem geschlafen, aber es war ein andrer – vieldutzendfältig variieren. Der Erfolg ist jedoch, daß die Einschübe (deren Wahrheit eben allzuoft bloß ist, daß Arnim da eben etwas hatte, das er anderswo nicht drucken konnte, oder es war nun einmal geschrieben, und da hatte er nun einen schönen Eimer, und schmiß es mit hinein) grausam das Lesen des für sich hundertmal besseren Romans im engeren Sinne hindern – und da hilft nur eines: weglassen, überblättern, bis man die Stelle hat, an der es weitergeht; sobald etwas Dramenähnliches kommt, vor allem in Versen: drüberhinweg und weiter; Märchen: überschlagen; eingeschobene Prosa geht, denn in der Prosa ist Arnim das Genie seiner Zeit: also ankreuzen, später lesen. Es versteht sich übrigens bei der unglaublichen Cleverness und dem coolen Wesen dieser jungen Dichter damals, daß sie sich selber gelegentlich im Text lustig machen über das, was sie da tun; aber Vorsicht! das ist ein Trick, also: überblättern, überfliegen, und erst wieder lesen, wo es wirklich weitergeht (unter uns: das gilt auch für Goethes Romane). Denn der Roman, den Arnim da erzählt, ist hinreißend schön; und wenn wir gern zugeben wollen, daß vielleicht erst diese Arnims mit ihren Auflöse- und Auffüllkünsten uns gelehrt haben, so gut zu lesen, wie sie es verdienen: jetzt haben wir's gelernt, und sagen Dank, indem wir mit ihnen nun spielen wie sie einst mit uns.

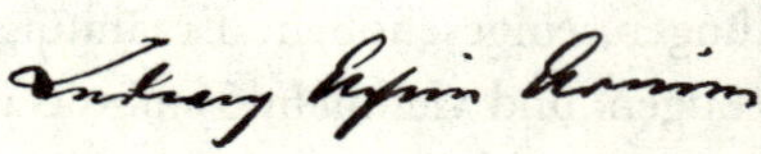

1809

Die Wahlverwandtschaften. Ein Roman

von Johann Wolfgang von Goethe
(1749–1832)

Goethe schrieb Romane, als käme er von einem andern Stern auf einen, der Romane will; er konnte beinahe nichts dafür, daß an den seinen Züge waren, die ein bißchen metaphysisch wirkten. So heißen hier in den berühmten *Wahlverwandtschaften* alle Hauptpersonen, Männer, Frauen, Kinder, gleich, nämlich irgendwie Otto: Otto, Ottilie, Charlotte, selbst Charlottes Mann, der Eduard zu heißen scheint, heißt im Grunde Otto, und als Charlotte ein Kind kriegt, von Eduard Otto, aber aus einer Nacht, in welcher sie an Otto und er an Ottilie gedacht hat, nennen sie's Otto – es ist, als schaue Goethe (die Menschen sehen *alle* aus, als ob sie Otto hießen) aus so weiter Ferne auf das Romanpersonal, wie etwa ein Europäer auf Chinesen schaut, die er wohl kaum unterscheiden kann. Daneben gibt es in diesem Buch noch allerhand Verrätselungen, eingeschobene Erzählungen, Tagebücher, Belehrungen, und viel mehr Symbole als uns nötig wären (das hängt ein bißchen damit zusammen, daß Goethe ethischer denkt, als er schreibt; er schreibt ungeheuer kühl, ja sarkastisch, und ohne Symbole und Tiefsinnigkeiten würde man, einfach lesend, kaum darauf kommen, daß er über die Ehe etwa größer glaubt denken zu müssen, als er fühlt und schreibt; und vielleicht tut er's ja auch gar nicht, und der Roman selber ist die Wahrheit gegen seine bloßen Ideen): denn das ist nun das Wunder an diesem Roman, daß er unter all dem gedankendunkel entrückten Rankenzeug eine ganz hinreißende Geschichte erzählt, und daß er sie im Grunde ganz so erzählt, wie sie selbst das verlangt; Goethe gibt sich die allergrößte Mühe, Herr seiner Geschichte zu bleiben, aber sie macht sich los von ihm. Sie ist einfach, sie ist die eines großen Gesellschaftsromans: In eine landadlige Clique bricht die Leidenschaft ein (das ist das große Thema von tausend Romanen), doppelt hier, denn die gesünderen trifft sie als schmerzlich empfundene Neigung, und die schwächeren wie billig als Macht beinahe vom Himmel – und nun beugt Goethe sich der Wirklichkeit und läßt Gedanken Gedanken sein und beschreibt, wie die verrückte Liebe groß gerade über die kommt, denen nur eine vernünftigere Neigung hätte helfen können. Wäre es anders, und die Welt so, wie sie vielleicht sein sollte, dann hätten wir alles in der Hand, und nichts bräche herein, und kein Roman wäre möglich. Und fast *contre cœur* also schreibt Goethe nun den seinen hier, verwirrend-, man möchte sagen: verwirrt-schön, einsichtig werdend am eignen Buch.

1808

Dr. Katzenbergers Badereise; nebst einer Auswahl verbesserter Werkchen

von Jean Paul
eig. Johann Paul Friedrich Richter
(1763–1825)

Die ganze feinere Welt rümpfte die Nase (Goethe allen voran rümpfte sie, Schiller hätte sie bestimmt auch gerümpft, aber der Pfeil des Todes hatte ihn schon getroffen; Tieck rümpfte sie aber noch) – die ganze feinere Welt rümpfte die Nase, als Jean Paul mit seinem neuesten kleinen Roman herauskam, worin die Hauptfigur ein Arzt ist, der alles Menschliche so sieht, und so beschreibt, daß es nahezu ekelhaft wird; auch die Verleger rümpfen die Nase, Monate um Monate mußte Jean Paul, ein berühmter Autor im Grund, sein Manuskript herumreichen, keiner wollte es haben, jedem tat sein Geld leid, das er in ein Buch stecken müsse, worüber ein Goethe zum Beispiel ganz bestimmt die Nase rümpfen würde. Ist es vernünftig von einem Autor, auch einem berühmten, einen romanlangen Anschlag auf den guten Geschmack zu verüben? Die Antwort ist ungefähr die, die Jean Paul einmal gegeben hat auf die Frage, ob es vernünftig ist, auf eine Beleidigung hin jemanden zu ohrfeigen, nämlich: nein, es ist nicht vernünftig, aber es muß sein. Außerdem hat Katzenberger eine ganz entzückende Tochter, die ihm lieb ist, wenigstens solange sie keinen Mann anschleppt. Die Tochter schwärmt für einen Dichter, der, um unentdeckt reisen zu können, sich mit seinem wahren Namen tarnt, umschwärmt ist er unter einem Pseudonym. Und ein bißchen wie in Balzacs *Modeste Mignon* ist dieser Dichter ein blöder Kerl, und in persona gar nicht die Liebe wert, die des ekligen Arztes schöne Tochter für den Autor hat. Wirklich aber heißt so, wie der Dichter sich bloß nennt, ein schneidiger junger Mann, und als die Schöne den sieht, denkt sie, er sei es, und nimmt ihn, zu beider Glück; und der Dichter geht ab, und der Vater, das Ekel, gibt sich geschlagen. Beigegeben hat Jean Paul diesem Roman eine Menge kleiner Aufsätze, etwa über das *Glück, auf dem linken Ohre taub zu sein*, über die *Kunst, einzuschlafen*, eine leidenschaftliche Eloge auf die Marat-Mörderin Charlotte Corday, und ans Ende des verrückten Mischwerks hat er ein paar Seiten mit sogenannten »Polymetern« gesetzt. Gott weiß, was er damit meint, aber hier ist einer: »Der Pfeil des Todes. Sobald wir anfangen zu leben, drückt oben das Schicksal den Pfeil des Todes aus der Ewigkeit ab – er fliegt so lange, als wir atmen, und wenn er ankommt, so hören wir auf. ›O stürben wir doch auch so alt und lebenssatt wie unser Jubel-Greis!‹ sagen dann diejenigen, deren Pfeile noch fliegen«.

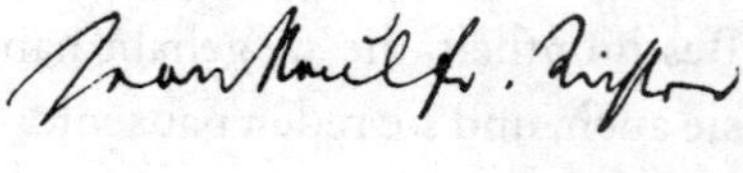

1807

Corinna oder Italien

Orig. *Corinne ou l'Italie*

von Madame de Staël
(1766–1817)

Madame des Staël, die unübersehbarste Erscheinung unter den Frauen Europas (nicht schön eigentlich, aber was für Augen! was für ein Decolleté! und welch ein Geist! welch große Seele!), von Napoleon aus Paris verbannt, bereiste in den Jahren 1804 und 1805 erst Deutschland, dann Italien. Als sie in Mailand ankam, war Napoleon gerade dort gekrönt worden; sie hatte ihre Kinder mit und August Wilhelm Schlegel (sie liebte gern, aber Schlegel war zweifellos nicht ihr Fall, Widerstand hätte er sicher nicht leisten können, keiner konnte das). In Italien verwandelte sie sich in die große Dichterin Corinne, die einen hinreißenden jungen Engländer liebt, einen Lord – junge englische Lords in Italien, das war der Traum groß empfindender europäischer Frauenseelen (Jane Austen etwa dachte da anders, aber sie hatte auch kein solches Dekolleté, und als die Staël sie Jahre später in London zu sehen wünschte, lehnte Jane ab, mit dieser schüchternen Bestimmtheit, die sie gehabt haben wird). Der Lord liebt sie auch, und sie reden pausenlos über Italien, über das die

Staël unzählbar viele unmögliche Ideen hatte. Dann muß der Lord nach England, und anstatt seiner Familie Corinne nahezubringen (es gibt da Vorgänge), heiratet er, denn das wollen sie in England, deren reizvolle Halbschwester Lucile. Davon erfährt Corinne, und das Große ist nun dies: sie wollte ihn und keinen andern, und ist stark; und er liebt, obwohl nicht unberührt von den Reizen Luciles, immer noch Corinne, aber ist schwach. Und nun macht sich Madame Staël ganz los von der Dichterin, die sie bis dahin war, und läßt diese zwar nicht wie Goethe seinen Werther sich erschießen, liebende Frauen haben keine Pistolen, wohl aber an Größe von keinem Mann (und keinem Lord erst recht nicht) erreichbare Liebe sich verlieren, daß sie, ja, daß sie stirbt. Im letzten Augenblick eilt noch ihr Lord zu ihr, aber der letzte Augenblick ist für solche Liebe der, der zu spät kommt – und so verzeiht sie ihm, denn das hätte er gern, diese Seele von Mann, aber sie stirbt. Noch aus dem Manuskript übersetzte August Wilhelms Schwägerin Dorothea Schlegel das große Buch, und ganz Europa war begeistert, ausgenommen wieder Napoleon, der sich dann im Jahre darauf mit Goethe so nett unterhielt; Goethe bewunderte ihn und hatte nicht dieses beunruhigende Decolleté.

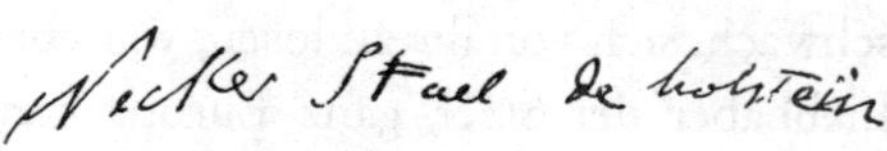

1806

Adolphe. Aus den gefundenen Papieren eines Unbekannten

Orig. *Adolphe. Anecdote trouvée dans les papiers d'un inconnu*
(in der Übersetzung von Eveline Passet)

von Benjamin Constant
(1767–1830)

In Madame de Staëls *Corinne* haben wir eben erst eine Frau an vergeblicher Liebe sterben sehen, nun stirbt an verlorener Liebe noch eine, nämlich (auch wenn ihr Erfinder sich in einem späteren Vorwort sehr dagegen wehrt) Madame de Staël selber. Ihr Erfinder – im Buch heißt sie Ellënore – ist Benjamin Constant, und jetzt, als er das Buch schrieb (veröffentlicht hat er's erst zehn Jahre danach), in ihrer Nähe, an ihrer Seite beinahe noch, und nur zu schwach, sich von ihr zu lösen, war eben er der berühmte Liebhaber der Staël, ganz Europa kannte das Paar von seinen großen Reisen (damals diese reisenden berühmten Paare, denken Sie an Musset und die Sand, an die schöne d'Agoult und Liszt – wie ein wunderliches Gesumse gingen die Namen durch die gebildete große Welt). Der Held im Buch hat ohne viel seines Inneren dabei Ellënore erobert, sie liebt ihn, er hat sie mitgezogen, sie aber bemächtigt sich seiner geradezu, das wieder hält er nicht aus, weggehn andrerseits kann er auch nicht, ob aus Mitleid, ob aus Schwäche, er kann es nicht; sie nun, ob aus übergroßer Stärke, ob aus Schwäche andrer Art – oben haben wir's gesehen –, stirbt; er wäre frei, aber wenn er überhaupt etwas wollte, so doch ganz bestimmt nicht solche Freiheit.

Und da sitzt er, also Benjamin Constant, nun in seinem Zimmer nachts im selben Schlosse mit der Staël – und schreibt das alles auf: ich, sagt er, ich … als ob er nun doch kein andrer sein kann als der, den er erfunden hat. Frauen in solchen Fällen, die Sand wird es sein, die Staël war es, sind rachsüchtig und geben den Männern alle Schuld; nicht so die Männer, später Musset, jetzt Constant; aber nun träuft er auch nicht etwa, wie so viele vor ihm, tränentropfenweise seine arme schwache Seele ins jahrzehntelang allzusehr daran gewöhnte Auge des Lesers, sondern, er jetzt, Constant, neununddreißigjährig, ein Mann, wenn Sie so wollen, analysiert nun unerbittlich und völlig selbstlos (selbstlos dafür, daß er eben nicht einfach stumm bleibt; wer schreibt, will Ruhm – das ist ein unauflöslich, zum Glück für alle unauflöslich schöner Widerspruch), analysiert also ohne Vorbehalte seine eigne Seele, ihre Eitelkeiten, ihre Schwächen; ganz unexaltiert in der Prosa ruhiger schmerzgeleiteter Nachdenklichkeit.

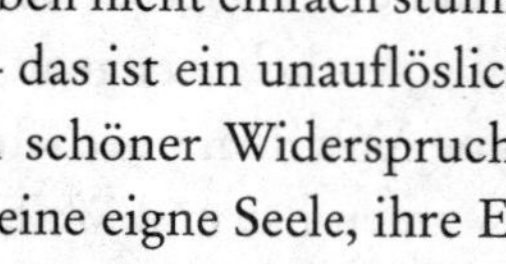

1805

Flegeljahre. Eine Biographie

von Jean Paul
eig. Johann Paul Friedrich Richter
(1763–1825)

Als »deutsch« hat er selber in seinen gleichzeitig entstandenen ästhetischen Überlegungen jene alle Genres mischende, zwischen dem höchsten und dem niedrigsten Stil alles vermittelnde Schreibart genannt, in der er, gleich nach dem *Titan*, die *Flegeljahre* dann abfaßte, diesen wunderbarsten also aller deutschen Romane; drei Bändchen waren im Vorjahr erschienen, jetzt kam ein viertes, mit einem Schluß, der keiner ist – alles, was er mache, sei nur ein einziger Roman, hat Jean Paul gesagt – alles also soll eigentlich weitgehn, und nichts ist im Grund gelöst, wenn Vult dem poetischen Bruder Walt die schöne Wina erworben hat und Walt, auch wenn ihn gerade noch die falsche geküßt hat, dann so herrlich träumt, bis hin zur Unermeßlichkeit, unendlichen Hügeln und einem sanften Morgenlicht; »künstlich-fügend«, nennt er selber, was er da träumt. Er hat aber, noch bevor ihn die falsche geküßt hatte, auch viel getrunken, und der große Jean-Paul-Kenner und -Herausgeber Eduard Berend schreibt sehr hübsch, den Vorarbeiten zu diesem Traumschluß (mit dem Jean Paul den Leser wohl ein bißchen damit habe versöhnen wollen, daß das Ganze fürs erste nicht weitergehe), diesen Vorarbeiten merke man an »daß dabei der Dichter ebenso wie der träumende Walt unter der Wirkung vorher genossenen Weines stand.« Schön und brav, wie Jean Paul sich da opferte für seine Figuren, den geliebten Walt, den spöttisch-sorgenden Vult, die gute Wina, die Vult für Walt nimmt, oder auch Walt für Vult, und Jakobine, die alle küßt, die ihr zu nahe kommen. Nun wüßte man gern, ob der »Dichter«, wie Berend ihn nennt, nach den trunkenen Vorarbeiten dann auch beim schließlichen Schreiben noch einmal zum Weine griff; oder ob er da nur noch das schon vorweg Geschriebene brauchte, um künstlich zu fügen, was davor der Rausch dem beinahe Selbstvergessenen gebracht hatte; etwa wie eine bloß die Lippen seiner trunknen Freundin küssen kann, um den Wein zu genießen, den er selbst nun nicht mehr trinken muß. Vult, als Walt ihm dann den Traum erzählt hat, geht, Walt weiß nicht, daß Vult wirklich geht, und denkt, nun sei alles gut. Und da Jean Paul das nicht weitererzählt hat, bleiben auch wir nun ewig da stehn.

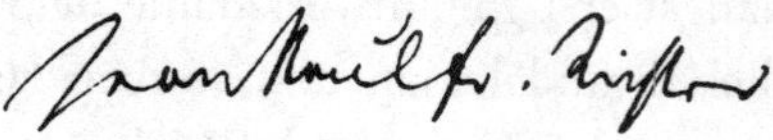

1804

Obermann. Roman in Briefen.

Orig. *Obermann*

von Étienne Pivert de Senancour
(1770–1846)

Der liebe Werther beließ es bei mittleren Höhenzügen, etwa um Wetzlar herum, wenn Goethe ihn aussetzte auf den Bergen seines Herzens; Werthers Neffen und Nichten, wenn Liebe und Schwermut sie packten, mußten höher hinaus oder doch wenigstens an Höheres heran, zum Beispiel Jacopo Ortis, den Ugo Foscolo im Jahre 1802 schon am Fuße des Ätna so wundervoll leiden ließ, an der Liebe, an Italien (Foscolo war scheußlich wütend über das zwar von ihr befahrene, aber in seinen Augen doch bloß schlecht erdichtete Italien, worin, unlängst erst für uns, Madame de Staël ihre Corinne hatte lieben und leiden und sterben lassen). Und nun Obermann, der Einsame, der Liebende: ihn schickt sein Erfinder, Étienne Pivert de Senancour, ganz oben hinauf und hinein in die Schweiz, von wo er nun Brief um Brief schreibt und liebend und leidend die Welt beklagt, die er gerne auch bessern würde. (Dort, wo er sie verbessern will, hat er, wie die meisten Romanciers, wenn sie pädagogisch werden, nicht mehr so ganz unser brennendes Interesse wie dort, wo er rein leidet – da geht es ihm, wie es vormals Rousseau ergangen ist und wie es nachmals Tolstoi ergehen wird, wenn sie uns weltverbessernd kommen, und noch agrarisch).

Obermann da oben in den Alpen brachte einen wahren Kult der Liebes- und Weltschwermut in den Bergregionen ins Rollen. Liszt, der mit seiner schönen d'Augoult den endlich glücklos alt gewordenen Senancour in Paris besuchte (fünfundsiebzigjährig starb er dort im Jahre 1846), glaubte, als er Italien und die Schweiz durchpilgerte, Obermanns schönes Tal gefunden zu haben (»… und mein verborgenes Tal wird dann zwischen der heißen, vom Licht versengten Ebene und den eisigen Firnen der Berge, die es im Osten abschließen, mein Asyl sein in seiner milden Wärme…«) und schrieb sein *Vallée d'Obermann* (Années de Pélerinage, Première Année, Suisse, Nr. VI, knapp 14 Minuten bei Bolet); Balzacs Modeste Mignon schwärmt für Obermann, Balzac und Sainte-Beuve lieben Senancour, und auch die Sand liebte ihn und gab seinen *Obermann* wieder heraus. »Ich würde sie mir ja gern aus dem Kopf schlagen«, schreibt er im 26. Brief über seine unglücklich Geliebte, »aber ich weiß nicht, was ich an ihre Stelle setzen soll; und wenn ich mir sage, es gelte nun endlich ein Mann zu sein, so komme ich vollends in Ratlosigkeit. Bitte, sag mir doch, was es heißt, ein Mann zu sein…« – ach ja.

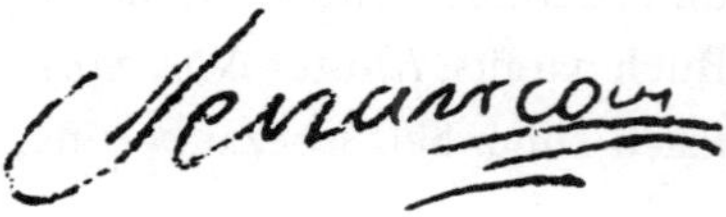

1803

Kloster Northanger
Orig. *Northanger Abbey*

von Jane Austen
(1775–1817)

Jane Austen war in ihrer Kindheit eine wahrscheinlich schwer erträgliche Mischung aus Frische und Frühreife, oder wäre dies wenigstens gewesen, wenn sie's statt es zu Papier zu bringen, ausglebt hätte – und so hat sie nun alle glücklich gemacht: ihre Leute, indem sie ihnen bloß vorlas, womit sie sie sonst malträtiert haben würde, und uns, wenn wir nun die lässig-kecksten Dialoge lesen, Reden, so liebenswürdig schlagend, daß man ihnen hingerissen lauscht wie den frühen Sachen Mozarts. Witzig parodiert sie dann nebenbei alles, nicht nur das Gerede, das sie hört, sondern bald auch das, was sie liest, weil alle Welt es liest – und das sind in ihren Kinderjahren die großen Schauerromane der Radcliffe und Walpoles, diese Bestsellermixturen aus Stephen King und Rosamunde Pilcher.

Als Jane Austen fünfzehn ist oder so, fängt sie die Parodie auf solche Lektüren an, als sie fünfundzwanzig ist und schreibend nun alles kann, was sie will, macht sie ein Buch daraus, *Kloster Northanger*, und beginnt, wie in ironisch-süßer Selbstbezauberung, so: »Wer Catherine Morland als Kind gesehen hatte, wäre nie auf den Gedanken gekommen, daß sie zur Romanheldin bestimmt war.« Jetzt, 1803, schickt sie das Buch einem Verleger, der es auch kauft und bezahlt, aber nicht druckt. Jahre später fragt sie höflich nach, was denn nun sei, der Verleger antwortet im Grunde nichts, und bietet ihr das Manuskript lediglich wieder zum Rückkauf an. Von diesem Angebot macht sie erst wieder Jahre später Gebrauch, mittlerweile ist sie, wenngleich selber anonym bleibend, eine berühmte Autorin geworden, der Verleger hat das offenbar verschlafen und gibt ihr das Manuskript, statt es nun endlich zu drucken, tatsächlich wieder zurück. Erst nach ihrem Tod, unter ihrem wahren Namen, erscheint das Buch dann endlich, eigentlich fünfundzwanzig Jahre zu spät, wenn man das Ziel ihrer parodistischen Idee denkt, aber was sind fünfundzwanzig Jahre für uns, fast zweihundert Jahre nun wieder nach jener wie alle Kindheiten vergangnen und doch wie nur wenige so glücklich nun erhaltenen Kindheit. Jene Catherine übrigens, als sie endlich geheilt ist von ihrer sentimentalen Schauerromanansicht der englischen Dinge und Männer, kriegt dann den Richtigen; schon daß sie ihn will, hat gezeigt, daß sie nun wach ist: Und dies Wachwerden ist nun zugleich das betörende Auftreten jener erwachsenen Jane Austen, die da sanft und unwiderstehlich ihrem zehn Jahre zuvor angefangenen Ich zeigt, was das Schreiben alles auch noch ist.

1802

Letzte Briefe des Jacopo Ortis

Orig. *Ultime lettere di Jacopo Ortis*

von Ugo Foscolo
eig. Niccolò Foscolo
(1778–1827)

Im Mai ist alles noch gut, und sie küßt ihn, unter Tränen (wer kann schon Tränen interpretieren, wenn er geküßt wird?), an jenen euganeischen Hügeln, zwischen denen, sagt sie, Petrarca sich schon seufzend nach seiner verlorenen Freundin gesehnt habe; und er, hellhörig vielleicht schon geworden bei Petrarcas Namen (aber wer hört schon gern hell, wenn er geküßt wird?), schreibt an den Freund: »Fast zum Gott bin ich nach jenem Kuss geworden… alles scheint sich vor meinen Augen zu verschönern… und ich fliehe die Menschen nicht mehr.« Die Briefe sind datiert: 1798. Teresa, das ist die Küsserin, ist aber einem andern versprochen, auch wenn sie ihn nicht liebt; anders als im Goetheschen Vorbild ist Jacopo aber keiner, der werthergleich mit der Gesellschaft nicht zurechtkommt, sondern er leidet an den politischen Zuständen seines Landes, seiner engeren Heimat, die eben an Österreich verraten, verkauft worden ist: ähnlich, muß er sich wohl sagen, wie Teresa an den reicheren Mann. So liebt er Vaterland und das Mädchen nun beide unglücklich. Und als im Frühjahr darauf Teresa heiratet, ist es aus mit aller Göttlichkeit, und er schreibt: »Es ist Nacht; tiefe, vollkommene Nacht. Wozu wache ich regungslos über diesen Büchern?.. Ich betrachte die Gefilde. Siehe da, der Mond steigt über dem Gebirg auf. Mond, o mein Freund! ...« – niemandem, der so den Mond anredet, sollte man eine Waffe in die Hand geben, aber Jacopo hat einen Dolch: »Ich prüfe die Spitze dieses Dolches. Ich halt ihn fest und lächle ...« – keinen sollte man allein lassen, der lächelt, wenn er bei Mondlicht einen Dolch streichelt, aber das ist ein Brief, worin er das erzählt, ein letzter, und letzte Briefe kommen eben zu spät. Unter schöneren Bäumen als damals in Wetzlar und unter schönen Klagen begraben sie Jacopo dann, aber in wunderbaren Versen aus demselben Jahre fragt Foscolo: »Im Schatten von Zypressen und in Urnen getröstet von Klagen: ist da denn der Schlaf des Todes weniger hart?« – Ugo Foscolo wurde 1778 auf Zakynthos geboren, wohin sein Vater aus Venedig emigiert war, er studierte klassische Literatur, war Offizier, emigrierte schließlich nach England; er habe einen Hang zur Verschwendung gehabt, heißt es; sogar ins Schuldgefängnis warf man ihn; und er starb in England arm und verlassen, 1827, neunundvierzigjährig.

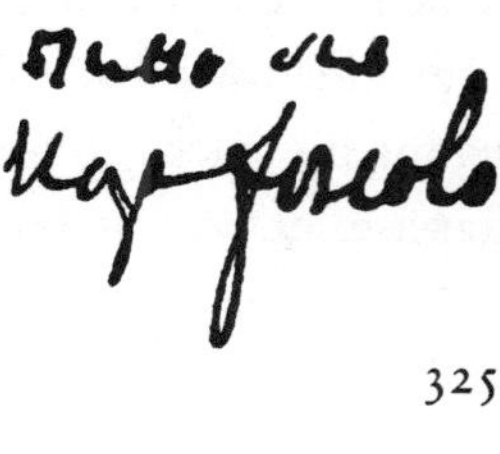

1801

René und Atala. Die Liebe zweier Wilder in der Wüste

Orig. *René und Atala ou les amours de deux sauvages dans le désert*

von Francois René de Chateaubriand (1768–1848)

1841, in Charles Sealsfields *Kajütenbuch,* benennt einmal ein Liebespaar, als es sich endlich hat in einer paradiesischen amerikanischen Landschaft, die Schönheit dieser jungen Welt mit dem Namen »Chateaubriand«, hingesprochen fast so andachtsvoll wie damals im *Werther* Klopstocks Name beim gewitterfernen Regenrausch: jetzt, 1801, sind wir dort angekommen, woher die beiden Liebenden die Nahrung ihrer Seelen nehmen, bei *Atala* und *René,* diesen wundervollen Schmachtfetzen intellektueller Europamüdigkeit und der Sehnsucht zurück ins ungekünstelte Wald- und Savannendasein Amerikas und seiner wahren Einwohner, der guten alten Indianer, von denen ja schon Winckelmann geschwärmt hatte. Man hat bezweifeln wollen, ob Chateaubriand seinerzeit überhaupt bis nach Louisiana gelangt ist auf seiner Amerikareise, er war dreiundzwanzig damals (»hier ist nichts mehr zu machen«, soll er nach den ersten Revolutionsschrecken einem Freund gesagt haben, »der König ist verloren, ich gehe in den Urwald«) – aber das spielt wirklich keine Rolle angesichts der sanften Größe seiner Träume. Als er jung war, so erzählt der alte Indianer dem europamüden René, liebten sich er und die schöne Atala, Tochter eines Weißen und einer Indianerin; Christin sie, er Heide; groß die Liebe, aber groß auch die Trauer darin, denn das konnte nicht gutgehn, und es ging nicht gut, selbst wenn Atala in den Himmel käme, denn sie beide, auch sie, Atala, wollten das Glück ja doch auch auf der Erde, hier – oder nein: eben dort, drüben, denn hier, in Europa, hätte es ja schon solch eine Liebe, rein und alles, nicht mehr gegeben: »… bald setzte ich ihr einen Kranz von blauen Malven aufs Haupt, die wir auf verlassenen indianischen Friedhöfen fanden, dann wieder flocht ich ihr Halsketten aus den roten Beeren des Azaleenstrauchs; und dann mußte ich lächeln, wenn ich Atalas wunderbare Schönheit betrachtete…« – Malve, blaue Blumen für Europas romantische Liebende, zehntausendmal wird sie ins Haar der schönen Liebsten geflochten worden sein, und Zwanzigtausende mußten nicht einmal hinübergehn in die großen Wälder, für ein kleines Büchlein wie die *Atala* war jedes Gärtchen mit zwei Lesenden darin groß genug: Chateaubriand wurde ein bedeutender Mann, Minister und alles, er lobte bändereich die Schönheit des Christentums und wurde achtzig Jahre alt, nachdem er rechtzeitig wieder zurückgekehrt war ins alte Europa.

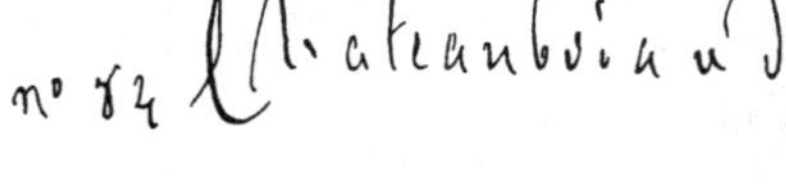

1800

Heinrich von Ofterdingen

von Novalis
eig. Friedrich Leopold
Freiherr von Hardenberg
(1771–1801)

In seinen jungen Jahren, aber er hatte eben leider nur diese jungen Jahre, war er unter denen, die sich am Roman versuchten, sicher der am wenigsten geeignete dafür, und dann starb er auch noch darüber; und nun haben wir da ein unausgewaschenes Schlänglein, nichts dran außer ein paar wunderlich blinkenden Schuppen süßer Prosa. Deutsches Mittelalter; und Heinrich sucht, er weiß nicht was, eine blaue Blume spielt eine Rolle, und Mädchen, und der Mond, der »stand in mildem Glanze über den Hügeln, und ließ wunderliche Träume in allen Kreaturen aufsteigen. Selbst wie ein Traum der Sonne, lag er über der in sich gekehrten Traumwelt…«. Gleich am Anfang badet Heinrich nackt (ach nein, er träumt, er bade nackt), »und jede Welle des lieblichen Elements schmiegte sich wie ein zarter Busen an ihn…« – schön geträumt, möchte man gern sagen, aber was ein richtiger Romancier werden will, der läßt anders träumen. Doch dann findet Heinrich Mathilde, des Dichters Klingsohr Tochter (dieser selber, vor Novalis, ist eine sehr zweideutige Figur bei Wolfram und im Wartburgkrieg, dazu sehr schön E. T. A. Hoffmann, später Gutzkow), und dann träumte er wieder – es ist ein ungeheures Träumen in dieser Welt, wenn selbst der Mond doch ein Traum ist, und die Busen sind einer, und nun auch das Küssen: »Ewig, versetzte sie, indem sie ihre Lippen an die seinigen drückte und ihn so umschloß, daß sie nicht wieder von ihm konnte. Sie sagte ihm ein wunderbares geheimes Wort in den Mund, was sein ganzes Wesen durchklang. Er wollte es wiederholen, als sein Großvater rief, und er aufwachte. Er hätte sein Leben darum gegeben, das Wort noch zu wissen«; und als er sie wirklich geküßt hat, weiß er auch wieder nur dies, »es ist mir wie ein Traum, daß du mein bist«. Das wieder findet Mathilde so schön, daß sie gleich für ihn sterben möchte (stärker noch als er vorher für das geträumte Wort), und er darauf: jetzt erst fühle er, was es heiße, unsterblich zu sein. Und am Ende, als Novalis dann bald starb, und als da, in einem Erzählchen vom armen Pilgrim, dieser das unaussprechlich lächelnde Mädchen (als sie Blumen, Rosen, aber keine blauen, auf Gras schüttet) fragt, »wo gehn wir denn hin«, sagt sie, »immer nach Hause« – da sind sie dann endlich eins geworden, das süße Träumen und die schöne alte Unsterblichkeit.

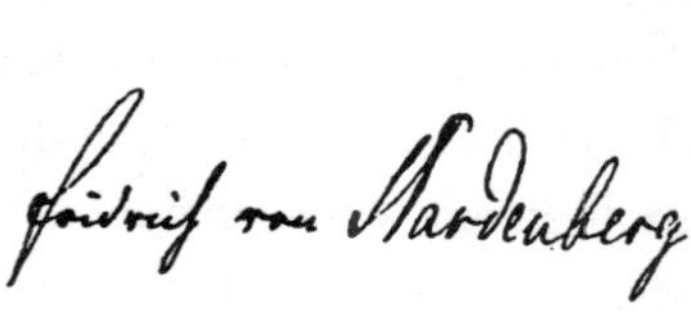

1799

Arthur Mervyn oder Die Pest in Philadelphia

Orig. *Arthur Mervyn, or: Memoirs of the Year 1793*

von Charles Brockden Brown
(1771–1810)

Dieses ferne neue Jahrhundert beginnt für uns ins Amerika: Der junge Charles Brockden Brown, Sproß einer Quäkerfamilie, die das nicht gern sah, gründete, als erster Amerikaner wohl, seine ganze Zukunft auf Romaneschreiben; ein frühes verlorenes Manuskript soll schon, wie jetzt unser Buch, die Pest in seiner Heimatstadt Philadelphia geschildert haben, er schickte es einem Verleger, den er in New York gefunden hatte, aber auch dort grassierte das Gelbfieber, eins seiner ersten Opfer wird dieser Verleger. Doch Brown, fünfundzwanzig, war nicht abergläubisch (Amerika, du hast es besser!), und schrieb, nach einem wunderschönen Schauerroman, der die einschlägigen und durch sich selber doch recht verwöhnten Kreise Europas in helles Entzücken versetzte (*Wieland* hieß er, entzückt waren etwa Byron und sein Freund Shelley und dessen Frau, die dann, zwanzig Jahre später, mit *Frankenstein* niederkam), das zweite Buch über die amerikanische Pest, diesen *Arthur Mervyn:* ein packendes Buch, und zugleich von jener glänzenden Durchtriebenheit, wie sie uns immer wieder so wunderlich überrascht in diesen frühen Zeiten, und nun noch in Amerika.

Erzähler im Buch ist ein junger Mann, der bestimmt ehrlich sein möchte, solang ihm das nicht geradezu schadet (Manzonis Verlobter, wenn er dreißig Jahre später durch die Pest geht, ist ein tapfrer, wenngleich sehr erschrockener Engel gegen Browns Arthur, und sein Autor allenfalls in Ansätzen humorvoll, wo Brown sich ständig ironisch von seinem Helden distanziert); aber wenn das Glück es fordert, sein eignes Glück (und ist nicht eben das eigne Glück das, das wir erst einmal wollen müssen?), dann bringt dieser erzählende junge Mann die größten Opfer, und bringt sie so selbstlos, daß wir ihn fast beneiden können um den perfekten Apparat seines Innern: Er liebt ein sehr schönes Mädchen, er ist unglücklich, als er dieses Mädchen aufgeben muß, vielleicht wird er ihr bis ans Ende seiner Tage nachweinen, ganz tief im Innern, wohinein selbst er aber kaum dringt, und nun muß er eine andre heiraten, nicht so schön wie jene, nicht so anmutig und alles, das einzige, was sie außer dem was alle haben, wirklich hat, ist Geld, das hatte jene erste Liebe nicht. Brown schrieb noch einige Romane in sehr wenigen Jahren, dann starb er, nicht einmal vierzigjährig.

1798

Franz Sternbalds Wanderungen. Eine altdeutsche Geschichte

von Ludwig Tieck
(1773–1853)

»Als wir gestern abend um den runden Tisch unsres Dürers saßen und er mir noch Lehren zur Reise gab, als die Hausfrau indes den Braten schnitt...« – das hat etwas Wunderbares, wenn diese Übergroßen einer vergangnen Realität mit einem Male da sind, Lehren geben, Braten schneiden, und auch aussehn sogar wie auf ihren Bildern, nur eben viel viel wirklicher, ach, das hat etwas Wunderbares. »Indem kam ein Wandersmann die Straße gegangen und grüßte Franzen sehr freundlich...« – und dann reden sie auch noch ganz so wie sie auf den Bildern aussehn, ja: Er kam gegangen und grüßte Franzen – so war das damals um Nürnberg herum, sagen wir uns dann. Franz hat noch einen Brief von Pirkheimer dabei, den liefert er ab, von Dürer kriegt er noch einen, dann geht er nach Mergentheim, woher er kommt. (»Wer bin ich?« fragt er sich noch, »was ist es, daß die Vergangenheit so lebendig in meinem Innern aufsteigt?« – und in unserm Innern steigt nun Ludwig selber auf, wie er so fragt, ja, alles steigt in uns auf), dann den Rhein hinab nach Flandern, zu Lukas von Leyden, der gerade »fleißig arbeitet«, aber Franzen freundlich entgegengeht, und mit einem Male ist auch Dürer da, er ist »groß und schlank, lieblich und majestätisch fielen seine lockigen Haare...«, ja, wie gesagt. Dann zieht er, Franz, mit Freunden, südwärts auf Italien zu, in den alten Kleidern durch die alten Landschaften, und wenn man so etwas mag, dann ist alles zauberhaft schön. Dann ist er in Florenz, »das Wetter war schön, ein erfrischender Wind spielte durch die laue Luft, und erregte ein stetes Flüstern in den bewegten Bäumen. Die großen Blumen dufteten, alle Gesichter waren fröhlich... Ein schöner Knabe ging mit einem Korb voller Blumenkränze herum... jeder saß bei seiner Geliebten...«; ein schönes Mädchen (sie alle, die Mädchen, »lösten die Locken aus ihren Fesseln, der Busen war bloß«) nimmt einen Strauß von ihrer »weißen Brust« und wirft ihn Franzen »nach den Augen«, wie es heißt, er ruft, wie geheilt, »nehmt mich zu Eurem Geliebten an«, und man denkt schon, nun geht das wundervolle Leben los, wie wir's seit Heinses *Ardinghello* alle träumen – da bricht das Buch ab, ohnehin wäre Franz doch wieder ein richtiger Deutscher geworden, Sternbald, wie er ja heißt, und das Buch hätte, schreibt Tieck fünfundvierzig Jahre später, in Nürnberg an Dürers Grab enden sollen. Selber ist Tieck dann aber noch, das wissen wir, ein großer Romancier geworden.

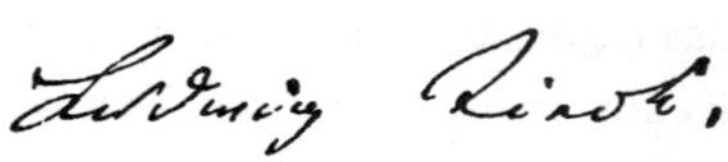

1797

Hermann und Dorothea

von Johann Wolfgang von Goethe
(1749–1832)

Sie sind am Brunnen gewesen, nun wollen sie gehn, »also standen sie auf und schauten beide noch einmal in den Brunnen zurück, und süßes Verlangen ergriff sie«, »herrlich glänzte der Mond... Nacht wars, völlig bedeckt das letzte Schimmern der Sonne«, und nun, als ob Prousts junger Marcel das sieht, »lagen vor ihnen in Massen gegen einander Lichter, hell wie der Tag, und Schatten dunkler Nächte«; Sommer ist's, dort in dem Buch, aber auch wenn's das bei uns, den Lesern, nicht ist – lohnt es allemal, sich drei, vier Stunden in diesen wundervollen kleinen Roman zu versenken, diese kaum noch wahrgenommene wunderliche Antiquität anzuschauen, ihr ruhiges Leben zu genießen. Bilder wie in den Farben Poussins, kleine Geschehnisse, die am Ende zu Bildern werden, in denen sich die Zeit dann aufhebt, in denen sie stehnbleibt, für ein kleines Weilchen, anders läßt sich das ja kaum sagen. Vieles, das ist bei Goethe ja öfter so, klingt ein bißchen betulich, wenig emanzipatorisch, etwas hausbacken, gravitätisch und eher bewahrend; aber das muß man ja alles nicht mitmachen, und kann dann mühelos und unbeschwert von allen Meinungen die Grazie, die Leichtigkeit und oft genug auch die subtile Distanz bewundern, die der heitere Glanz dieser so sanft und leicht altertümlichen Verse allem verleiht, was in Prosa vielleicht wirklich auch damals schon ziemlich unmöglich gewesen wäre.

Aber jetzt, wir, nach zweihundert Jahren Prosa und Prosa, wenn uns einer was erzählen wollte aus dem Leben, können uns leicht dem Charme öffnen, der uns da verführen will. Denn hat der Autor nicht (ganz anders noch einmal als er glaubte) recht, wenn er anfängt: »Hab ich den Markt und die Gassen doch nie so einsam gesehn…« – nein, nie, müssen wir zugeben, außer jetzt hier in dieser ersten Zeile, nie haben auch wir das alles so gesehn, aber merkwürdig wäre das doch, irgendwas lockt da, und wenn einer so plaudernd verführt, dann wollen wir mitgehn wenigstens bis an den Brunnen, und in die schöne Nacht hinein, wenn der Schönen dann in den Weinbergen der Fuß knackt, als der Mond hinter den Wetterwolken verschwunden ist, und der junge Mann stützt sie; wäre es sein Fuß gewesen, der da geknackt, hätte sicher sie ihn gestützt.

1796

Geschichten des Herrn William Lovell

von Ludwig Tieck
(1773–1853)

Erst jüngst sind wir seinem Franz Sternbald begegnet, der da in altdeutscher Tracht durch Dürers Europa wanderte, jetzt, zwei Jahre davor, und nichts verbindet die beiden Werke, beendet Tieck, dreiundzwanzigjährig, und einer der smartesten Jungdichter der Zeit, einen großen Wüstlingsroman im englischen Reißerstil. Der Held, ein ungeheuer reflektierter junger Mensch, doch leider ziemlich ohne Halt und Gewissen, und obendrein mit einem starken Hang zu schrankenlosem Leben, läßt sich verführen, gern von schönen Frauen, ebenso gern aber von geheimen Gesellschaften, von Abenteurern und lockendem Geld, und verführt selber, wo er kann, schöne junge Mädchen am liebsten, verwegen, verschlagen, und – solange er nicht hat, was er will – ohne einen ängstlichen Blick auf rachsüchtige Liebhaber und Brüder der Verführten: die aber dennoch auf ihre Stunde lauern, und ihn am Ende auch erwischen.

Tieck hat das alles, im Stile von tausend Bestsellern der Zeit, in Form von Briefen abgefaßt, die Dutzende von Personen einander schreiben, kreuz und quer. Wir Leser wissen oft sehr viel mehr als der Held, dessen mitunter eher armselig zerrissene als sonderlich heroische Seele wir aus seinen Briefen daneben gründlich und fast zum Erbarmen kennenlernen und immer mehr aus der Ferne dann zuschanden werden sehn. Die Welt, in die William Lovell sich hineinmanövrieren läßt, ist ein übler Mechanismus, und immer, wenn William über ihn zu triumphieren glaubt, in seiner oft so bewundernswerten Eigensucht, vernichtet er bloß wieder ein kleines Stück Unschuld jener Art, die die sentimentaleren Helden größertuender Zeiten (man denke an Wagner) eher bewogen hätte, sich von ihr retten zu lassen. Aber bei Tieck gibt es keine Metaphysik, hier ist alles schmissige Endlichkeit, und Intrige, Betrug und simpler Untergang. Wie dann E. T. A. Hoffmann ist Tieck dabei glänzend im Ausmalen noch der übertriebensten Innerlichkeiten, wir folgen ihm, auch wenn wir gar nicht eigentlich wollen – ganz anders als jüngst seinem Sternbald, als den genialen Autor dann Dürer gepackt hatte, dieses langhaarige Verhängnis des deutschen Romans.

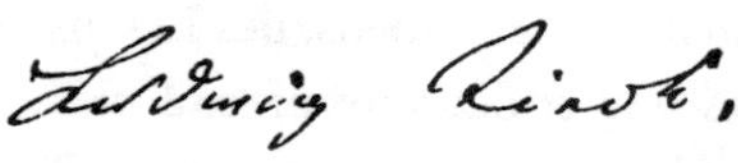

1795

Wilhelm Meisters Lehrjahre. Ein Roman

von Johann Wolfgang von Goethe
(1749–1832)

»Endlich«, schreibt er an Schiller in diesem Jahre, »endlich kommt das erste Buch von Wilhelm Schüler, der, ich weiß nicht wie, den Namen Meister erwischt hat...« und Schiller schreibt zurück: »Mit wahrer Herzens-Lust habe ich das erste Buch Wilhelm Meisters durchlesen und verschlungen, und ich danke demselben einen Genuß, wie ich lange nicht und nie als durch Sie gehabt habe...« – die Großen unter sich, »erwischt«, »verschlungen«, Kinder derselben Muse, derselben Verrücktheit des Schreibens, des Lesens. »Endlich«, sagt er, er sagt es wie erlöst aufseufzend nach beinahe zwanzig Jahren: Bald nach seiner Ankunft in Weimar, eben 1775, hatte er mit dem Buch angefangen, nach zehn Jahren hatte er's seufzend weggelegt und war nach Italien gegangen, dann hatte er's liegenlassen, nach Jahren wieder aufgenommen, alles neu angefangen, und und, endlich, war es soweit, die Welt würde staunen, und sie tat es, mit Schiller angefangen. Von Mariane an, die süß einschläft, als ihr junger Geliebter ihr seine Jugend erzählt, über Mignon, das singende undurchschaubare Ding, das nach Italien möchte, und Philine, die ihn liebt und fragt, was ihn das denn angehe, daß sie ihn liebe, und Aurelie, die ihn mit einem Dolch zeichnet, bis hin zu jener, die einmal von einem Schimmel herab, als er verwundet in Philines Armen am Waldrand erwacht, auf ihn herabblickt, » er glaubte nie etwas edleres noch liebenswürdigeres gesehn zu haben« – wem so viele (Lydie und vor allem Therese – ein Seufzer erweiterte ihre Brust, heißt es einmal von dieser – habe ich gar nicht erzählt) immer ihm wohlwollende Frauen zur Seite sind, die allerverschiedensten auch noch, so daß er sich bildet und entwickelt wie mühelos, mit dem sind alle Götter; dreimal glücklich, heißt es denn auch einmal, dreimal glücklich seien diejenigen zu preisen, die so von Anfang an hinausgehoben seien über die andern. Am Schluß hat Wilhelm auch noch einen Sohn, von seiner allerersten Geliebten (die freilich leider sterben muß, wie Mignon, allzu wenig beklagt beinahe, wie Schiller fand); »komm, o komm«, ruft der dann, der Sohn, »sieh die schönen Wolken!«

1794

Udolphos Geheimnisse

Orig. *The Mysteries of Udolpho*

von Ann Radcliffe
(1764–1823)

Ann Radcliffe – wir kennen diesen Namen seit 1803, damals hatte sich Jane Austen, dieses mokanteste Gör der schreibenden Welt, in ihrer *Northanger Abbey* ziemlich lustig gemacht über den Schauerroman, wie ihn, schon ein Weilchen her, der Kollege Staatsmannssohn Horace Walpole, besonders mit seinem *Castle of Otranto* von 1764, und dann eben Ann Radcliffe so gewaltig und gräßlich unter die Leute gebracht hatte, diese namentlich, nachdem sie ein paar Jahre zuvor schon sozusagen einen Doppelwhopper Walpole geschrieben hatte, nämlich *The Castles of Athlin and Dunhayne*, jetzt mit den *Mysteries of Udolpho*, einem Vierbänder, der denn auch gleich im Jahre darauf in Riga deutsch erschien (in England damals hieß das Genre auch *german horrors), Udolphos Geheimnisse*, übersetzt von einem gewissen D. M. Liebeskind, vielleicht war es aber auch eine Frau (das Genre entzückte ganz Europa, das lesende, und das weibliche doppelt).

Eine liebende junge Frau gerät (auch hier übrigens gleich in zwei Schlössern) an entsetzlich schillernde, blendende, im Grunde aber böse Männer, oder eben doch solche, die im Grunde bloß auf das Geld aus sind; es spukt und rumort, niemals darf sie einen düstern Vorhang aufziehn, hinter dem eine Leiche liegen soll – sie ist aus Wachs, natürlich, woraus soll sie sonst schon sein. Am guten Ende aber kann sie fliehn, und wie die Leiche Wachs, so ist denn auch aller Spuk am Ende nichts als Menschenwerk.

Und so schön das nun für die gerettete Heldin sein mag, so ist für uns Leser eben dies bloß Menschliche, rational Erklärbare an allem Spuk und Grauen doch ein wenig enttäuschend. Wenn schon dunkles Grauen, sagen wir uns, seit uns andre, Hoffmann zum Beispiel, tiefere Blicke haben werfen lassen ins Innere, wenn schon Grauen also, dann jenes, das wirklich in uns wohnt, oder doch wenigstens in jenen, die uns damit ins Dunkle treiben wollen. Die wahre Lust wächst nur mit der wirklichen Tiefe der Abgründe, in die wir zu fallen fürchten müssen, alles andre ist ein bißchen trivial: ist es nicht so? Aber es ist eben diese große und dann doch auch von allen geliebte Trivialität, die hier im Roman ihr gewaltiges Unwesen zu treiben anfängt. Kein Geringerer, wie man dann so sagt, und das muß uns eben doch zu denken geben, kein Geringerer als der weltberühmte Walter Scott hat, als sie gestorben war, Ann Radcliffes Leben beschrieben und ihre Romane gesammelt herausgegeben.

1793

Geschichte meines Lebens

Orig. *Mémoires*

von Giacomo Girolamo Casanova
(1725–1798)

Er ist jetzt achtundsechzig, seine Zähne wackeln, er ist fett und hat die Gicht; er hat eine letzte Bleibe gefunden, auf dem Schloß Dux bei Teplitz, der Graf zahlt ihm, als seinem Bibliothekar, 1000 Gulden, stellt ihm Kutsche und Pferd: aber wohin soll er reisen? Wenn der Graf nicht da ist, und er ist meistens nicht da, schikaniert ihn die Dienerschaft. Er hat erst einen dicken Science-Fiction-Roman geschrieben, den keiner lesen will. Dann aber, im Jahre der großen und von ihm gehaßten Revolution, diesem Zusammenbruch seiner Welt, beginnt er seine Memoiren zu schreiben, er schreibt ununterbrochen, er benutzt ausführliche Tagebücher, in denen alles steht. Namen, Daten, Augen- und Haarfarben, Farbtönungen der Haut, Arten zu küssen, ihn zu begrüßen, ihn zu verabschieden, Wimpernschlag – das alles wird er nicht notiert haben von seinen Liebsten, den vielen vielen aus den beinahe vier Jahreszeiten seines Lebens, die er beschreibt: das alles, das Nichtnotierte, beschwört er nun herauf beim

Schreiben, und: »welch ein Vergnügen, sich an seine Vergnügen zu erinnern!« schreibt er einem Freund, »ich schreibe täglich dreizehn Stunden, die mir wie dreizehn Minuten verfließen.« Jetzt ist er mit der ersten Niederschrift fertig, zwölf Bände sind es geworden, bis in sein fünfzigstes Jahr, bis ins Jahr 1774 hinein hat er die Chronik geführt, diesen Roman seines Lebens, nun beginnt er mit dem Überarbeiten. Die Namen sind verändert, die Tagebücher vernichtet er, ein verschwiegener Liebhaber bis ans Ende (1798 stirbt er). »Ich unterhalte mich«, schreibt er demselben Freund, »weil ich nicht erfinde« – so kann eigentlich nur der Held eines Romans, und so dürfte kein Romancier reden: außer eben dieser einzige Casanova, bei dem, für einmal, das Glück des Lebens und das Glück des Schreibens zweimal dasselbe Glück sind. Und ein drittes Mal Glück für uns, die wir das alles, bis hin zu der Art, wie er sich verabschiedete, wenn er geliebt hatte, lesend genießen ganz wie er schrieb: in Tagen, die uns wie Stunden, in Stunden, die uns wie Minuten verfließen.

1792

Die unsichtbare Loge. Eine Biographie

von Jean Paul
eig. Johann Paul Friedrich Richter
(1763–1825)

Selten, und nie bei uns jedenfalls, niemals auch später, ist ein junger Mensch mit einem solchen Furor, mit soviel Leidenschaft und Witz und Todesvertrautheit und unwiderstehlicher Liebenswürdigkeit in die Romanschreiberei der Zeit hineingefahren wie jetzt Jean Paul, dieser neunundzwanzigjährige, halbverhungerte Hinterwäldler aus dem Innern des an sich schon weltfernen Fichtelgebirges; nur wenige kannten von ihm zwei Bändchen mit Satiren, die er vorher veröffentlicht hatte, und die auch für ihn viel wichtiger waren als für andre damals oder für uns heute. Der erste, der den noch ungedruckten Roman jetzt, in diesem Jahre, in die Hände bekam, war Karl Philipp Moritz (wir werden ihn noch kennenlernen, sieben Jahre älter als Jean Paul, berühmt schon), er las das dicke Manuskript, war hingerissen, und sagte das vor allem auch andern und dem jungen Autor: das sei ganz was Neues, soll er gesagt haben. Der Held des Romans wird acht Jahre unter der Erde gehalten, begraben gleichsam, dann aufersteht er, ans Licht der Welt. Mag einem Manne wie Plato sowas vorgeschwebt haben: schreiben können hätte das vor Jean Paul keiner, jedenfalls hat es keiner auch nur zu versuchen sich getraut. Auferstanden verliebt sich Gustav in Beata, ein schönes Mädchen, das im Roman dieselbe musische Erziehung durchgemacht hat wie er, nämlich bei Jean Paul, einem Hofmeister (der Autor Jean Paul geht völlig unbefangen mit sich um; die Liebenden kriegen sich am Ende, in Lilienbad, der schönsten Stelle der Welt); vorher will der Fürst sie verführen, sie will nicht, aber Gustav erliegt der Regentin, die auch noch Bouse heißt, von Bouse – diese Szene ist eine völlig verwegne Mischung aus Sex und Klamauk, unbeschreiblich, möchte man sagen, wenn man nicht im Buch schon Jean Paul, den Autor jetzt, hätte äußern hören, angesichts irgendeiner Situation, bei welcher andre Autoren, sagt er, von Unbeschreiblichkeiten murmeln würden: was denn das heißt, natürlich sei das alles sehr wohl beschreiblich, und er werde das jetzt einmal vormachen. Dann macht er's, wie bei der Bouse und Gustav, und man sagt sich, befreit und wie endlich einmal dort angekommen, wo sie wirklich das machen, wovon wir sonst nur geträumt hatten: den wollen wir jetzt weiterlesen, immer.

1791

Geheime Geschichte des Philosophen Peregrinus Protheus

von Christoph Martin Wieland
(1733–1813)

Keiner hat Gedanken so sinnlich und anmutig machen können wie Wieland. Was in den Kopf soll, ist bei ihm so verführerisch, daß man erfüllt wird von der wunderlichen Sehnsucht, denken zu wollen. Wielands Geschichte des Schwärmers Peregrinus spielt in seiner Lieblingsepoche, der Spätantike, in Smyrna, in Athen, in Rom; eine Welt von dunklen satten Farben glüht und duftet. Ein junger Mann lernt in ihr denken, und wir mit ihm. Denken heißt ja auch, durchschauen, was hinter dem steckt, was unsern Kopf für sich einnehmen will, und da ist nun Wieland in seinem Element, wenn die Verführungen des Kopfes mit der Fesselung der Sinne beginnen – nie ist jemand unwiderstehlicher in den Venusberg des Denkens gelockt worden als in Smyrna der junge Held von der Priesterin, einer Priesterin aber rein ihrer selbst, wo er denkt, einer Göttin (aber das wird auch dasselbe sein). Dem Plato hat ihn in Athen schon eine süße ganz ideenfreie Kokette abspenstig gemacht, schließlich kommt er nach Rom, wo es schon von Christen wimmelt, er will Gutes wirken, und landet im Gefängnis. Wieder draußen, glaubt er sich endgültig geheilt, wird ein Zyniker und schmäht die Frauen: mit der Folge, daß ihn die sittenloseste aller römischen Kaisertöchter zum letzten Male verführt, und diesmal so verstandraubend und blamabel, daß er danach, im verzweifeltsten und dann doch auch wieder begreiflichsten seiner Irrwege, öffentlich seinen Selbstmord ankündigt und den dann auch begeht. Der ganze Roman – nur vergißt man das immer wieder, weil Wieland so irdisch schreibt – ist eine Erzählung, die auf den elysischen Gefilden Peregrinus dem spöttischbösen, gottlosen und bis auf den Grund skeptischen Lukian gibt (den Wieland Jahre zurück selber übersetzt hatte), und selbst der empfindet am Ende Mitleid für den Vielgeschmähten, der doch bloß jenes richtige Denken lernen wollte, das uns zu zeigen, in seiner wirklichen Schönheit, Wieland sich diese so bezaubernde schwerelose Mühe gibt.

1790

Justine oder die Leiden der Tugend

Orig. *Justine ou Les malheurs de la vertu*

von Donatien-Alphonse-François de Sade (1740–1814)

Während der einst den Bleikammern Venedigs so gerissen entkommene Casanova, alt geworden, auf dem böhmischen Schloß eines Gönners noch einmal eine vergangene Welt beschwört, in der die Menschen sich an der Zauberschnur der Lust wie glänzende Kreisel umeinander drehn, zeichnet der fünfzehn Jahre jüngere Marquis de Sade (er wurde 1740 in Paris geboren) in den Gefängnissen, in denen er sein halbes Leben verbringt, und aus denen er selten in die Freiheit (jetzt, 1790, wird er für ein Jahrzehnt frei werden), und sonst nur ins Irrenhaus entkommt (Peter Weiss hat ihn uns dort gezeigt), das Bild einer Welt, aus der die Schönheit der Liebe, die Leichtigkeit der Lust, die Freiheit des Woandershinkönnens verschwunden sind wie eine nette Illusion spielender Kinder, wenn das wirkliche Leben kommt. De Sades Heldinnen sind Schwestern: die gute ist die Beute derer, die sich die

Freiheit nehmen, zu machen, was sie wollen, und die andre, die kein Opfer sein will, triumphiert mit denen, die wissen, daß Gott, Liebe, Gewissen nur Illusionen sind, und daß für den, der, ohne sich von solchen Illusionen und moralischen Ideen gängeln zu lassen, offen und ehrlich denkt, nichts in der menschlichen Natur und der Einrichtung der Welt gegen ein Leben reinster und unbedenklichster Schrankenlosigkeit spricht. Daß dann eine Freiheit, die dauernd über Leichen geht, am Ende nicht unbedingt mehr vergnügt, sondern zu einer gewissermaßen bloß noch intellektuellen Lust an einer Willkür wird, die glücklos ist, und dennoch sein muß – auch diesen Gedanken denkt de Sade noch, und an ihm begreift man dann den Schauder, der da seine wahnwitzige Phantasie antreibt. Als Romancier ist er ebenso quälend, wie Casanova sprühend ist; de Sade, möchte man fast sagen, mißbraucht das Erzählen und unsre Lust daran wie seine böse Heldin der Liebe und die Lust derer, die gern geliebt würden. Und beinahe versinkt so, gleich in seinen Anfängen (und wären da nicht Leute wie der zahnlose Casanova auf seinem böhmischen Schloß), der Roman in der Schlammwüste einer Wirklichkeit, der er sich leichtsinnig, und ohne noch den nötigen Argwohn gegen sie eingeübt zu haben, allzu gern genähert hatte.

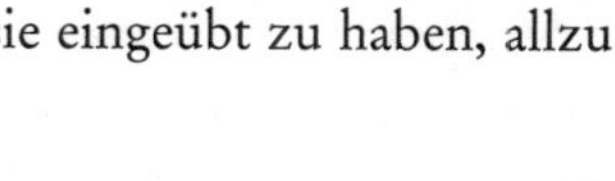

1789

Lebensgeschichte und natürliche Abenteuer des armen Mannes im Tockenburg

von Ulrich Bräker
(1735–1789)

Jeder Leser hat eine Menge Bücher, die er bestimmt noch lesen wird, sagt er sich, und eines ist immer darunter, das jedesmal, wenn er's in die Hand nimmt, den Fluch mit sich bringt, daß er's nach wenigen Seiten wieder weglegt; er geniert sich, er schämt sich, er sollte dieses Buch lesen, das Buch ist berühmt, anrührende schöne Sätze hat es, das weiß er schon – und doch legt es sich ihm wie ein böser Alp auf die Augen, sobald dieses Buch in sie einfällt, oder sie auf dieses Buch; seufzend legt er's wieder weg, irgendwann einmal wird er es lesen, sagt er sich, aber heimlich weiß er dann irgendwann einmal: er wird es nicht mehr lesen, und sollte es ihn den Himmel kosten (ein Ausdruck nur, denn es gibt ihn ja nicht, außer in den andern Büchern, die er noch lesen wird). Und wenn ich nun einmal dabei bin: der Fluch meines Leselebens ist Ulrich Bräker mit seiner *Lebensgeschichte,* die jeder kennen sollte. Einmal, vor Jahren, bin ich sogar, drüben am andern

Ufer des Bodensees langsam und gleichsam andächtig das Toggenburg hinaufgefahren. Hier also, dachte ich, hat er gelebt, hat er sich hinaufgearbeitet, hinauf zu den Büchern, die er dann las, und zu deren ja irgendwie wirklich ewigem Bestand er dann selber beitrug. Wunderbar anrührend war diese Fahrt dort hinauf, seinetwegen eigens also, zweihundert Jahre her war es damals ungefähr, daß er seine Lebensgeschichte zu diesem legendären Buch gemacht hatte aus den tausend Zetteln, auf die er immer alles notiert hatte, damit es ihm von der Seele wäre und wir es läsen. Wenn ich wieder unten bin, hatte ich mir gesagt, werde ich das Buch noch einmal in die Hand nehmen, jetzt, wo ich ihn fast kenne: die Dörfer, die er sah, die Weiden, die Berge. Mein Gott, sogar schreiben über ihn wollte ich, wenn ich dann auch noch einmal sein Buch ganz gelesen haben würde, schreiben, wie um die Schuld abzutragen, die ich mit dem Versäumnis des Lesens bis dahin auf mich gehäuft hatte. Und dann war ich unten, und wie einen Traum, aber keinen bösen jetzt, hatte ich das Toggenburg irgendwo in die Seele gelagert – und da liegt es nun, schön, geradezu an und für sich; und immer in der Nähe dieses herrlichen Sees, wenn ich hinabfahre und aufsehe zu jenen Bergen, denke ich an Bräker, aber sein Buch steht immer noch ungelesen da, und fast glaube ich jetzt, für immer, und sollte es mich den Himmel kosten.

1788

Anton Reiser. Ein psychologischer Roman

von Karl Philipp Moritz
(1756–1793)

Wir sind ihm schon begegnet, er war der Entdecker Jean Pauls (er würde es sein: wir gehn hier ja diesen Krebsgang, rückwärts); jetzt hat er, ein bißchen vergleichbar fast dem armen Manne aus dem Tockenburg, drei Bände lang schon die immer noch unabgeschlossene Lebensgeschichte eines sehr armen jungen Mannes aus dem Niedersächsischen geschrieben, auch sie, wie Bräkers Geschichte, ganz autobiographisch, aber mit einem genaueren, gebildeteren Drang zur Literatur, sichtbar schon am Untertitel: »Ein psychologischer Roman«. Karl Philipp Moritz, Sohn eines armen Militärmusikers, hatte eine Hutmacherlehre gemacht, dann Theologie studiert, dann war er Lehrer geworden – ein lausiges Dasein, das alles seinerzeit, und doch ein beinahe gewöhnlicher, aber eben entsetzlich mühseliger Weg ans Licht (und selbst den kennen wir ja nur von denen, die ihn endlich geschafft haben). All die Jahre hindurch, gut zu wissen für uns hier, war er, wie sein Held Anton, ein fast exaltiert begeisterter Romanleser gewesen – Fluchten vielleicht aus einer schlechten Realität, sicher sogar Fluchten: aber was sagt das schon? was soll so einer denn tun außer Fliehn? und muß man nicht unter den Fluchten auch unterscheiden, wohin? Ab 1783 gab er die erste große Zeitschrift einer aufgeklärten, ideologielosen Psychologie heraus, das *Magazin zur Erfahrungsseelenkunde* – noch heute lesenswert, denn die meisten wollen immer noch glauben, was nicht ist. Dann kamen die ersten Bände der großen, nur wenig verschlüsselten Autobiographie. Jetzt, 1788, etabliert sozusagen, ein bekannter Mann, ist er eben noch in Italien, in Rom, seit 1786, wie Goethe auch, die beiden verkehren miteinander, sie kennen sich gut, sind befreundet, eng beinahe, seit Moritz, als sie einmal einen Ausritt machen wollten (müssen aber auch die Armen aus dem Niedersächsischen Ausritte machen wollen?), vom Pferd fiel, und Goethe ihn rührend betuttelte und betüterte – wahrscheinlich war dies der Grund, warum jener vom Pferde gefallen war, denn wer kennt schon die Seele, nämlich die eigne? Anfang Oktober 1788 verließ er Rom, Goethe war Ende April abgereist, und blieb dann noch zwei Monate bei diesem in Weimar. 1789 wurde er Professor in Berlin, später auch Hofrat, und schrieb den vierten Teil des *Anton Reiser*, worin dieser schließlich zu Fuß von Erfurt nach Leipzig läuft – er will Schauspieler werden.

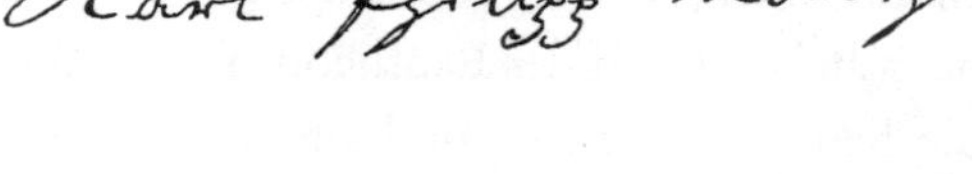

1787

Ardinghello und die glückseligen Inseln

von Wilhelm Heinse
(1746–1803)

Das Land der Griechen mit der Seele suchen: schön und gut. Aber was ist mit dem Rest der Sehnsucht, der Lust, die die Nerven wollen, die Sinne? Da ist nun Heinse groß, Wilhelm Heinse (jener, dem Hölderlin, auch einer mit viel Seele, dann *Brot und Wein* widmete, dieses schönste aller Gedichte). Er wurde 1746 geboren, ein frühreifer Dichter, Wieland mochte und förderte ihn, den kessen jungen Griechinnenliebhaber; aber irgendwann dann, spätestens eben 1787, verscherzte sich Heinse fast alles, nämlich, als er eben ganz genau das schrieb, was er schon die ganze Zeit über schreiben wollte: sein großes Buch über jenes Italien, das er nun wollte mit weit mehr als bloß der Seele, er wollte es jetzt mit Nerven und Sinnen: das Italien der Renaissance, das Land der freien Künste, der Liebe, des Glücks. Wunderbar doch auch schon der Titel seines Romans: *Ardinghello und die glückseligen Inseln* – ach, wer da sein könnte, nicht wahr? Auf dem nächtlichen Dach des Pantheons unterhalten sie sich über die Kunst, in Venedig und am leuchtenden Gardasee lieben sie sich; große Kunst, und Taten jenseits aller kleinen Moral, und losstürmende Liebe machen aus dem Leben das glühende Abenteuer, das doch mit dem Leben eigentlich gemeint sein muß, wenn man die Größe bedenkt, zu der es in Kunst und freiem Wollen der Mensch bringen kann, wenn ihn kein nebliger Norden und keine trübe Moral dämpfen und fesseln.

Am Ende des Buchs, nach soviel Kunst und allem, gibt es dann, unter Künstlern und andern freien Menschen und Menschinnen namentlich (denn diese sind ja die Freiheit), eine glänzende Orgie, oder das doch, was die Sehnsucht von ihr weiß – ein Kinderding womöglich nur, aber schon das Schwärmen davon tut gut. Vielleicht nicht in die Wirklichkeit, und was in ihr geht, aber in das, was die Sinne und Nerven wollen, war Heinse wirklich eingeweiht, und nur leicht versteckt zwischen den Zeilen (manchmal enthüllt er's entwaffnend in seinen Tagebuchnotizen) steht vieles, das einen Wieland damals empören mußte, das uns aber klar und schön vorkommt und klüger und genauer und erfrischender als das meiste sonst in den Seelen jener älteren Zeiten, die oft um die Grenzen der Freiheit und Lust besorgter waren als um die Freiheit und gar die Lust selbst.

1786

Vathek. Eine orientalische Erzählung

Orig. *Vathek. An Arabian Tale*

von William Beckford (1759–1844)

William Beckford war einer der reichsten Männer, die sich je ans Bücherschreiben machten, er hätte das Geld für keine Zeile gebraucht. Man fragt sich, was aus dem Büchermachen, besonders dem Romaneschreiben, alles hätte werden können, wenn die Autoren genug Geld auch ohne ihre Bücher gehabt hätten; vielleicht, denkt man, hätten sie wirklich nur das geschrieben, worum es ihrer Muse ging, und man denkt dann etwa an Valery Larbaud, der eine sehr schön sprudelnde Quelle in Vichy geerbt hatte und nun nichts schrieb, als was er wirklich wollte, ein herrliches Werk. Aber dann kommt einem Balzac in den Sinn, der schuldengetrieben die Nächte durchschrieb, und man wird sich gestehn müssen, daß er, mit viel Geld, kaum sein gewaltiges Werk so vorangetrieben haben würde. Aber wahrscheinlich hätte er selbst ein Vermögen wie das Beckfords in unglaublich kurzer Zeit verschleudert, er schildert in seinen Büchern ja alle die, die in Paris scharf sind auf solche Vermögen, er hätte es verschleudert, ja, und es kann nicht anders sein – nur um dann schuldengetrieben die Nächte dazusitzen und zu schreiben. Die Welt ist ja voller Verrückter, die geschriebene auch, aber die schreibende geht über alles. – Beckford nun, der von 1759 bis 1844 lebte, blieb auf seinem Gelde sitzen, in seinem Schloß, reiste, trieb ein bißchen Politik, sammelte, und schrieb, auf französisch zuerst, dieser Sohn eines Londoner Oberbürgermeisters, dann diesen grandiosen Schreckensroman, ein wunderbar arabisierendes Buch, worin ein Kalif einen Bund mit dem Teufel schließt, und am Ende holt ihn der Teufel sich – und besonders diese Partien sind nun groß; sie sind erhaben, möchte man beinahe sagen, wenn man sonst an die *gothic* oder *german novels* dieser Zeit denkt. Beckford, in seiner luxurierenden Phantasie, und nachdem er sich zuerst ein wenig satirisch gibt über die ganze Teufelsbündnerei (was hätte ihm ein Teufel geben können, das er nicht schon selber besaß?), versetzt sich nun, wenn nur noch die Seele zählt, so unabgelenkt, so glänzend ausschweifend in eine große Seele, die der Teufel holt, daß ihn selber unter der Hand der große Schauder gepackt haben muß. Sein Schloß hat er fertig gebaut, jetzt baut er die Hölle; und das macht ja wohl das wirklich Erhabene des Schauderns aus, daß den erfindenden Menschen dann das Erfundene so packt, daß er wirklich Mitleid mit sich kriegt, durch die erfundene Wahrheit über sich. Wie gesagt, Schreibende sind verrückt.

1785

Andreas Hartknopf
Eine Allegorie

von Karl Philipp Moritz
(1756–1793)

Mag sein, daß das meiste in der Welt, wenn es erst einmal zum Aufgeschriebenwerden den Kopf des Menschen passiert hat, irgendwie allegorisch oder symbolisch ist – aber allegorische Erzählungen, Epen und nun also Romane sind fast immer unausstehlich, denn die Figuren in ihnen haben keine richtige Freiheit, sie tun nur, was sie lehren sollen. Die große Ausnahme für uns hier ist dieser *Andreas Hartknopf,* Karl Philipp Moritz' schöne Erfindung. Man hat von Moritz nun eine fast noch weniger als bloß halbe Idee, wenn man nichts von ihm lesen mag als seinen so grausam autobiographischen *Anton Reiser* (außerdem haben ja autobiographische Romane, und je autobiographischer sie sind, auf andre Weise auch dieses fatale Problem der mangelnden Freiheit ihrer Hauptfigur). Sein Hartknopf ist ein Mann, der lange Wege wandert und dann in sein Heimatdorf kommt, fern im Osten: »Hier will ich still stehen, sagte mein lieber Andreas Hartknopf, da er sich plötzlich, auf seiner Wanderschaft, in einem breiten Graben befand, und weder Weg noch Steg sah, der ihn hinüberführen konnte; und doch war es schon beinahe dunkle Nacht, und der Wind wehte scharf aus Norden ihm einen feinen Staubregen ins Gesicht ... « – wenn Moritz, frei von sich selber, und nun gleich wieder allegorisch, in der ganz entgegengesetzten Unfreiheit sozusagen, dennoch den Leser wie magisch hineinzieht in sein Buch, dann, weil er das in so flutenden, atmenden Sätzen macht wie diesem eben, oder etwa diesem, als er zu Hause angekommen ist und die erste Nacht dort geschlafen hat: »Er stand auf, schlug seinen messingnen Kamm in sein Haar, knöpfte seinen Rock von oben bis unten zu, sah, ob sein Vetter noch schlief – und dann ließ er ihn ruhig schlafen, und wanderte an seinem Stabe in der kühlen Morgenluft dem geliebten Hügel zu – und der alte einäugige Pudel begleitete ihn« – oben auf dem Hügel steht, gräßlich genug, möchte man denken, der Dorfgalgen, der Galgen seiner Kindheit, und doch, »da er nun denselben Galgen wiedersah, an dessen Vorstellung sich alle die süßen Erinnerungen aus seiner Kindheit anknüpften, wurde er plötzlich mit einer unaussprechlichen Wehmut erfüllt – was damals blühte, fing nun schon an zu welken – was damals welkte, war nicht mehr«. Allegorie, Roman? Nach wenigen Sätzen fragt sich da nichts mehr, man liest und liest.

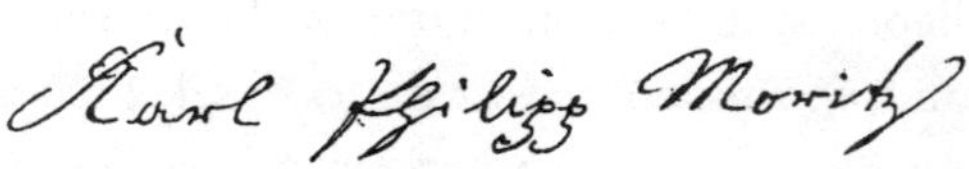

1784

Luise. Ein ländliches Gedicht in drei Idyllen

von Johann Heinrich Voss
(1751–1826)

Wenn Homer irgendwo in Deutschland zu Hause ist, dann in Eutin. Hier übersetzte ihn der Graf Stolberg, der dann wieder Johann Heinrich Voß zu sich holte – und dessen Homer war wohl doch anderthalb Jahrhunderte lang der beste. Eutin war damals das »Weimar des Nordens«, Tischbein, Goethes italienischer Reisegefährte, wohnte und starb hier, viele kamen und waren entzückt, lieblich zum Auge und gewinnend zum Herzen spreche das Land, schreibt Voß, der dreißigjährig dort ankam. Und nun kann es kaum verwundern, daß Voß nicht bloß, als er einen schreiben wollte, seinen wunderlich-schönen kleinen Roman in Homers Versen schrieb (die liebte er, die konnte er, und er konnte sie besser als jeder andre), sondern daß er dieses Stück auch da oben in dem immer noch so anmutigen Schleswig-Holstein spielen ließ, in Eutin, Malente, am Kellersee: man zeigt im Pfarrgarten die Linde noch, unter der ihm die Bienen summten, und die schöne Stelle an Wald und See, wo sie in der *Luise* feiern; und unvergleichlich Lust auf ländliche Feste machen die Speisen, die da aufgetischt werden. Luise Blum selbst ist die Grünauer Pfarrerstochter, und der ganze Roman ist, daß sie den jungen Pfarrer Walter heiratet, und das in so klarfließenden Versen, und so einleuchtend vernünftig und so voll unausgedrückt verständigem Weltvertrauen, daß damals hunderttausend junge Männer nichts Schöneres für sich wünschen konnten als eine solche Luise aus Eutin. Sie blieb auch in Mode, sozusagen die ältere Schwester Dorotheas, als dann Goethe, deutlich nach Voß, seinen Versroman geschrieben hatte: moderner, zeitgenössischer, reicher natürlich, aber Luise hielt sich, ländlichschön. Bis beinahe in unsre Tage hinein war sie einer der Renner von Reclams Universalbibliothek – und diese Buchreihen, deren es ja mehrere gab, brachten nicht nur die Bücher, die die Leute lesen sollten, sondern gerade auch die, die sie lesen wollten und eben wirklich lasen: also *Luise.* Gegenden werden ja reicher, wenn Romanfiguren sie einmal belebt haben: und so, wenn auch kaum einer mehr von *Luise* mehr liest, werden es doch immer sie und Voß gewesen sein (auch Schiller spricht doch von der Sonne Homers, die da – »siehe!« sagte er – auch uns noch scheine), die nun jene Gegend da oben sprechender sein lassen, als sie vordem gewesen sein kann. Reisende, wenn sie verweilen, sind dann wie Leser der frühen vergessenen Bücher.

1783

DER VERFÜHRTE LANDMANN ODER DIE GEFAHREN DER STADT

Orig. *Le paysan perverti ou Les dangers de la ville, histoire récente, mise au jour d'après les véritables lettres des personnages*

von NICOLAS EDMÉ RESTIF DE LA BRETONNE
(1734–1806)

Natürlich lügen die Romanschreiber, und zwar alle (Jean Paul brach den Versuch einer Autobiographie ab: er habe zu viele Romane geschrieben, er könne nichts Wahres mehr schreiben. Nabokov meint, selbst dort, wo sie, sozusagen ehe sie mit dem Lügen beginnen, bloß das Rundherum beschreiben, dürfe man ihnen nicht trauen). Schade um alle, die glauben, wenigstens das pure Leben von damals, die Lebensumstände einer vergangenen Zeit, ließen sich, unter dem Lack der lügnerischen Unterhaltung, den Romanen entnehmen. Und gut für solche Leser dann wieder, daß es etwa die frühen Londoner Spaziergänge von Dickens gibt, die Studiennotizen Zolas – und eben die gewaltigte Stoffsammlung des Restif de la

Bretonne (die, eine Anekdote für sich, in denselben Jahren erschien wie bei uns die *Volksmärchen der Deutschen* von Musäus – auch er aber ein Romancier, mitunter, obwohl Märchen ja doch die Lügen einer anderen Welt sind).

Restif, das war in diesen Abenteuern der schönsten Französinnen seine Maxime, erfindet und lügt nicht, sondern schreibt lauter wahre Geschichten auf, Erlebtes, Gehörtes, in unglaublicher Fülle, grausam gemischt, ungeordnet, Fallerzählungen aus dem ländlichen und städtischen Leben des damaligen Frankreichs. Restif glaubte an Rousseau; die Stadt, meint er, insbesondere natürlich Paris, sei das Verderben des Menschen, wenn er, noch gut, Kind der Natur, vom Lande hereinkomme; diese Verführung meinte er an sich selber erlebt zu haben und beschrieb sie dann in einem richtiggehenden Roman, so erfolgreich, daß er ihm, 1784 gleich einen weiteren ähnlichen nachschickte. Man hat sich oft gewundert, daß Balzac, der ewig Stoffbegierige, Restif nur ein einziges Mal und dann nur beiläufig erwähnt – aber Balzac, der unvoreingenommenste der großen Lügner, fand wohl, daß die Stadt, wenn sie so wunderbare Frauen bildete wie die seinen, die zweifellos ganze Provinzen leicht verderben konnten, nicht Sodom und Gomorrha sei, die Gott vertilgen konnte, bloß weil er keine Gerechten fand. Darin natürlich waren sich heimlich Restifs Leser und seine Verführten (anfangs jedenfalls, und ehe sie dann auf Rousseau stießen) gegen ihren Autor und Gott und mit Balzac einig, daß ohne den Glanz der Schönen alles nichts ist, wenn es das Beschreiben wert sein soll.

1782

Schlimme Liebschaften

Orig. *Les liaisons dangereuse*
(in der Übersetzung von Heinrich Mann
oder der von Franz Blei)

von Pierre Ambroise François Choderlos de Laclos
(1741–1803)

Der Mensch ist ein ganz schön beklagendes Wesen, wenn man sieht, wie leicht er verführt werden kann, durch andre, durch sich selbst: aber wenn er unverführbar wäre, wäre er zweifellos ziemlich langweilig – jedenfalls für den Romancier. Glänzend klar hat das Choderlos de Laclos gesehen, der die Heldin seiner *Schlimmen Liebschaften* einen Plan entwickeln läßt, der darauf hinausläuft, daß ihr gewesener Liebhaber eine junge Frau verführen soll, die ein andrer ihrer gewesenen Liebhaber heiraten will. Das gelingt, zumal der Verführer sich damit an der Mutter des Mädchens rächen kann, die ihm persönlich im Wege steht bei der Verführung einer nun wirklich beinahe verführbaren Frau. Doch auch diese fällt – aber erst, als auch ihr Verführer von Empfindungen verführt wird, die in keinen Plänen vorausgesehen waren. Der Mensch wäre langweilig, wenn er unverführbar wäre – aber wirklich interessant wird er natürlich erst, wenn er sich selbst fängt in den Schlingen, mit denen er verführen will. Davor ließ sich alles berechnen; jetzt weiß keiner mehr, was passieren wird. Und wer, solange noch alles läuft, wie er wollte, fast ein Gott ist, der verliert doch auch zuletzt die Contenance, wenn alle seine Figuren nur Menschen sind, verführbare Menschen, und nur er nicht, und er nun allein gelassen ist in seinem Spiel (und dann noch als Frau).

Fragt sich natürlich, wie ein Romancier damit fertig wird. Er macht eine sehr durchdachte, schöne komplizierte Versuchsanordnung (Madame La Fayette und Marivaux hatten da schon einige brillante Ideen gehabt), alles funktioniert, und wirklich verfangen sich die Verfänger selber mit, sie verlieben sich, werden verrückt, gehn in Klöster, kriegen die Blattern, verarmen enttäuscht – und dann? Hat er nun alles heraus über das Leben? War es das? – Darüber schweigt er, sagt Heinrich Mann in einem Essay über Choderlos de Laclos, darüber schweigt er, und stirbt. – Nach manchen Geschichtsschreibern der französischen Revolution hatte Choderlos de Laclos (er lebte von 1741 bis 1803) einen instabilen, ja windigen Charakter; das kann man bedauern; aber doch lange nicht so sehr, wie man einen weniger vollkommenen Stil bedauern müßte.

1781

Bekenntnisse
Orig. *Les Confessions*

von Jean-Jacques Rousseau
(1712–1778)

Rousseau war schon ein paar Jahre tot. Mindestens acht Jahre vor seinem Tod hatte er autobiographische Aufzeichnungen beendet; daß er daran schrieb, soll der große David Hume an die Öffentlichkeit gebracht haben. Hume, ein Jahr älter als Rousseau (und er starb zwei Jahre vor ihm, ebenfalls unter Hinterlassung einer Autobiographie), hatte den überaus angefeindeten Rousseau (man verunglimpfte ihn von Kanzeln, beschmiß ihn mit Steinen) nach England geholt, sie küßten und schlugen sich, mit Rousseau war einfach kein Aushalten auf lange; Hume, der die Gerechtigkeit liebte, veröffentlichte Briefe Rousseaus an ihn. Alle, die je mit Rousseau zu tun gehabt hatten, wurden nervös, als sie von seiner noch geheimen Autobiographie hörten; wenn je ein Buch eine Zeitbombe war, dann dies. Einmal begann Rousseau, in einem Privathause, daraus vorzulesen – die Polizei mußte weitere Lesungen untersagen, so krawallgeladen war die Stimmung. Rousseau wollte dann eigentlich, daß seine Konfessionen so lange ungedruckt liegen blieben, bis, wie er, auch alle die tot wären, die jetzt noch nervös waren; Verleger und Freunde fanden natürlich, daß sie dabei nicht recht auf ihre Kosten kommen würden, und so begannen sie jetzt zu drucken. Rousseau war verrückt, er litt an Verfolgungswahn, sobald man ihn nicht anbetete; er war grauenhaft mitleidig mit sich selbst, entsetzlich weinerlich, und natürlich log er ganz ungeheuerlich, wenn er sich selbst hinstilisierte als den armen guten Jungen, der dann unter die Bösen geraten war, die sich kaum um ihre eigenen, gar nicht aber um seine Seele kümmerten, vom Leib zu schweigen, dem armen. Andrerseits, und der Rest geht uns ja kaum mehr etwas an, war er begnadet in der Wahrnehmung jener feinsten Schwingungen, die das Wesen der lebenden Seele und ihrer Sensibilität geschildert, wie ein Kind und ein junger Mensch, noch gut wie aus Gottes Hand sozusagen, auf die Beseelung der Natur, bis hinab zu den Steinen, antworten können. Rousseau, dessen Aufzeichnungen viele mit Recht fürchteten, machte denen, die, in ihrer Unschuld, noch keinen fürchten mußten, Mut zu sich selbst und dem, was die Gesellschaft in ihrem Innern gründlich zuzuschütten begann, eben wenn sie anfingen, etwas in ihr sein zu wollen. Möglich sicher, daß die Gesellschaft recht hat – aber eben doch auch die Seele, und vielleicht doch eben sie noch mehr.

1780

Herrmann und Ulrike. Ein komischer Roman

von Johann Karl Wezel
(1747–1819)

Einer der ganz großen unter den fast unbekannten Romanen ist Wezels *Herrmann und Ulrike*, fast keiner von uns hat ihn bisher ganz gelesen, wir werden es alle noch tun, bald, denn es gibt ihn endlich wieder. Hier aus Wezels Vorwort der erste Satz: »Der Roman ist eine Dichtungsart, die am meisten verachtet und am meisten gelesen wird, die viele Kenntnisse, lange Arbeit und angestrengte Übersicht eines weitläufigen Ganzen erfordert, und doch selbst von vielen Kunstverwandten sich als die Beschäftigung eines Menschen verschreien lassen muß, der nichts besseres hervorbringen kann.« Und nun der vorletzte Satz: »Andere Menschen verlangen bloß Muster der Tugend, oder wie sie es nennen, die Menschheit auf der schönen Seite zu sehn; der Verf. hat allen Respekt für die Tugend und möchte sie, um sich in diesem Respekte zu erhalten, nicht gern zur alltäglichen Sache machen: er findet, daß diese kostbare Pflanze in unsrer Welt nur dünne gesät ist, und will sich also nicht so sehr an dem Schöpfer versündigen und seine Welt schöner machen, als er es für gut befand« – wirklich, dem ist nichts hinzuzufügen, einige Vokabeln ausgetauscht, und wir sind bei uns.

Und im Roman selber dann – daß er ganz herrlich fast überhaupt nicht endet, darf darüber nicht hinwegtäuschen – dieselbe kühle und doch so leidenschaftliche Kurzangebundenheit. Hier ein Satz mittendraus, als Ulrike ihren Herrmann fragte, was er denn habe, daß er sie so in Todesangst versetze mit seiner Furcht: »Nunmehr weiß ich unsre Geschichte, unsre traurige Geschichte. Die Unschuld liebte mich: ich liebte sie: die Unschuld kam an den Ort der Verführung, ward verführt und ich – zur Leiche.« Natürlich kriegen sie sich am Schluß, Wezel nennt sein Buch ja einen »komischen Roman« (nicht unbedingt zum Lachen gedacht, aber untragisch eben, bürgerlich), sie leben glücklich zusammen, schön sagt Wezel im Anhang, worin er rasch alle Schicksale zuende führt, in den Kindern seines Heldenpaares lebe der »feurige Geist des Vaters, durch die sanfte Aufgeräumtheit der Mutter gemildert«; das Mädchen sitze auf Herrmanns rechtem Knie, der Knabe stütze sich aufs linke, Ulrike habe einen Arm um Herrmanns Schulter geschlungen, und küsse bald diese, bald diesen, bald jenen. Aber bis dahin ist es ein schöner langer Weg, und hat viel Kenntnisse, Arbeit und jene angestrengte Übersicht verlangt, die uns nun zugute kommen werden.

1779

Robinson der Jüngere. Zur angenehmen und nützlichen Unterhaltung für Kinder

von Joachim Heinrich Campe
(1746–1818)

Daniel Defoe, hinten im Dunkel der Zeit für uns hier, schrieb wunderbare Romane, etwa die *Moll Flanders* von 1722 oder die *Roxana* von 1724; sein erster Roman, nach realen Tagebüchern, die ihm vorlagen, war der *Robinson Crusoe* von 1719, den Rousseau allen Heranwachsenden zu lesen geben wollte. Joachim Heinrich Campe, aus Deensen bei Holzminden, in jungen Jahren Hauslehrer der Humboldts in Berlin, Prediger, Lehrer, Schularzt, später berühmt durch sein fünfbändiges großes deutsches Wörterbuch, befolgte in seinen Hamburger Jahren (er hatte dort eine eigene Schule gegründet, deren Direktor er war, davor hatte er am besonders danach so bedeutenden Philanthropinum im Dessau unterrichtet) Rousseaus Rat (bei Defoe ist Robinson ohnehin der Sohn eines gebürtigen Deutschen, aus Bremen) und brachte jetzt, 1779, den ersten, ein Jahr darauf den zweiten Band einer mehr als Defoes Original erbaulich-spannenden Bearbeitung von dessen Buch heraus, *Robinson der Jüngere;* und es war dieses Buch, das dann sehr bald überall in Europa übersetzt und den Knaben zu lesen gegeben wurde, weit öfter als das auch nicht unverbreitete Original – ganze Generationen wurden auf diese Art zu Männern gemacht, die heimlich auf Inseln zu Hause sind und dort auf Gott und die eigene Kraft bauen, mit dem lieben Freitag dabei, aber ohne jede Ahnung davon, wie beherzt und jenseits aller lehrbaren Moral sich die schöne Moll Flanders beim richtigen Defoe auf dem Markt der Begierden und Waren schlägt, oder wie sich die noch schönere Roxana durchs Festlandleben liebt, durch die Kanäle Venedigs hindurch bis in die Betten der Könige hinein. Eine Roxana, eine Moll Flanders möchte man allen Heranwachsenden doch eher wünschen als einen Robinson, sagt man sich dann – ein Glück, daß Robinson dahinten weit auf dieser blöden Insel lebt, Gott behalte ihn dort, Freitag inbegriffen. Noch diese Frage vielleicht: was hat er eigentlich gemacht, wenn ihn die Lüste packten, Robinson? Und spätestens also dann, wenn der lesende Knabe sich das fragt, ist er reif für die wahre Erziehung des Herzens, durch Molly, durch Roxana.

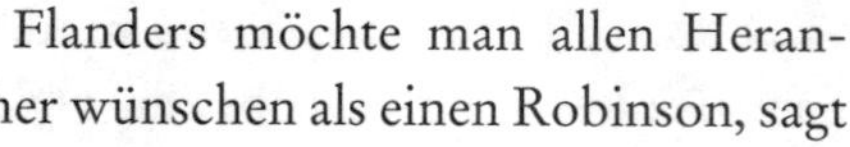

1778

Die Abderiten. Eine sehr wahrscheinliche Geschichte

von Christoph Martin Wieland
(1733–1813)

Eines schönen Herbstabends, schreibt Wieland, habe er vor lauter Langeweile aus dem Fenster geschaut. Sein Genius, sagte er, habe ihn verlassen gehabt, weder denken noch lesen habe er können. Übel gelaunt sei er auch gewesen, die Welt habe ihm nicht gefallen – und da habe er sich an ihr zu rächen begonnen und die *Abderiten* geschrieben. Er veröffentlichte sie schubweise im *Teutschen Merkur*, den er gerade herauszugeben angefangen hatte; er gab ihn heraus, teils, weil jeder Intellektuelle doch gern eine Zeitschrift hat, teils, weil er fand, die Deutschen brauchten eine, teils, weil er Geld brauchte. Im zweiten Jahrgang gleich druckte er seine *Abderiten* dort, für die Leser der ersten Stunde. Wer später dazukam, und das waren sehr viele, die Zeitschrift hatte sich wirklich etabliert (sowas scheint heute in Deutschland kaum möglich – oder haben wir keinen Wieland?), der kriegte jetzt, 1778, drei Jahre vor der vollständigen Buchveröffentlichung, diese legendären *Abderiten* in einer wesentlich überarbeiteten, erweiterten Fassung noch einmal ins Haus – die Idee eines verdrossenen Augenblicks hatte sich verselbständigt, und was ein hingeworfener ernster Scherz war (wie vor Jahren einmal die von Sterne so wunderbar frisch inspirierten *Dialoge des Diogenes von Sinope)*, das wurde jetzt Humor: der Witz derer, die eigentlich gar keinen haben. Wieland selber hatte Witz, den schönsten Witz, den je einer hatte in diesem Land ohne Diderot; aber irgend etwas (ich glaube, sein Genius hatte ihn wirklich für ein Weilchen verlassen gehabt, und er hatte es nicht gemerkt) brachte ihn dazu, mit seinem Witz hausieren zu gehn, Freunde zu gewinnen mit seinem Witz – und wirklich, gleich hatte er sie alle am Hals; einige, die sich getroffen fühlten, maulten noch ein bißchen, aber alle anderen hatten nun bei ihm und seinen *Abderiten* gefunden, was sie zum Feierabend wollten von den Dichtern: Humor. Selten hat ein großer Mann so sehr wie Wieland diesen einen Augenblick des gelangweilten Aus-dem-Fenster-Schauens so entsetzlich büßen müssen – er hatte den *Agathon* geschrieben und den *Don Sylvio* und den *Goldenen Spiegel*, er schrieb noch den *Peregrinus Proteus* (was für ein Buch!), den *Agathodämon*, den *Aristipp* – nichts half, er blieb der Dichter der *Abderiten.* Leute, schaut nicht aus dem Fenster – unten ist nichts.

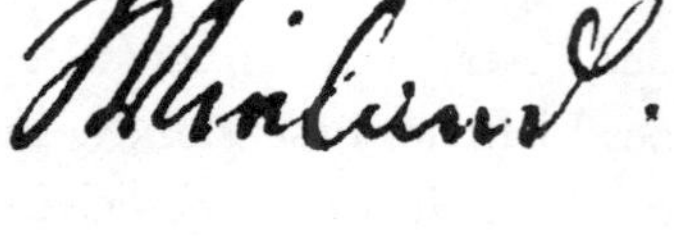

1777

Heinrich Stillings Jugend. Eine wahrhafte Geschichte

von Johann Heinrich Jung-Stilling (1740–1817)

Wenn die Frommen in sich gehn und erzählen, wie es mit ihnen so weit gekommen ist, daß sie nun in sich gehn und erzählen können, wie es mit ihnen bis hierher gekommen ist, dann tun sie im Grund das gerade Gegenteil von einem Romancier, der ja, außer vielleicht in seinen Anfängen, gerade solche Leben beschreibt, die andre waren als das seine – er geht immer aus sich heraus, und nur deshalb in sich hinein. Für den Leser verwischen sich die Unterschiede eher, nämlich wenn der Fromme auch ein für andre irgendwie interessantes Schicksal gehabt hat (was freilich, anders als der Romancier, der darauf achtet, der Fromme nicht immer bedenkt: nichts ist ihm a priori so interessant als wie Gott ihn geführt hat) – der Leser kann den Aufstieg aus den Abgründen hinauf ans Licht des Lesens und sogar also des Schreibens immer dann als ein Leben nehmen, das so wenig das seine war (meistens waren seine Geburtsumstände freundlicher), wie in den Romanen der gewöhnlichen Art die Schicksale das dort für beide sind, den Autor und den Leser. Fast haben sogar die autobiographischen Geschichten, aber immer nur diese eine von dem einen Autor, den Romanen diesen eigenartigen Geruch voraus von einer wenn auch schwer greifbaren Unerfindlichkeit; ein Geruch, den man nachher dann daran erkennt, daß man froh ist, ihm (mit dem Autor) entronnen zu sein: während wirkliche Romane (wenn es also vernünftig ist, gerade hier von *wirklich* zu reden) eher dazu verlocken, den Pianisten zu bitten, noch einmal so ein Lied zu spielen. Jung-Stilling, eher vergleichbar dem Toggenburger Bräker, von Rousseau einmal geschwiegen, kaum dem so viel begabteren und irgendwie eben doch wirklich romanschreibenden Moritz (der Gottes Wirken denn auch eher leidvoll fand als Bräker und Jung-Stilling – möglich, daß hier das Schreiben sich differenziert), Jung-Stilling war, als Goethe freundlich jetzt, 1777, dessen Jugendgeschichte herausgab, schon ein siebenunddreißigjähriger durchaus gemachter Mann, aber er war noch erträglich – das war er dann nicht mehr, weder für Goethe noch für uns, als er, Professor und Hofrat schließlich und kurfürstlicher Pensionär, fortfuhr sein Leben zu beschreiben, und schlimmer noch, Romane zu verfassen. Hamann hat einmal gesagt, Gott sei ein großer Schriftsteller – die ihm allzusehr nacheifern, pfuschen dann natürlich oft sehr.

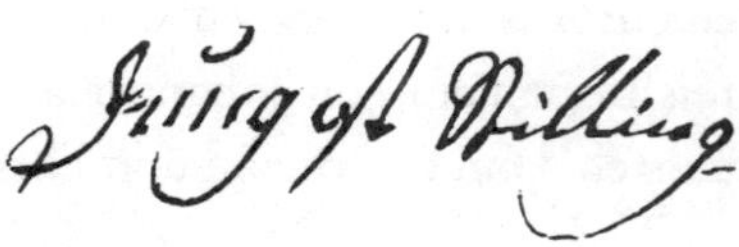

1776

Candide oder Der Optimismus

Orig. *Candide ou L'optimisme*
von Voltaire eig. François Arouet (1694–1778)

und

Belphegor, oder Die wahrscheinlichste Geschichte unter der Sonne

von Johann Karl Wezel (1747–1819)

Ein Jubeljahr für Menschenhasser und Liebhaber der Literatur, und das vereinigt sich ja oft, ein wundervolles Jahr für diese also, dieses Jahr 1776, fast, als wären Pest und Cholera gemeinsam ausgebrochen. In Frankreich war im Jahre 59, aus der Feder des großen Voltaire, *Candide* erschienen, das lakonischste und brillanteste Buch zur Heilung aller, die immer noch glaubten, es sei Vernunft in der Welt außer in solchen Romanen – und dieses Buch erschien jetzt, 1776, erstmals deutsch, übersetzt und in Riga herausgebracht von einem gewissen Philippi, der sich als Übersetzer Ralph nennt. Und im selben Jahr kommt, gleich auf deutsch, ganz original, *Belphegor* heraus, von einem Autor, der erst elf war, als Voltaires Buch in Frankreich erschien, von Johann Karl Wezel, der wenige Jahre danach dann Herrmann und Ulrike schrieb. Sicher kannte

Wezel Voltaire, er hat selber auch aus dem Französichen übersetzt, Theaterstücke. Aber Voltaire, als er seinen Candide durch die vernunftlose Welt schickt, war alt, häßlich und entsetzlich abgebrüht; Wezel, Sohn eines fürstlichen Kochs und wer weiß wessen noch, war jung, und sicher schöner – keine Kunst das aber auch – als Voltaire und nicht ganz und gar ohne Hoffnung auf Besserung – aber wer auf Besserung hofft, der schiebt ja einen wenigstens halben Haß nur noch ein bißchen auf. Einmal hören sie hinter undurchsichtigen Hecken in Wezels Roman herrliche Musik, aber sie kommen nie dorthin, wo sie gespielt wird und das Glück sein müßte. Bei Voltaire hat am Ende Candide seine westfälische Kunigunde gefunden, sie ist nicht mehr ganz frisch, aber er ist ihr durch die halbe Welt nachgejagt, nun nimmt er sie eben, wie sie ist, und sie werden nun ihren kleinen Garten bebauen; die Welt hat sie beide belehrt. Den Belphegor Wezels tritt am Anfang seine Geliebte in den Hintern, so beginnt seine Reise durch die Welt; sein Freund Medardus bleibt ewig einfältig fromm (in E.T.A. Hoffmanns *Elixieren des Teufels* der so wunderbar zweideutige Held heißt auch Medardus); die tretende Liebste hat längst einer umgebracht, mit Recht wohl, man hätte das sehr viel früher tun sollen, sagt Belphegor und bebaut ein bißchen Land. Sogar ein paar schwarze Sklaven hat er, aber das gibt ja auch zu denken – also nun entscheiden Sie: wer wären Sie lieber? Und wer hat den Menschen mehr geliebt?

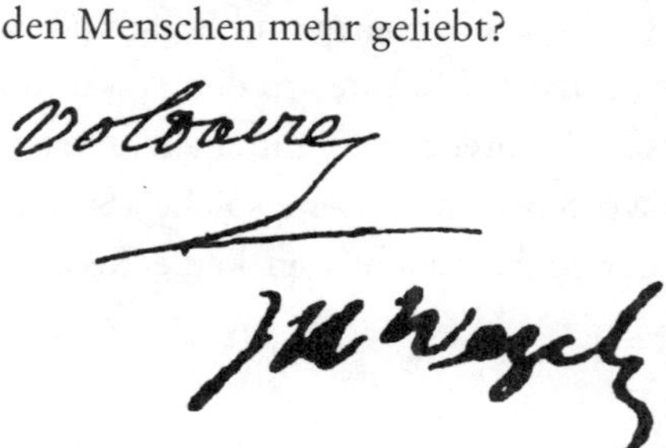

1775

Physiognomische Fragmente, zur Beförderung der Menschenkenntnis und Menschenliebe

von Johann Caspar Lavater
(1741–1801)

Jetzt einmal etwas ganz andres, nämlich: wie sahen die Leute damals eigentlich aus, etwa die schönen Frauen, wenn in den Romanen von ihren seelenvollen Augenaufschlägen die Rede ist, oder denken Sie an Werthers Lotte, oder an Werther selber, oder an wen Sie wollen von damals? Als Lichtenberg 1775 in London war, lieh ihm die Königin Lavaters eben erschienenen ersten Band der berühmten *Physiognomischen Fragmente* – und da hatten sie beide nun, Lichtenberg und die Queen, und da haben wir mit ihnen jetzt noch vieles von dem abgebildet, was die Romanciers damals an den Gesichtern abgelesen wissen wollten, an Innerm und Seele und so weiter. Beschrieben war das bei Lavater zu den Abbildungen noch dazu, aber, sagt Lichtenberg, »mit einem entsetzlichen Aufwand von Worten«, und in eine solche »Sprache gehüllt, daß jedem der Sachen sucht und keine Redensart die Geduld hundertmal abläuft.« Lichtenberg selber hatte einen schönen Sinn auch für das Innere der Frauen, wenn man es sah; von einer, die ihm das Zimmer macht (er sagt: »das Bette«) schreibt er, sie trage »eine papageigrüne Schlender mit einem schwarzen Schürzchen und schwarz frisiertem Hute, unter dem sie so hervorsehen kann, daß einem weh und bange wird«. Schlender (hübsch, wenn man's abgebildet sähe, nicht?) bedeutet, sagt Grimm, ein bequem getragenes lässiges Kleid, konnte aber auch, wenn einer moralischer war als Lichtenberg, ein Schlampengewand, ja eine Schlampe selber sein, ganz wie ein gemächliches Schlendern jemanden ärgern kann, der die Tugend des Menschen mehr in den Fleiß legt. Einem Freund in Deutschland schneidet Lichtenberg in London immer Kalenderblätter mit Damenmoden aus, auch *Porträtchen* würde er gern sammeln, sagt er; und wenn eine Mode brandneu ist, beschreibt er sie mit Worten; etwa vor acht Tagen, sagt er, sei folgendes bei den Mädchen aufgekommen: »... sie tragen nämlich 4, 5 oder 6 große Straußfedern auf den Köpfen, weiße, blaue, rote und schwarze zusammen. Sie schwanken bei der kleinsten Bewegung des Herzens, wenn sich nämlich der Kopf mit dem Herzen bewegt, und sie wissen Haß und Liebe, und quod sic und quod non und der Himmel weiß was damit auszudrücken« – also Vielleicht oder Vielleicht nicht. Lichtenberg hat nichts dergleichen gemacht, aber man sieht ihn richtig die wunderbarsten epigrammatischen Kurzromane schreiben, aus dem Geist einer Physiognomie der Mode.

1774

Die Leiden des jungen Werthers

von Johann Wolfgang von Goethe
(1749–1832)

Da haben wir ihn: den Hasenfuß, sagt Lichtenberg, und das sei das Beste an dem Buch, wo er sich endlich totschösse. Da haben wir ihn, den berühmtesten Selbstmörder seit Ajax und Seneca; aber bei ihnen weiß man den Grund, bei Werther eigentlich nicht, und das ist es wohl, was ihn so schön macht, und daß man sich sagen kann: ach ja! Denn Lotte und Liebe bloß können es ja nicht gewesen sein, und bestimmt hätte sie ihn auch ganz gern ein bißchen mehr geküßt als nur dieses eine dumme Mal, wenn er seinerseits auch nur ein bißchen mehr von ihr begriffen haben würde, als was er von Klopstock wußte und der eignen Schwärmerei. Und daß ihn dann in der großen Stadt die weltlichen Leute, die er ja schon ein bißchen bezaubert, fallen- und fahrenlassen, hätte ihm ja auch eher zu denken als zu schießen geben können. Aber er will eben einfach keine Erfahrungen machen, als die, die er haben kann, ohne die doch so schwankende winzige Plattform eines fühlenden Ichs inmitten einer, wie er denkt, bloß durchs fühlende Ich angeeigneten Welt verlassen zu müssen. Dann liest er Ossian, gefälschte Texte, gefälschte Riesengefühle aus gefälschten Nebeln, und nun ist alles zu spät, und er schießt, grundlos, denn so viele Gründe sind keiner mehr. Er mag die Welt nicht verstehn, oder nur auf seine Art, aber dann müßte er sie bezwingen, wie das sein Bruder Napoleon tun wird, aber bezwingen will er ja nicht einmal Lotte, so sehr die ihn dafür ganz bestimmt bewundert und belohnt hätte. Es hat was Zauberhaftes, wenn einer kein Held sein will, schade nur um ihn, daß er dann auch nicht begreifen will, was an der Welt daran ist, daß sie Helden braucht. Und so reicht es dann nicht einmal zu einem Helden in einem ausgewachsenen Roman (Roman: das heißt, daß wir Erfahrungen machen, die nicht die eignen sind, und nicht bloß die des unerfahrenen Empfindens): weshalb denn auch, wenn er sich nicht selbst erschösse, es ein andrer hätte tun müssen, denn einfach so weitergeschrieben hätte Goethe das alles ganz sicher nicht. Eigentlich wäre Lotte die richtige dazu gewesen, denn wem sonst lag schon an Werther viel? Aber Lotte wollte tanzen, küssen, und dann Albert, und für Werther eine andre allenfalls. Und so blieb ihm nur er selbst, der liebe Arme, und er tat's, und schoß. Goethe schrieb dann noch eine zweite Fassung, aber das Ding war nun einmal verloren, und wieder schoß sich Werther tot, und wenn Sie mal nach Wetzlar kommen, auf dem alten schönen Friedhof, dort liegt nun auch Lotte.

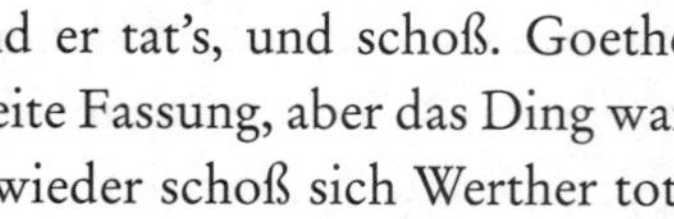

1773

Jacques der Fatalist

Orig. *Jacques le fataliste et son maître*

von Denis Diderot
(1713–1784)

Dieses Wunderding, kein Wunder andrerseits bei einem Manne wie Diderot, wenn der wiederum Laurence Sterne gründlich liest (und eben das hat er getan), erschien erst nach seinem Tode, entstand aber in schönen Teilen wohl in diesem Jahr. Keiner hat je schlüssig sagen können, was eigentlich in diesem philosophischsten (nein, ich meine: witzigsten) aller Romane los ist, nur, daß hinreißende Leute vorkommen, hinreißend in ihrer Bosheit, ihrer Rache. Etwa, wie die Pommeraye sich an ihrem untreuen Liebhaber rächt, indem sie ihm ein verdorbenes lächerliches Mädchen samt Mutter zuführt, und er hält das Mädchen für einen Engel, und dann – aber wie gesagt, keiner hat das je richtig erzählen können. Gleich am Anfang will ein Arzt, hinter dem auf dem Pferd eine Frau sitzt, den beiden Helden was erklären, die wollen es nicht hören, er erklärt doch, gibt aber, halb im Unwillen, der Frau hinter ihm einen ungeschickten Stoß, sie fällt vom Pferd, und nicht bloß, daß ihr der Fuß hängen bleibt, so daß ihr die Röcke alle über den Kopf fallen, sondern sie verletzt sich auch. Und nun sagt Jacques' Herr, das kommt davon, wenn man was erklären will, was keiner hören mag, aber der Arzt sagt, nein, das kommt davon, daß man nicht hören will, was einem einer erklären möchte; und Jacques hebt endlich die Frau auf und sagt zu ihr, das kommt davon, daß es im Himmel schon immer so festgelegt war, daß heute hier dieser Arzt reden wollte, und keiner wollte zuhören. Sie würden sich den Kopf verletzen und wir würden Ihren Hintern sehen, es konnte alles gar nicht anders kommen: Jacques der Fatalist. Oben der untreue Mann übrigens heiratet dann dieses lächerliche Mädchen, und sie werden glücklich, das hätte auch keiner vorher gedacht: und diese Geschichte erzählt eine runde herzhafte Gastwirtin, von der das ebenfalls keiner gedacht hätte, darin sind sich Jacques und sein Herr einig (Schiller hat diese Rachegeschichte übersetzt, aber ohne Wirtin und Wirtshaus dabei: keinen Schimmer von Romanen, Diderot in Deutschland ist ein düsteres Thema, Goethe ausgenommen, aber Goethe in Deutschland ist ja auch so ein Thema). Also den Anfang des Romans begleitet bei den Besten der wirbelnd-schöne Zweifel daran, ob er was Vernünftiges ist.

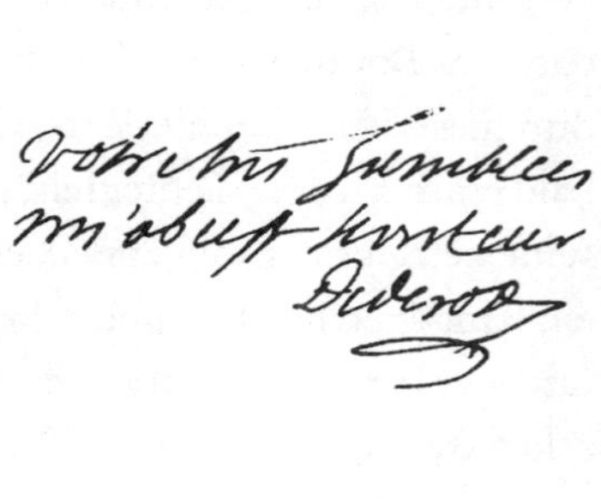

1772

Geschichte des Fräuleins von Sternheim

von Sophie von La Roche
(1731–1807)

Sophie wollte eigentlich schon in ein Kloster gehn, als ihr Papa die Ehevertragsverhandlungen mit einem italienischen Arzt abgebrochen hatte; dann aber, als sie ihren schwärmerischen jungen Vetter Wieland kennengelernt hatte, ließ sie von dem Klostervorhaben ab und schwor nur, niemals Gebrauch von all den Kenntnissen zu machen, mit denen jener Italiener sie hatte ausrüsten lassen für sich, Mathematik, Singen etc. Wieland war schüchtern und süß, in der Gegend von Biberach erklärte er ihr die Welt, und sie sagte, mach ein schönes Gedicht daraus, und ich heirate dich, und er machte das Gedicht, und sie verlobten sich, und Sophie war gerettet. Wieland ging dann zu Bodmer nach Zürich und schrieb einen Haufen dummes Zeug, Sophie löste sich von ihm und heiratete bald einen Hofrat Lichtenfels, genannt La Roche. Wieland seinerseits lerne Bibi kennen, ein süßes Ding, dem er auch ein Kindchen machte, und schrieb den *Agathon*, dann heiratete er eine Kaufmannstochter, die ihm so viele Kinder schenkte, daß er kaum das Geld dafür zusammenkriegte.

Einmal bei Koblenz trafen sich Sophie und Wieland, und fielen sich in die Arme und weinten wunderschön, und Wieland gab anschließend ein Buch heraus, das Sophie, die doch wohl einiges behalten hatte von dem, was eigentlich jenem Italiener hätte zugute kommen sollen, inzwischen geschrieben hatte, die *Geschichte des Fräuleins von Sternheim.* Dieses Fräulein, das eigentlich eine Fürstenmätresse werden soll, glaubt an das Gute in den Menschen, setzt es für sich durch und möchte nun auch die andern dazu erziehen, gut zu sein und gut zu leben. Wieland publizierte den *Goldnen Spiegel* unmittelbar dazu, den amüsantesten Staatsroman der Welt, zur Erziehung guter Fürsten, und bekam daraufhin eine schöne Stelle in Weimar. Er kaufte sich bei Weimar später ein Gut, dort besuchte ihn am Ende des Jahrhunderts Sophie einmal. Ein bißchen ging sie ihm mittlerweile auf die Nerven, aber sie hatte eine entzückende Enkelin Sophie mitgebracht, eine Schwester des Dichters Clemens und jener Bettina, die dann Achim von Arnim heiratete. Beide reisten wieder ab, aber Sophie, vierundzwanzig, kam wieder, und alle sagen, es sei mit den beiden wie im Paradies gewesen. Sie starb ein paar Monate später, er begrub sie in seinem Garten, an der Ilm, und schrieb den *Aristipp,* das Buch, dessen Muse sie gewesen war.

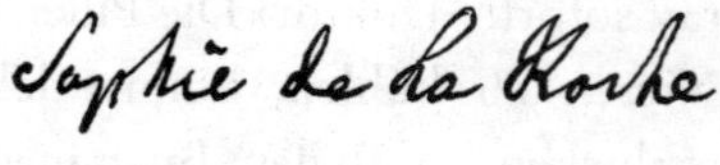

1771

Humphry Clinkers Reise

Orig. *The Expedition of Humphry Clinker*

von Tobias George Smollett
(1721–1771)

Tobias Smollett, ein Schotte, kam 1721 auf die Welt. Er war Arzt, dann so etwas wie ein freier Schriftsteller, er übersetzte Cervantes und Voltaire, und schrieb drei europäische Bestseller, nämlich 1848 die *Abenteuer des Roderick Random,* 1751 die *Abenteuer des Peregrine Pickle,* und dann, nachdem er sich, lungenkrank, in Italien niedergelassen hatte, zuletzt bei Livorno, 1771, wenige Monate vor seinem Tod, *Humphry Clinkers Reise,* einen Roman in Briefen, nach des großen und erfahrenen Thackeray Meinung »das komischste Buch, das je verfaßt wurde, seit man die anmutige Kunst des Romanschreibens übt«. Hier sind die allerersten Sätze, man versteht Thackeray sofort: »Doktor! Die Pillen taugen nichts! Um meine Nieren zu kühlen, könnte ich ebensogut Schneebälle schlucken… « In dem Buch macht eine Gruppe von Leuten, Verwandte, eine Reise durch einige Teile Englands und Schottlands, und Briefe der Reisenden charakterisieren und karikieren nun Gegenden und Personen, es passiert dies und das (in fast allen Büchern Smolletts geht fast alles immer Hals über Kopf, es ist ein Wunder, daß bei soviel Turbulenz, die keineswegs immer einen artistisch sehr gut organisierten Eindruck macht, überhaupt so etwas wie Konsistenz in die Figuren kommt): aber dieses Wunder eben passiert in diesem Buch noch mehr als schon in den vorangegangenen, und macht hier die Figuren noch greifbarer und unvergeßlicher als sonst. Smollett ist auch ein wilder Kopf, wesentlich unversöhnlicher als eben Thackeray etwa in seinem dagegen fast betulichen *Jahrhundert der Eitelkeit,* und seine Charaktere sind auch längst im Feuer des Sarkasmus geglüht als die des frühen Dickens in den *Pickwick Papers* fünfundsechzig Jahre später. Und die Kontinentaleuropäer, die (wie schon Lichtenberg immer bei seinen Londonaufenthalten merken mußte) vergleichsweise lächerlich softe Typen waren, sahen hier, nachdem Fielding und der frühe Smollett für London schon damit vertraut gemacht hatten, auch durch die englische Provinz einen hübschen schneidenden Wind wehn; und kuschelten sich meist aber nur noch mehr in die weichen heimischen Betten.

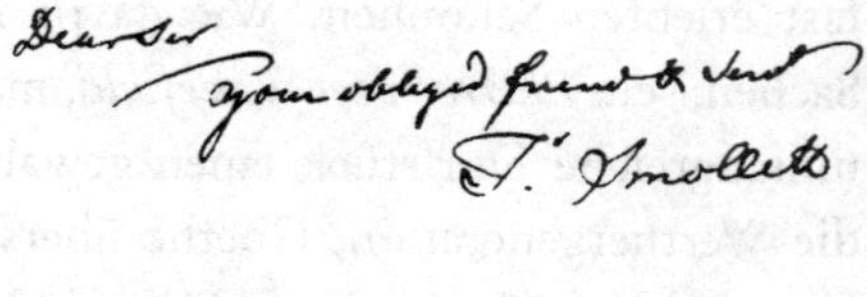

1770

Das verlassene Dorf

Orig. *The deserted Village*

von Oliver Goldsmith
(1728–1774)

Oliver Goldsmith, wohl von etwas bizarrem Charakter, Theologe, Arzt, Musiker, Vertreter, Schulmann, Freund jenes Dr. Johnson, dessen Ruhm in England uns heute noch begreiflich macht, wie anders sie dort sind als wir hier, lebte, bitter arm, ehe Johnson ihn entdeckte, er schrieb elegant und anmutig. Und wenn man ahnt, wie wenig genau diese beiden Wörter auf einen Mann wie unsern Eutiner Voß passen, dann ahnt man auch, wie sehr von Voß' Idyll *Luise* sich Goldsmiths *Verlassenes Dorf* unterscheiden wird, kein Idyll außerdem bloß, sondern eine lebhafte und handfest etwa gegen den Großgrundbesitz argumentierende Klage eben über den Verlust einer noch fast erlebten Schönheit. Wie davor nur, neben Sternes Sachen, sein *Pfarrer von Wakefield*, machte das nicht sehr umfangreiche Dorfstück einen gewaltigen Eindruck auf die Werthergeneration, Goethe übersetzte die Verse sofort, wohl im Wettstreit mit Johann Georg Schlosser, dem zehn Jahre älteren Juristen, den Goethe von Jugend auf kannte. Goethes Übersetzung des *Verlassenen Dorfs* ist leider verloren, erhalten ist Schlossers Versuch, nicht schlecht, vielleicht etwas bieder, wenn man sich ansieht, was Goethe damals schon konnte. Sicher hatte Goethe seine gewisse Sicherheit im Englischen eben von Schlosser, und er blieb ihm auch dankbar dafür; aber Goethe war, namentlich der junge, immer entsetzlich schnell, und wer mit ihm ein Stück ging, war bald nur noch ein Baum an der Straße, durch die jener gegangen war, sozusagen; und so dann eben auch der fromme Schlosser. Goldsmiths Verse sind aber auch heute noch schön und voller Anmut und klingendem Schmerz.

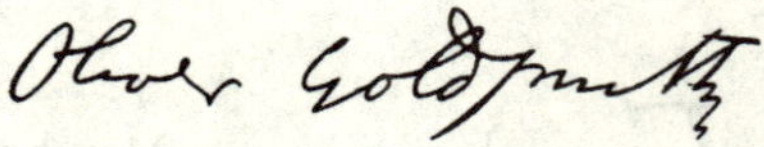

1769

Die Prinzessin von Babylon

Orig. *La Princesse de Babylone*

von Voltaire

eig. François-Marie Arouet

(1694–1778)

Eines der schönsten Märchen, wie sie mitunter den klügsten Leuten damals in den Kopf gekommen sind, ist das von der Prinzessin von Babylon, die verheiratet werden soll, aber drei Könige können einen gewaltigen Bogen nicht spannen, aber auf einem Einhorn, ehrlich, auf einem Einhorn kommt dann ein Jüngling, und der kann ihn spannen, und läßt der Prinzessin, die natürlich fasziniert von ihm ist, einen Vogel da, als er wieder wegzieht. Und dieser Vogel, der im Zimmer der Prinzessin auf einem kleinen Apfelsinenbaum wohnt, »entfaltete einen so wundervollen Schweif, seine ausgebreiteten Schwingen schimmerten in so leuchtenden Farben, das Gold seines Gefieders erstrahlte so hell, daß alle Blicke nur auf ihn gerichtet waren«. Und sogar reden kann dieser wundervolle Vogel, und der Prinzessin von seinem Herrn erzählen; zum Beispiel dessen Einhorn, sagte er, »ist das hübscheste Reittier der Gangariden, es ist das schönste, stolzeste, schrecklichste und sanftmütigste Tier, das die Erde bewohnt«. Ein Idiot erschießt dann den Vogel, der noch sagen kann, die Prinzessin solle ihn verbrennen, seine Asche sammeln und dort- und dorthin tragen; und sie tut das und bricht auf, und sucht den Herrn des Vogels, ihren Geliebten. Der wieder reist um die Welt, um dann zu ihr zurückzukehren, und so reisen sie nun hintereinander durch die Welt. Es ist eine andre Reise als etwa die Humphray Clinkers, oder Candides, oder Belphegors, oder wen immer wir schon haben reisen sehn (habe ich nicht einmal Melville mit dem Satz zitiert, alle Romane seien eigentlich nur Reisebücher?), der Ton bleibt märchenhaft-schön und ganz leicht bei aller Satire, offenbar war Voltaire in diesen Wochen von so gutem Appetit wie Diderot meistens, sein *Candide* lag schon eine Weile zurück, er wohnte bequem in seinem Schlößchen am Genfer See, er war fünfundsiebzig, er war endlich reich, alle Welt, die Kirche ausgenommen, huldigte ihm. Ein paar Jahre später wird er dann noch einmal eine Geschichte um eine schöne Prinzessin schreiben, diesmal liebt sie einen wundervollen weißen Stier, und kriegt ihn auch.

1768

Eine empfindsame Reise

Orig. *A Sentimental Journey through France and Italy. By Mr. Yorick*

von Laurence Sterne
(1713–1768)

Man dürfte über dieses Buch eigentlich gar nichts sagen müssen, so unendlich schön ist es immer noch, und so sehr wünscht man jedem, mit dem man überhaupt gern redet, er habe es gelesen. Ein kleines Büchlein nur, ein Fragment obendrein. Yorick, ein Geistlicher, ein Engländer, fährt durch Frankreich nach Italien – Sterne hat, nach dem erstaunlichen Erfolg mit seinem *Tristram Shandy,* als er endlich Geld hatte, um für seine Gesundheit zu sorgen, viel Zeit in Südfrankreich und auf Reisen zugebracht. Sein alter ego Yorick erzählt einfach Episoden von seiner Reise, in Calais geht die Reise los, aber überm Schreiben ist Sterne gestorben, im März 68, vierundfünfzigjährig. Das Herz des Reisenden (»Wenn das Herz dem Verstand zuvorkommt, erspart es der Urteilskraft unglaublich viel Mühe«) und sein wunderbar höflicher Geist sind durchtränkt von der Neigung, zu verstehen, und von der Neigung, zu lieben, namentlich die Frauen, es braucht da wenig Gründe (»… ich bin fest überzeugt«, sagt Yorick in Montrieul, »daß, wenn ich irgendeine niedrige Handlung begehe, es gewiß in der Pause zwischen zwei Leidenschaften geschieht… deshalb versuche ich diese Pausen so kurz zu machen wie nur möglich…«). Daß Frauen und Männer sich lieben, oder doch ihn die Frauen, und er sie, ist so sehr nur der schöne Sonderfall des allgemeinen Liebesgebots, daß beide Teile nur sehr ungern dagegen verstoßen würden. Wie sehr das dann ins einzelne geht, ist unwichtig: wenn nur die Seele die atmende Luft spürt, in der wir uns treffen (»Das Herz nimmt gern alles, was es bekommen kann«), oder Hand und Mund sich in demselben Medium fühlen, das die Seelen befreundet macht, dann ist alles gut. Und ob wir (»Wenn aus dem einen nichts wird, dann aus dem anderen«) selbstvergessen Hand in Hand an einer Straße stehn oder sinnverwirrend scharfsinnig werden müssen, um einen Vorhang, der uns Schlafende trennen soll oder nicht, das sind nur Details. Das unwiderstehlich und auch so rein und schön Verführerische an allem Verlangen ist seine freundliche Uneindeutigkeit, in der uns nichts mehr kränkt. Es macht nichts aus, wohin wir dann kommen, »ich glaube, es waltet ein Verhängnis darüber: ich komme selten an den Ort, zu dem ich will«, sagt Yorick einmal, und ein andermal: »Aber ich bezeuge, daß ich selbst in der Wüste etwas finden würde, was meine Neigung auf sich zöge« – Jean Paul hat noch so Sätze.

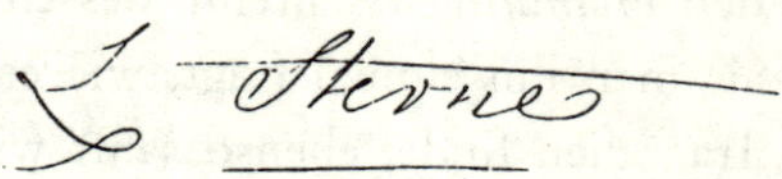

1767

Der Freimütige

Orig. *L'Ingénu*

von Voltaire

eig. François-Marie Arouet

(1694–1778)

und

Geschichte des Agathon

von Christoph Martin Wieland

(1733–1813)

Das sind dann merkwürdige Zusammentreffen in der europäischen Oberliga, wenn in diesem Jahr Wieland, dieser wirklich europäisch denkende Mann, für den dazu noch die Antike ein Teil seines Europas ist, die *Geschichte des Agathon* beendet, die Geschichte eines jungen Mannes, eines Griechen, der in der von Wieland so geliebten nachklassischen Epoche heranwächst, zwischen schönen Frauen und politischen Intrigen sowohl in der Republik als der Despotie, und wenn zugleich Voltaire den *Freimütigen* schreibt, dessen Titelbild, ein Indianer, als man ihn einmal fragt, wie er denn die griechischen Tragödien finde, ebenso sanft wie schlagend antwortet: gut für die Griechen. Dieser Freimütige ist einer jener zahlreichen Wilden, die namentlich in der französischen Literatur dieser Zeit, besonders seit Rousseau, aber auch sonst überall in Europa ihr gesellschaftskritisch aufklärendes Wesen treiben; selbst Winckelmann, wenn er Achill beschreiben will, stellt einen Indianer neben ihn, es sind dieselben sehnig-schönen Körper, die er dann bewundert. Voltaires Held ist ein Hurone, ein kanadischer Indianer; die Huronen hatten seit der Mitte des 16. Jahrhunderts Beziehungen zu den Europäern und hatten seit dem Anfang des 17. Jahrhunderts mit jesuitischen Missionierungsbestrebungen zu kämpfen. Dieser Indianer ist also nicht ganz so ausgedacht wie andre philosophische Wilde; überdies kommt am Ende des Romans heraus, daß er überhaupt kein Wilder ist, sondern bloß ein als Kind unter die Huronen verschlagener Franzose – so macht Voltaire sehr raffiniert aus der scheinbaren Naivität des Wilden eine erworbene und um so schlagendere Unbefangenheit. Aber schließlich ist ja im Grunde, das brauchte Wieland dem Leser gar nicht erst zu sagen, auch sein Agathon kein Grieche, sondern ein junger Mann seiner Zeit, ein Deutscher, ein Franzose, wie man wollte, und mochten seine verführerischen Mädchen auch Psyche und Danae heißen statt Mignon oder Philine (aber damals suchten sie ja ohnehin in jeder Frau eine Helena) – seine politische Erziehung war die zu einem Bürger der Gegenwart. Und wenn Agathon sich die Staaten ansieht, dann ganz mit ähnlichen Augen wie die reisenden Helden und Heldinnen Voltaires.

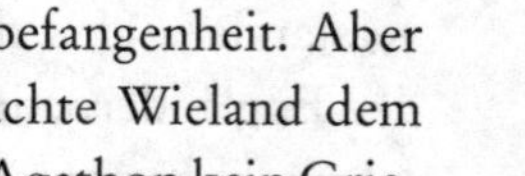

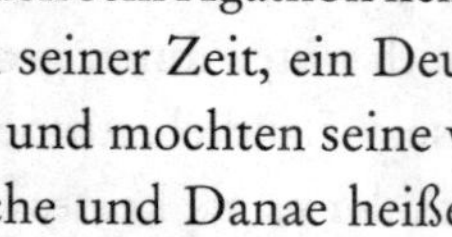

1766

Der Landprediger von Wakefield

Orig. *The Vicar of Wakefield.*
A Tale. Supposed to Be Written by Himself

von Oliver Goldsmith
(1728–1774)

Diesen Roman haben damals alle gelesen und ihn, wenigstens auf dem Kontinent, als empfindsam-rührende Darstellung eines englischen Landpfarrerlebens verstanden. Uns dagegen, und womöglich auch damals den Engländern, die wohl einen feiner nuancierenden Geschmack hatten, wenn man bedenkt, daß Sterne und Goldsmith unter ihnen groß wurden, kommt sehr vieles aus diesem Landleben doch vor, als empfinde auch der Ich-Erzähler es als keineswegs witzig oder rührend, und die humorvolle Art, wie Goldsmith wieder mit dem Erzähler umgeht, sieht für uns doch oft eher nach verdecktem Grimm aus. Goethe und die Seine, sagt man, hätten fast rein das Rührend-Empfindsame an dem Buch goutiert; wenn wir heute dagegen auch einen klareren Blick dafür haben, wieviel Anstand und gewaltige Ironie in Goethes *Werther* herrscht, dann müssen wir doch nicht mehr ganz glauben, daß Goethe und andre blind gewesen wären für die düster funkelnden Züge an Goldsmiths Buch. Natürlich ist des Pfarrers harmloses Familienleben rührend, und wie er die merkwürdigen Schicksalsschläge hinnimmt; andrerseits ist manches Lachen in dem Buch doch sehr hohl, wenn es irgenwo einmal, wenn der reiche widerliche Squire wieder einmal einen seiner blöden Witze macht, sehr lakonisch heißt, die Witze der Reichen seien eben immer zum Lachen. Aber auch der heutige Leser muß sich doch eine gewisse Mühe geben, mehr Mühe als etwa bei Smollett oder Fielding, jene mehr schneidenden Töne herauszuhören, die ihm ein schönes Gegenmittel wären gegen eine Ironie, mitunter doch allzu versteckt unter einer humorvoll-duldsamen Attitüde, die uns leicht ein bißchen ungeduldig machen könnte. In diesen Anfangszeiten des neuen Romans stehen für den damaligen Leser Bücher fast noch verwechselbar nebeneinander, die für uns beinahe schon den Riß markieren zwischen dem, in das wir uns beim Lesen sehr hineindenken müssen, und dem, worin wir schon ganz zu sein scheinen.

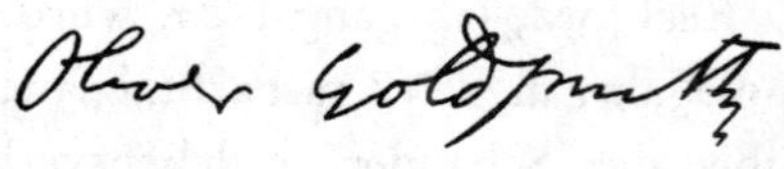

1765

Das Schloss von Otranto

Orig. *The Castle of Otranto*

von Horace Walpole
(1717–1797)

Einige Schauerromane hatten wir schon, Sie erinnern sich an Potocki, an die Radcliffe, oder denken Sie an den großen Maturin mit seinem ewig wandernden *Melmoth,* an Beckfords *Vathek* – mit Beckford hat jetzt Horace Walpole einiges gemeinsam: große Herkunft, sehr viel Geld, gelegentliches Eingreifen ins politische Leben, Bau eines Schlosses im eignen Geschmack, Sammelliebhabereien, das Schreiben.

Beckford, Jahrgang 1759, wurde vierundachtzig, Walpole Jahrgang 1717, fast achtzig, man würde gern scherzen über den Schauder als lebensverlängernde Kraft, wäre nicht Maturin vierundvierzigjährig gestorben, und hätte Potocki sich nicht vierundfünfzigjährig so spektakulär selber aus dem Leben geschossen; wahrscheinlich also war es doch eher das Geld.

Nun, Walpoles *Schloß Otranto* war der erste Bestseller unter den Schauderromanen, und begründete (nur Bestseller begründen) die ganze Gattung, mitsamt allem, was gut daran ist: dem bösen armen Schloßherrn, der schönen Tochter, dem umgehenden Geist, mit schönen Verwechslungen, daß gerade junge Männer immer ganz andre sind, als sie scheinen wollen. Das Schloß ist auch düster genug, und nicht bloß, daß es mittelalterlich ist: Die ganze Geschichte spielt auch rein im Mittelalter. Natürlich hat sich in den darauf folgenden sechzig, siebzig Jahren dann eine Menge geändert, jedes spezielle Genre (wie über ein Jahrhundert später dann der Kriminalroman) hat, anders als das Hauptgenre (der Roman also) in seiner Unfestgelegtheit, so etwas wie eine fortschreitende Geschichte, da die Leser innerhalb eines relativ engen Rahmens immer wieder etwas Neues brauchen, etwas so noch nicht Dagewesenes (denken Sie an die Fortentwicklung des Detektivs, oder an die damit zusammenhängende Entwicklung der Erzählerperspektive). Wenn man dann aber wieder einmal das Ur-Buch in die Hand nimmt, jetzt also diesen Walpole, dann sieht man gerührt die einfachen Formen, aus denen dann alles gekommen ist, und bewundert noch einmal die Kraft, die noch jetzt in jener so simplen Konstruktion zu spüren ist.

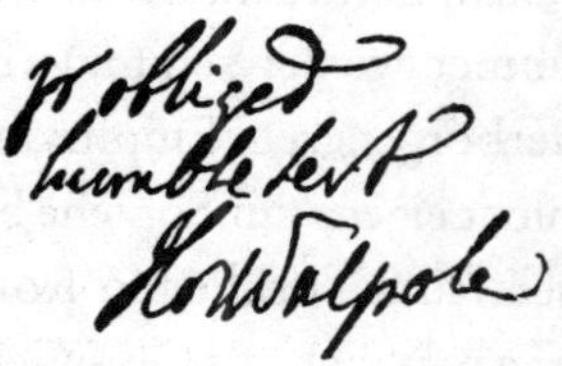

1764

Der Sieg der Natur über die Schwärmerei, oder die Abenteuer des Don Sylvio von Rosalva. Eine Geschichte worin alles Wunderbare natürlich zugeht

von Christoph Martin Wieland
(1733–1813)

Wieland, ein letztes Mal. Später, also seit dem *Agathon,* hatte er einen Stil zur Verfügung, selbstgemacht natürlich, der die wunderbar geglättete Oberfläche immer wieder schimmernd durchsichtig machte für jene verborgeneren Empfindungen und Widerstände, die er nicht eigens zur Sprache bringen wollte oder mochte. Dieser frühe sprühende Roman hat diesen Stil noch nicht ganz. Nicht, als ob Wieland sehr experimentierte; aber nach entsetzlich fruchtlosen Übungen in frommen und heroischen gereimten und ungereimten Formen hatte er sich als erstes an etwas Handfestes gemacht, nämlich an eine Shakespeare-Übersetzung, und überließ sich zugleich, wie befreit nach Jahren sinnloser Buße und Befangenheit (und sicher hatte er auch Sterne schon gelesen), endlich einem Schreiben, das dann fast wie mit einem Schlag strahlend weltlich wurde – man weiß nicht, ob neue Inhalte die Sprache entfesselten oder ob eine Sprache, die sich Bahn brechen mußte, endlich Inhalt suchen konnte, die dazu paßten. Die »comischen« Verserzählungen entstanden, und in der Prosa sein erster Roman – und der nun in einer Sprache, die noch an fast naiver Natürlichkeit alles das hat, was dann später die so geschmeidig graziöse, gleichsam zweite Natur seiner erzählenden Romansprache wird. Im *Don Sylvio* hört man oft den Ton, den dann zehn Jahre später der junge Goethe erst zu dem so wunderbar natürlichen Ton der alltäglichen Erzählsprache machte, in vielen Partien des *Werther,* in der frühen Fassung des *Wilhelm Meister* einen Ton, der noch manchmal in Moritz' *Anton Reiser* zu hören ist). So klar und leicht wie in diesem ersten Roman Wielands war deutsch noch nie erzählt worden; und die Geschichte, die da erzählt wurde, war witzig, spielerisch, und wehrte sich, das war das schönste, wehrte sich gegen die Wirklichkeitsferne einer illusionstörichten und wirren Phantasterei welcher Couleur auch immer mit einer Sprache, die für sich schon, man mußte ihr nur zuhören, für sich schon einer Wirklichkeit das Wort redete, die gar keiner Zutaten bedurfte. Wie bezaubert (wenn das nun doch das Wort sein darf) steht man hier an diesen schönen Anfängen.

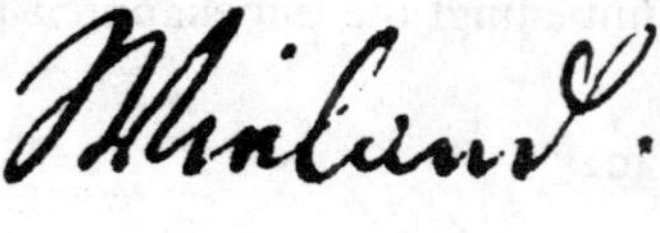

1763

Nichts? Nichts einmal. Aber darunter natürlich hundert Romane, doch wir lesen sie nicht mehr, und wir würden nicht bloß uns einen schlechten Dienst erweisen, wenn wir sie doch läsen, sondern auch ihnen selber – sie hatten ihre Zeit, nun ist sie vergangen. Manchmal, etwa in Balzacs *Modeste Mignon,* lassen Romanciers Figuren auftreten, die lauter Romane ihrer eignen Jugendzeit lesen – jene Bücher, auf die hin sie selber dann, Erfinder jener stellvertretenden Leser, die Bücher schrieben, die uns nun davon dispensieren, noch einmal zu lesen, was sie selber dann eben ersetzen wollten durch das Bessere, das wir nun statt dessen haben können. Die alten Leihbüchereien und Lesegesellschaften standen voll von Büchern, denen dann erst unsre Wieland, Fielding, Smollett, Austen, Goethe, Balzac (und alle die ihnen folgten) jene herrlichen Romane entgegen –, und an die Seite schrieben, die wir seither lesen, und die fast allein auch wir hier aufgeführt haben (manchmal waren aber auch welche darunter aus dem Zwischenreich des Vergessenwerdens, ich nenne einmal Campe, Radcliffe, Alexis, Freytag, aus jüngsten Zeiten etwa die Sagan). Alle jene, die wir nicht mehr lesen, aber die die Leser damals wohl brauchten, so wie wir unsre … (setzen Sie ein paar bekannte Namen ein, fangen Sie etwa mit Simmel an), alle jene vergessenen Romanciers stehen unter der fehlenden Überschrift dieses Jahres, nicht unbedingt die unbekannten Helden unsres Genres, wohl aber Lieblinge sicherlich darunter auch jener Leser, deren Neugier und Lese- und besonders auch Kauflust erst den dauernden Erfolg, fast möchte man sagen: die Unsterblichkeit dann der Romanciers möglich machte, deren wir hier fast allein gedenken. Eine Ungerechtigkeit, die wir hier in diesem einzigen Jahr nicht gutmachen können, auf die wir aber doch um Vergebung bittend hinweisen wollen.

1762

Rameaus Neffe

Orig. *Le neveu de Rameau. Satire seconde*
(übersetzt von Goethe)

von Denis Diderot
(1713–1784)

Ein Fest für den Leser: Goethe übersetzt Diderot. Wann genau Diderot diesen kleinen Dialogroman geschrieben hat, ist unklar. Im Jahre 1762 jedenfalls erwähnt er ihn Voltaire gegenüber, veröffentlicht hat er ihn sein Leben lang nicht, er hat ihn eher geheimgehalten. Goethe brachte seine Übersetzung 1805 heraus; französisch wurde der Text 1821 zuerst gedruckt, als Rückübersetzung Goethes, das Original erschien erst 1891.

Diderots Titelheld ist ein genialer Schnorrer der Pariser Gesellschaft, der dem berichtenden Ich gegenüber, in Kaffeehausgesprächen, die seiner Position allein angemessene Haltung völliger Wertfreiheit und amoralische Skrupellosigkeit vorführt. Dabei läßt er sich von Einfällen leiten, von Beobachtungen, seine Gesprächsführung ist sprunghaft, von Brüchen durchsetzt, heftigen Stimmungsumschwüngen unterworfen, seine Argumentationen sind zynisch, von geradezu überwältigender politischer *incor-*

rectness, und immer so, daß alles, was er sagt, die verkommene Gesellschaft, von der er lebt, wesentlich deutlicher trifft als ihn selber. Man muß diesen üblen Typ bewundern, auch wenn er selber dieses Bewundern zweifellos miteinbeziehen würde in seinen doch auch immer wieder zügellosen, wahrhaft zersetzenden, wirklich alle Grenzen verletzenden Spott über die Gesellschaft. Man wird aber selbst dafür frei bei der Lektüre dieses freiesten Stücks erzählender Prosa (an formaler und syntaktischer Unabhängigkeit wären höchstens noch Arnims *Metamorphosen der Gesellschaft* zu nennen). Man hat Goethes Übersetzung nachgesagt, sie glätte mitunter – mag sein; seiner eignen Prosa aber ist er hier fern wie sonst nie. Man hat den Eindruck, daß Diderots so verspielter wie ungestümer Geist seinen eignen da in ein Feuer gebracht hat, das für seine Verhältnisse ebenso flackernd die Welt illuminierte, wie damals der Geist Diderots die seine. Wo Goethe zurückhaltender ist, und in der Wortwahl manchmal beinahe dämpfend und die Aggression Diderots einschränkend, aber doch so, daß der kluge Leser dieses oft eher taktische Vorgehen begreift und durchschaut, da muß man eben bedenken, daß Goethe, anders als Diderot, drucken lassen wollte, was Diderot unmöglich drucken hätte dürfen; er schützt einen geliebten Freund vor der Rache einer Gesellschaft, gegen die er endlich doch auch offen recht behalten soll.

1761

Julie oder die neue Héloïse

Orig. *Julie, ou La nouvelle Héloïse, Lettres de deux Amans, Habitans d'une petite ville au pied des Alpes*

von Jean-Jacques Rousseau
(1712–1778)

Manche der damals gelesensten, berühmtesten, einflußreichsten, und objektiv tatsächlich auch großartigsten Romane dieser fernen Zeit machen es einem heute dennoch sehr sehr schwer. Es ist da kaum ein Durchkommen durch sie, und erst nach strapaziösen Ewigkeiten entfalten sie einen Reiz (einen Sog eher), von dem man aber nicht mehr herauskriegt, ob damit nicht der eigne Kopf sich einfach schützt. Rousseaus berühmtestes Buch ist in Einzelheiten oft betörend schön und in seiner mitunter bedenkenlosen (oder wie die Bürger wohl empfanden, wenn sie's in den Händen aller Jugendlichen sahen: bedenklichen) Freiheit gerade in den oft betont unausgesprochen gelassenen Details der großen Liebesgeschichte (Julie schläft mit ihrem Geliebten, sie tut's wirklich) sehr überraschend – modern, sind wir dann geneigt zu sagen: Aber sie waren damals eben modern, und empfanden das, wovon wir nicht denken sollten, es wäre rein das unsre. Dann aber auch hat das Buch wieder unendlich langatmige Passagen, und man sagt sich: dann in dieser Zeit doch lieber zwanzig andre Bücher (aber eben von einer Art – statt deren es damals eben nur diese gab; erst ein Mann wie Goethe machte dann aus einer zwanzigstel Julie einen ganzen Werther, gerade auch wortmengenmäßig). Julie liebt ihren Lehrer Saint-Preux, er sie; heiraten geht aber in dieser Gesellschaft nicht, sie ist von Adel, er nicht. Julie heiratet Woldemar und wird glücklich, denn er ist ein Vorbild von Mann, und sie von Tugend. Saint-Preux, schon recht verzweifelt, geht in die Welt; später holen sie Saint-Preux ins Haus, als Lehrer wieder, für die eignen Kinder nun, und alle beherrschen sich, wenn auch sie heimlich doch leidend, und er, als dürfte er kein Mann mehr sein. Woldemar findet die Liebe der beiden toll, verläßt sich aber auf – nun, eben alles andre. Julie stirbt, als sie ein Kind vor dem Ertrinken rettet – und doch auch, als ob sie sich endlich fallen lassen kann wenn nicht in die Seligkeit, so doch ins Nichts.

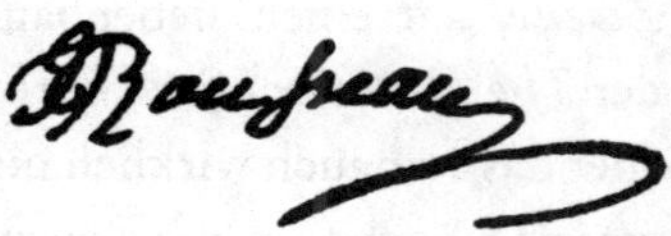

1760

Grandison der Zweite
von Johann Karl August Musäus
(1735–1787)

und

Sir Charles Grandison, Pamela, Clarissa

von Samuel Richardson
(1689–1761)

Musäus, ein witziger Weimaraner Kopf, der Märchen sammelte, Pagen erzog und sich über Lavater lustig machte, machte sich auch über Richardson lustig und schrieb eine dreibändige Parodie, *Grandison der Zweite,* auf einen siebenbändigen Roman Richardsons, der *The History of Sir Charles Grandison* geheißen hatte; aber das war auch wirklich nicht Samuel Richardsons (der war 1689 geboren worden und starb im nächsten Jahre 1761) bestes Werk gewesen, das waren vielmehr *Pamela,* 1740, und vor allem *Clarissa,* 1747 folgend, siebenbändig, einer der längsten Romane der Welt (und ich kann sagen, ich habe ihn gelesen, und die andern auch). Alle in Briefen, wie so vieles daraufhin (Rousseau, La Roche, Goethe) – wie denn die Leute im Roman überhaupt noch was erleben könnten bei soviel Briefeschreiben, spöttelte man damals schon; sein *Grandison,* wenn Richardson ihn nicht rabiat gekürzt hätte, wäre sogar zwölfbändig geworden. Grandison ist ein Mustermann, das macht das Buch etwas langweilig; in den andern Büchern sind die Heldinnen groß und gut, und die Männer Verführer, treulos und böse. Lovelace, Clarissas Verführer, wurde rasch sprichwörtlich für die männliche Skrupellosigkeit. Die Romane Richardsons, die Briefe, sind ewiglange Gefühlsbeschreibungen und -zergliederungen (die Handlungen, etwa eine Vergewaltigung, sind nur Sekunden in diesem Meer von Zeit): Weniger wäre mehr, möchte man meinen, und ob da überhaupt noch Raum bleibe für die lesende Phantasie. Und da ist nun das wirklich Überraschende dies, daß, je tiefer Richardson hinabsteigt ins Gewebe der Empfindungen, dieses Gewebe immer wieder neue Strukturen entdecken läßt: so daß die Phantasie, statt zu kurz zu kommen, um so mehr angeregt wird, je mehr ihr die immer stubtiler ausschweifende Beschreibung vorzugreifen scheint. Diese Romane sind Entdeckungsreisen in eine innere Unendlichkeit – Bücher an der mikrokosmischen Grenze des Lesbaren; aber überall sonst (zwischen Richardson und Proust) sind dann im Grund bloß seelische Abbreviaturen, deren Schönheit jetzt die geahnte Tiefe dessen ist, in die Clarissa und Pamela wirklich hineinsahn.

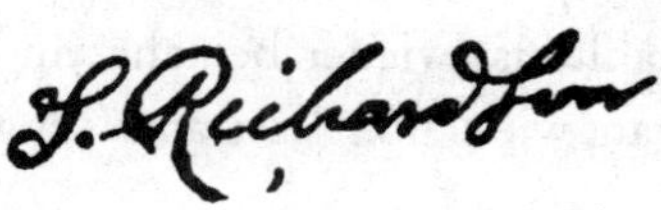

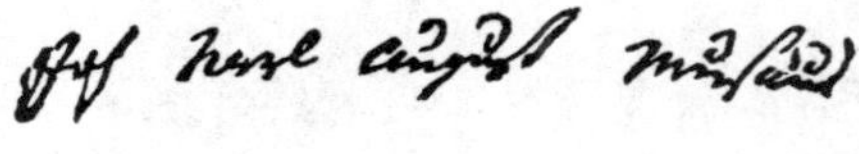

1759

Tristram Shandy

Orig. *The Life and Opinions of Tristram Shandy, Gentleman*

von Laurence Sterne
(1713–1768)

Jahr um Jahr, viele Jahre lang so, saß Sterne ruhig auf seiner Pfarrei und las Rabelais und Cervantes, dann schrieb er den *Tristram Shandy*. Der neuere, der moderne Roman, das sind zweitausend Fußnoten zu Rabelais, zu Cervantes und Sterne; und als Dritter nach seinen beiden großen Vorgängern beginnt auch Sterne diesen neueren Roman mit einer gloriosen Selbstauflösung allen bewußtlosen Erzählens, als hätte etwa alles bloß seine Geschichte. Sternes Buch ist ein völlig unmöglicher Roman, das Chaos des Erzählens. Nichts wird bloß auch noch erzählt, als etwas, das auch unerzählt schon da wäre, sondern alles, bei allen dreien, und bevor überhaupt erzählt wird, ist immer rein nur das Erzählte – das seinerseits nur etwas ist in dem Maße, in welchem der Leser sich mit hineinreißen läßt in das gewaltige Erschaffen einer Welt. Unerzählt Seiendes gilt nicht, und alles Erzählte ist wieder beinahe ein Unding, denken Sie nur daran, wie schon Tristrams Zeugung gewissermaßen an einem Pendelschwung hängt, einem dazu, von dem ja die Frage geradezu ist, ob er noch kommen wird, bei so vielleicht unaufgezogener Uhr – aus dieser Spannung entsteht die Welt, die für den Leser (und für die andern, die es nur nicht wissen) niemals schon fertig ist, so als ob wir's uns darin bloß noch bequem machen müßten, sondern immer erst neu auftaucht aus dem Chaos alles unmöglich Gewordenen und wieder Möglichen. Keiner hat es besser als ein liebender Leser, wenn er sich Rabelais oder Cervantes oder dann eben Sterne und alle die Folgenden aus dem Regal holt und sich das Gemüt erfrischen und das Herz verheeren und den Geist, den die Welt so gern nach ihren Regeln geordnet wissen will, immer wieder süß und wild zerrütten läßt von diesen wunderbaren Menschen, die nicht glauben konnten, daß alles schon fertig war, ehe sie kamen, und daß wir sind, wer wir sein könnten, ehe wir lesen. Es ist mit ihren Büchern, wie Sterne im Tristram Shandy (im 5. Kapitel des 8. Buchs, daß Sie's nachschlagen können) einmal vom Wasser sagt: »Reißende Flüssigkeit! Sobald du nur gegen die Schleusentore des Hirns drängst – siehe da, wie sie aufspringen!«

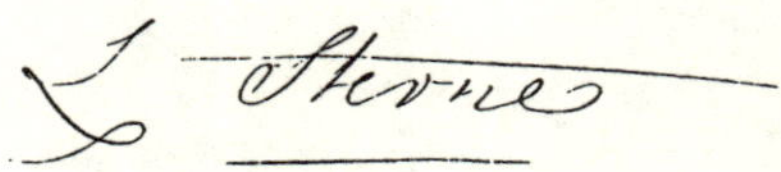

Bildtafel 1

Widmungsblatt Vladimir Nabakovs für seine Frau

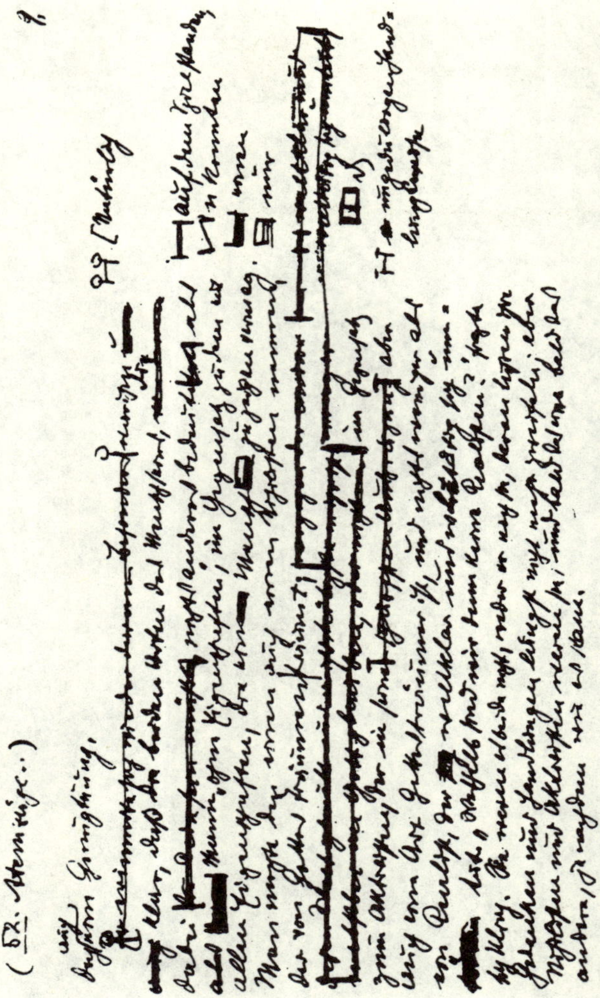

Bildtafel 2

Die letzte Manuskriptseite aus dem *Mann ohne Eigenschaften*, die Musil vermutlich noch am Todestag schrieb

BILDTAFEL 3

Handzeichnung Fitzgeralds als Widmung in Sylvia Beachs Exemplar des *Großen Gatsby.* Die Porträtierten von links nach rechts: Adrienne Monnier, Lucie Chamson, André Chamson, Zelda Fitzgerald, F. Fitzgerald, James Joyce und Sylvia Beach

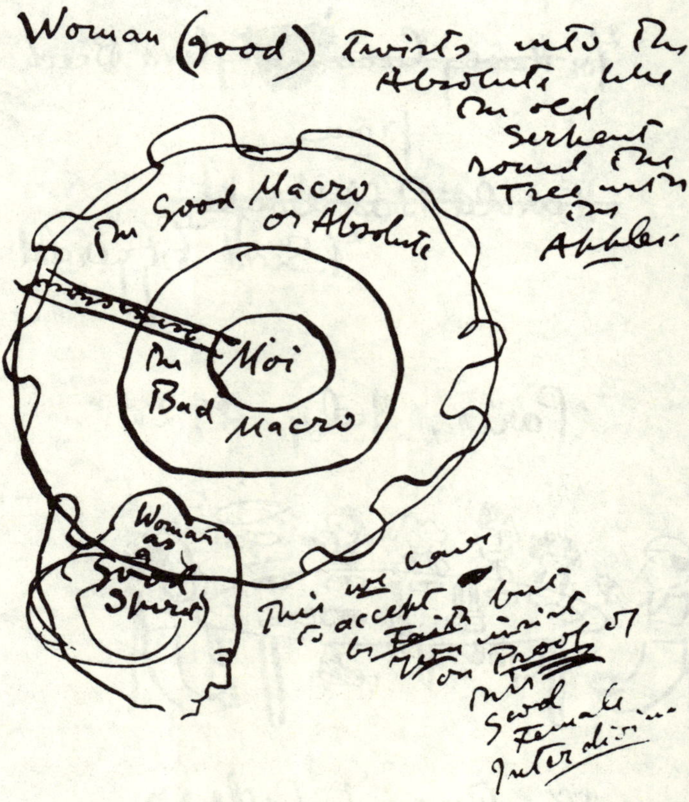

BILDTAFEL 4

Eine Skizze von Powys, die den Kampf des Männlichen gegen das Weibliche (und umgekehrt) darstellt

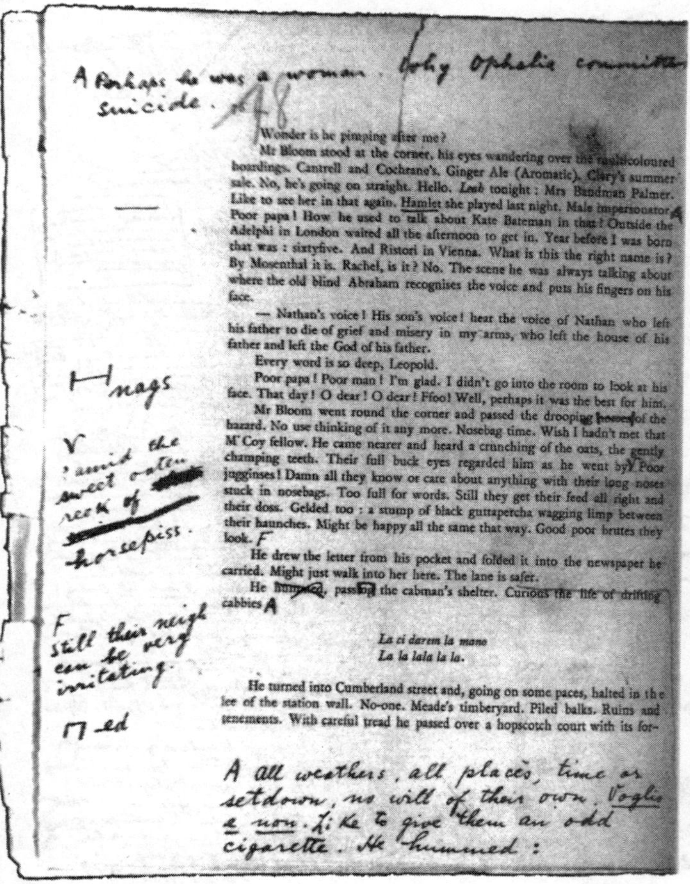

Wonder is he pimping after me?

Mr Bloom stood at the corner, his eyes wandering over the multicoloured hoardings. Cantrell and Cochrane's. Ginger Ale (Aromatic). Clery's summer sale. No, he's going on straight. Hello. *Leah* tonight: Mrs Bandman Palmer. Like to see her in that again. Hamlet she played last night. Male impersonator. Poor papa! How he used to talk about Kate Bateman in that! Outside the Adelphi in London waited all the afternoon to get in. Year before I was born that was: sixtyfive. And Ristori in Vienna. What is this the right name is? By Mosenthal it is. Rachel, is it? No. The scene he was always talking about where the old blind Abraham recognises the voice and puts his fingers on his face.

— Nathan's voice! His son's voice! I hear the voice of Nathan who left his father to die of grief and misery in my arms, who left the house of his father and left the God of his father.

Every word is so deep, Leopold.

Poor papa! Poor man! I'm glad. I didn't go into the room to look at his face. That day! O dear! O dear! Ffoo! Well, perhaps it was the best for him.

Mr Bloom went round the corner and passed the drooping horses of the hazard. No use thinking of it any more. Nosebag time. Wish I hadn't met that M'Coy fellow. He came nearer and heard a crunching of the oats, the gently champing teeth. Their full buck eyes regarded him as he went by. Poor jugginses! Damn all they know or care about anything with their long noses stuck in nosebags. Too full for words. Still they get their feed all right and their doss. Gelded too: a stump of black guttapercha wagging limp between their haunches. Might be happy all the same that way. Good poor brutes they look.

He drew the letter from his pocket and folded it into the newspaper he carried. Might just walk into her here. The lane is safer.

He hummed, passing the cabman's shelter. Curious the life of drifting cabbies

La ci darem la mano
La la lala la la.

He turned into Cumberland street and, going on some paces, halted in the lee of the station wall. No-one. Meade's timberyard. Piled balks. Ruins and tenements. With careful tread he passed over a hopscotch court with its for-

Bildtafel 5

Eine von Joyce korrigierte Seite aus dem *Ulysses*

Bildtafel 6

Eine berühmte Seite aus dem Manuskript der *Dämonen*

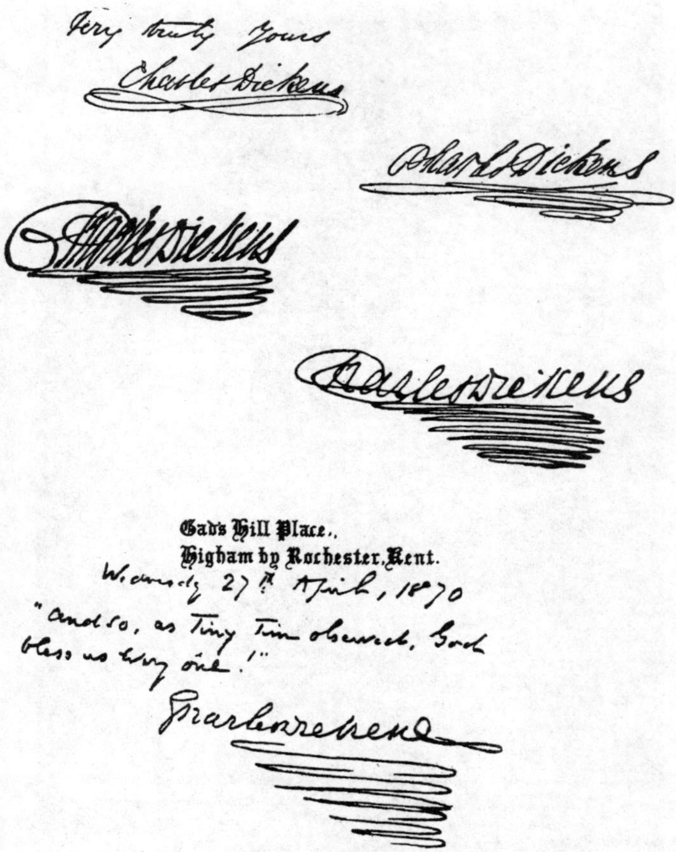

1870, im Jahre seines Todes mit achtundfünfzig Jahren

BILDTAFEL 7

Wandel der Unterschrift Charles Dickens' im Laufe seines Lebens

BILDTAFEL 8

Selbstporträt E. T. A. Hoffmanns mit kurzen Charakterisierungen einzelner Körperteile und Kleidungsstücke

DANKSAGUNG

Dieses Buch habe ich für eine Serie geschrieben, die seit Anfang Juni 1995 unter dem Titel »Durchs Jahrhundert des Romans« einhundertzweiundsiebzig ununterbrochene Wochen lang im Feuilleton der *Frankfurter Allgemeinen Zeitung* erschienen ist, jede Woche einmal ein Jahr zurück, den Anfang machte das Jahr 1930, am Ende stand eben das Jahr 1759 mit Sternes *Tristram Shandy.* Anfangs wollte ich nur bis zu Goethes *Wahlverwandtschaften* zurückgehn, ins Jahr 1809, aber die Redaktion war auf mehr aus, tatsächlich ist Sternes Buch der bessere Abschluß, und das Weitermachen war auch schöner als das Aufhören gewesen wäre. Die Jahre 1931 bis 1959 wiederum sind, auf Bitten des Verlags hin, eine Zugabe für diese Buchveröffentlichung.

Zwei Bemerkungen, die Auswahl betreffend: zur Idee der wöchentlichen Romanstücke gehörte es, wann immer das ging, Bücher zu nehmen, die im Handel waren. Manchmal mußte dieser Idee eine vielleicht größere, aber unerwerbbare Liebe weichen; und manchmal, da pro Jahr nur ein Buch erlaubt war in dem wöchentlichen Einen-

Schritt-Zurück, sind wohl Romane weggefallen, die in andern, ärmeren Jahren gut am Platz gewesen wären.

Einen Dank an die *Frankfurter Allgemeine Zeitung*, die über drei Jahre lang jeden Montag diesem Flug durchs Jahrhundert des Romans einen Platz eingeräumt hat; besonderer Dank gilt Frank Schirrmacher, der mit schöner Entschiedenheit die Serie auf den Weg gebracht, dann Paul Ingendaay, der sie als zuständiger Redakteur freundschaftlich begleitet hat, und gewiß nicht zuletzt den Damen Kuck und Kunz: Beide haben liebenswürdig und unwiderstehlich auf ordentlicher Abgabe der Manuskripte bestanden, die sie dann auch noch schreiben mußten. Die Handschriften haben Wolfgang Hörner und Tatjana Walter zusammengesucht, das Register hat Justin Jacob gemacht: Dank auch diesen drei.

REGISTER

Dieses Register verweist auf die Jahreszahlen. Fett gedruckt sind die Namen jener Autoren, deren Romane ausdrücklich behandelt werden, ebenso die entsprechenden Jahreszahlen. Die dazu gehörigen Romantitel sind kursiv gedruckt.

Umwelthinweis:
Alle bedruckten Materialien dieses Taschenbuches sind chlorfrei und umweltschonend.

btb Taschenbücher erscheinen im Goldmann-Verlag,
einem Unternehmen der Verlagsgruppe Bertelsmann.

1. Auflage
Genehmigte Taschenbuchausgabe November 2000

Umschlaggestaltung: Design Team München
Satz: Uhl + Massopust, Aalen
KR · Herstellung: Augustin Wiesbeck
Made in Germany
ISBN 3-442-72373-6
www.btb-verlag.de

»Ein Meister der Sprache«

»Facts«

Klaus Modick
Milder Rausch
Essays und Portraits
292 Seiten · geb. m. SU
DM 39,80 · öS 291,– · sFr 37,–
ISBN 3-8218-0841-1

Als Romancier und Essayist ist Klaus Modick eine der »ganz wenigen Doppelbegabungen« (Neue Zürcher Zeitung) und längst »eine der beständigsten Größen der jüngeren deutschen Literatur« (Saarländischer Rundfunk).
Ebenso leicht und klug wie seine Romane sind auch die literarischen Essays und Portraits, die Klaus Modick hier vorlegt: eingängige, brillante Ergebnisse geglückter Lektüren. Sie befassen sich u.a. mit Walter Benjamin, Robert Musil, Lion Feuchtwanger, Erich Maria Remarque, Ernst Jünger, Robert Gernhardt, Eckhard Henscheid, Brigitte Kronauer, Peter Handke, Hermann Kinder, Julian Barnes, Astrid Lindgren und den großen amerikanischen Autoren Herman Melville, Robert Louis Stevenson, William Gaddis und Susan Sontag.

Eichborn.
Kaiserstraße 66
60329 Frankfurt
Telefon: 069 / 25 60 03-0
Fax: 069 / 25 60 03-30
www.eichborn.de

Wir schicken Ihnen gern ein Verlagsverzeichnis.